COLLECTION MICHEL LÉVY
— 1 franc le volume —

Par la poste 1 fr. 25 cent. — Relié à l'anglaise, 1 fr. 50 cent.

FRÉDÉRIC SOULIÉ
— ŒUVRES COMPLÈTES —

LE LION AMOUREUX

NOUVELLE ÉDITION

PARIS

MICHEL LÉVY FRÈRES, ÉDITEURS
RUE VIVIENNE, 2 BIS ET BOULEVARD DES ITALIENS, 15
A LA LIBRAIRIE NOUVELLE

COLLECTION MICHEL LÉVY

OEUVRES COMPLÈTES

DE

FRÉDÉRIC SOULIÉ

CHEZ LES MÊMES ÉDITEURS

ŒUVRES COMPLÈTES DE
FRÉDÉRIC SOULIÉ

PUBLIÉS DANS LA COLLECTION MICHEL LÉVY

AU JOUR LE JOUR..	1 VOL.
LES AVENTURES DE SATURNIN FICHET.....................	2 —
LE BANANIER. — EULALIE PONTOIS........................	1 —
LE CHATEAU DES PYRÉNÉES....................................	2 —
LE COMTE DE FOIX..	1 —
LE COMTE DE TOULOUSE...	1 —
LA COMTESSE DE MONRION.....................................	1 —
CONFESSION GÉNÉRALE..	2 —
LE CONSEILLER D'ÉTAT...	1 —
CONTES ET RÉCITS DE MA GRAND'MÈRE.................	1 —
CONTES POUR LES ENFANTS....................................	1 —
LES DEUX CADAVRES...	1 —
DIANE ET LOUISE...	1 —
LES DRAMES INCONNUS..	4 —
— LA MAISON N° 3 DE LA RUE DE PROVENCE.........	1 —
— AVENTURES D'UN CADET DE FAMILLE................	1 —
— LES AMOURS DE VICTOR BONSENNE....................	1 —
— OLIVIER DUHAMEL...	1 —
UN ÉTÉ A MEUDON...	1 —
LES FORGERONS..	1 —
HUIT JOURS AU CHATEAU.......................................	1 —
LE LION AMOUREUX...	1 —
LA LIONNE...	1 —
LE MAGNÉTISEUR..	1 —
UN MALHEUR COMPLET...	1 —
MARGUERITE...	1 —
LE MAITRE D'ÉCOLE...	1 —
LES MÉMOIRES DU DIABLE.....................................	3 —
LE PORT DE CRÉTEIL..	1 —
LES PRÉTENDUS..	1 —
LES QUATRE ÉPOQUES..	1 —
LES QUATRE NAPOLITAINES...................................	2 —
LES QUATRE SŒURS..	1 —
UN RÊVE D'AMOUR. — LA CHAMBRIÈRE.................	1 —
SATHANIEL..	1 —
SI JEUNESSE SAVAIT, SI VIEILLESSE POUVAIT.......	2 —
LE VICOMTE DE BÉZIERS..	1 —

POISSY. — TYP. ARBIEU, LEJAY ET CIE

LE LION
AMOUREUX

LA FEMME D'UN RUSSE
LES DRAMES INVISIBLES — MARGUERITE LAMBRUN
L'ART DE DIRE NON — LE BAS-BLEU, ETC

PAR

FRÉDÉRIC SOULIÉ

NOUVELLE ÉDITION

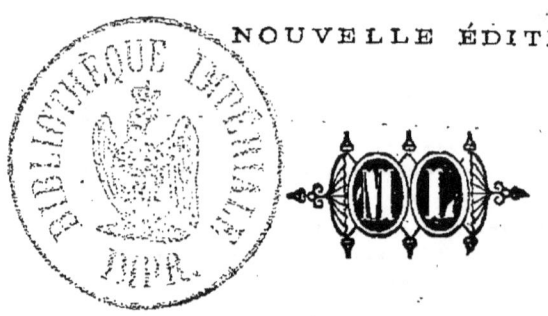

PARIS
MICHEL LÉVY FRÈRES, ÉDITEURS
RUE VIVIENNE, 2 BIS, ET BOULEVARD DES ITALIENS, 15
A LA LIBRAIRIE NOUVELLE
—
1870
Droits de reproduction et de traduction réservés

LE
LION AMOUREUX

I

Le nom de *lion*, appliqué à une partie de la jeunesse française, s'est tellement vulgarisé, que je crois inutile d'entrer dans de longues explications pour le faire adopter à mes lecteurs comme signifiant autre chose que l'hôte terrible des forêts, ou l'esclave obéissant de M. Van Amburgh.

Mais quelle est cette autre chose? On en a bien en général une idée vague et qui suffit à la conversation; on sait que la race à laquelle le lion appartient a toujours vécu en France sous divers noms; ainsi le lion s'est appelé autrefois raffiné, muguet, homme à bonnes fortunes, roué; plus tard, muscadin, incroyable, merveilleux, et dernièrement enfin, dandy et fashionable; aujourd'hui c'est lion qu'on le nomme.

Pourquoi?

Est-ce parce qu'il est le roi de cette parcelle de la société qu'on appelle le monde? Est-ce parce qu'il prend les quatre parts de la proie que d'autres l'ont aidé à saisir?

Je ne puis vous le dire; mais je vais tâcher de vous esquisser sa physionomie, et puis vous devinerez, si vous pouvez.

Le lion est en général un beau garçon qui a passé de l'état d'enfant à l'état d'homme, la prétention d'être un jeune homme étant abandonnée depuis longtemps aux hommes de quarante à cinquante ans; car, de nos jours, l'état de jeune homme est presque aussi méprisé que celui de vieillard.

Or, le lion n'ayant jamais été jeune homme, n'a presque jamais fait aucune des sottises jeunes qui partent du cœur, quoiqu'il aime le jeu, les femmes et le vin, comme disent les refrains du temps de l'Empire, une des choses que le lion méprise le plus. Mais cet amour n'est pas de l'amour, car ce n'est pas pour eux que ces messieurs ont ces trois passions, auxquelles ils joignent, quand ils le peuvent, celle des chevaux.

La véritable passion est, de sa nature, personnelle, cachée, discrète ; la leur, au contraire, est toute d'apparat et de luxe. Ils possèdent leur maîtresse au même titre que leur voiture, pour en éclabousser les passants, et ils dînent aux fenêtres du café de Paris parce que c'est l'endroit le plus apparent de la capitale ; en effet, ils n'ont pas la prétention de boire, mais de vider un grand nombre de bouteilles, ce qui est bien différent.

Les lions sont donc en général fort ignorants de l'amour, de ses folies les plus passionnées, de ses bonheurs les plus délicats, de ses espérances insensées, de ses craintes frivoles, et surtout de toutes ses charmantes niaiseries. En revanche, ils ont le droit acquis (acquis est bien dit) de tutoyer la majorité des chœurs dansants ou chantants de l'Opéra.

Du reste, ils ont cela de commun avec la jeune noblesse d'il y a soixante ans, qu'ils ont un pied dans la meilleure compagnie de Paris et un pied dans la plus mauvaise ; mais ils en diffèrent en ce que les grandes dames d'aujourd'hui ne les disputent plus comme autrefois aux filles entretenues, et les abandonnent aux intrigues des coulisses. Aussi, lorsqu'il s'est rencontré par hasard dans le théâtre même quelque femme qui a eu besoin d'être aimée pour se perdre, s'est-elle donnée à un pauvre garçon amoureux qu'ils avaient flétri d'avance de l'épithète de bourgeois.

Ceci dit, nous pouvons commencer notre histoire.

II

C'était il y a quelques jours, à l'heure de midi; un lion de la plus belle encolure descendit de sa voiture et entra au café de Paris. Son entrée excita un très-vif étonnement pour deux raisons majeures ; la première, c'est qu'il était habillé ; la seconde, c'est qu'il demanda son déjeuner comme un homme qui est pressé et qui a quelque chose à faire.

Un de ses amis le regarda attentivement de l'œil sur lequel il ne mit pas son lorgnon, et lui dit :

— Où diable allez-vous comme ça, Sterny?

— Je vais à un mariage.

— Qui donc se marie? dit l'interrogateur.

Et tout aussitôt une demi-douzaine de têtes se levèrent ; on échangea des regards, on chercha au plafond, et chacun répéta en soi-même la question :

— Qui donc se marie?

Sterny vit cette pantomime, et se hâta d'y répondre d'un ton indifférent en disant :

— Personne, messieurs, personne ; c'est une affaire particulière.

— Et à quelle heure en serez-vous débarrassé?

— Je n'en sais rien ; mais je m'esquiverai immédiatement après l'église, quand je ne serai plus nécessaire.

— Vous êtes donc nécessaire?

— Je suis témoin du futur.

— Témoin du futur? répéta-t-on de tous côtés.

— Oui, reprit Sterny qui voyait l'étonnement se peindre sur tous les visages; oui, témoin du filleul de mon père. Il m'a écrit à ce sujet une lettre qui ne me permettait pas de refuser à ce brave garçon un plaisir qu'il considère comme un grand honneur. Voilà tout ce dont il s'agit ; et maintenant, ajouta Sterny en se levant, achevez de déjeuner en paix. A ce soir !

Comme il sortait, l'un de ses amis lui cria :

— Où se fait-il, ton mariage ?

— Ma foi, je n'en sais rien. Le rendez-vous est chez la future..., rue Saint-Martin, à midi ; il est midi un quart..... Adieu !

Il partit, et quoique cet événement fût d'une très-mince importance, il n'en fut pas moins le texte d'une assez longue conversation.

— Le vieux marquis de Sterny, dit un fils de potier enrichi qui professait un grand respect pour les traditions héréditaires, le vieux marquis de Sterny a gardé un peu des habitudes de patronage de l'ancienne noblesse ; donc ce qui arrive à Sterny serait une chose d'assez bon goût à faire ; mais malgré son grand nom il n'y entend rien, et au lieu d'être bon et affectueux pour ces pauvres gens, il va leur porter un air ennuyé ou moqueur, et pourtant....

— Pourtant, dit un ex-beau de quarante ans, à qui l'on contestait le titre de lion, élégant fort gros et très-laid, espèce de pédicure opulent, qui appelait toutes les femmes *la petite*....; pourtant cela pourrait être amusant ; il y a de très-jolies femmes parmi tout ça.

— Jolies, oui, s'écria un vrai lion, existence inconnue, dont la spécialité avait un certain côté artistique qui consistait à protéger la fantaisie et l'art ; jolies, oui, mais ce sont des bourgeoises.

— Ah ! messieurs, reprit le fils du potier, l'ancienne noblesse faisait cas des bourgeoises.

— Pardieu ! reprit le lion artiste, les bourgeoises d'autrefois, ça se conçoit. Des jeunes filles qui ne savaient rien de rien; des femmes qui n'en savaient guère plus, enfermées dans la pratique des pieux devoirs de la famille; pour qui les plaisirs du monde, les arts, la littérature étaient d'un domaine où elles ne pouvaient aspirer; qui regardaient un homme de cour comme le serpent tentateur de la Genèse. Pénétrer dans cette vie, y jeter l'amour, le désordre, jouer avec cette ignorance de toutes choses, l'étonner comme on fait à un enfant avec des contes de fées, cela pouvait être fort amusant, et je comprends parfaitement la passion du maréchal de Richelieu pour madame Michelin. Mais les bourgeoises d'aujourd'hui, douées pour la plupart d'une moitié d'éducation fausse, dont elles se servent avec une imperturbable impertinence pour ne s'étonner de rien; des virtuoses qui jouent les sonates de Steibelt et qui décident entre Rossini et Meyerbeer en faveur du *Postillon de Longjumeau*; des bas-bleus qui lisent madame Sand comme étude, et qui dévorent M. Paul de Kock avec bonheur; des artistes qui se font peindre par M. Dubuffe et qui enluminent des lithographies; des femmes enfin qui ont des opinions sur l'assiette de l'impôt et sur l'immortalité de l'âme! c'est ignoble, et je comprends tout l'ennui de Sterny. Elles vont le regarder comme une bête curieuse, et Dieu sait si elles ne le mesureront pas à l'aune de quelque beau courtaud de boutique et qui aura fait douze couplets pour le mariage, qui découpera à table, qui chantera au dessert, qui dansera toute la nuit et qui sera proclamé l'homme le plus aimable de la société.

Là-dessus le lion alluma son cigare, alla s'asseoir sur une chaise, en mit une sous chacune de ses jambes et regarda passer le boulevard. Tous les autres lions s'empressèrent de se livrer à des occupations de cette importance, et il ne fut plus question de Léonce Sterny.

III

Cependant celui-ci était arrivé à la rue Saint-Martin. Ce jour-là notre lion n'avait aucun rendez-vous; il n'y avait ni courses, ni bois, et il ne volait à aucun plaisir les deux heures qu'il allait consacrer à Prosper Gobillou, le filleul de son père. Il se serait ennuyé ailleurs, il venait s'ennuyer là; il ne mettait donc aucune importance à ce qu'il faisait, et entra chez M. Laloine, plumassier, sans parti pris d'avance d'être d'une façon ou de l'autre : c'est une commission qu'il faisait. Il arrriva à point : on n'attendait plus que lui. Il s'en aperçut sans qu'on le lui montrât le moins du monde, et se crut dispensé de s'excuser. On lui présenta la mariée qui n'osa pas le regarder, puis les parents, et vit que les jeunes gens se poussaient du coude pour se le montrer lorsqu'il saluait ou parlait. Il chercha des yeux quelqu'un à qui s'accrocher, et ne vit aucun homme dans la conversation duquel il pût se mettre à l'abri de cette curiosité. Sterny se retira dans un coin, tandis que la famille se donnait mille soins pour organiser le départ, lorsque entra tout à coup une grande jeune fille qui s'écria :

— Quand je vous disais que j'aurais changé de robe avant que votre marquis ne soit arrivé!

— Lise !... dit sévèrement M. Laloine, tandis que tout le monde demeurait dans la stupéfaction de cette incartade.

Le regard de M. Laloine dirigé vers Léonce montra à sa fille quelle grosse inconvenance elle venait de commettre, et celle-ci rougit comme le beau lion n'avait jamais vu rougir.

— Pardon, papa, je ne savais pas... dit-elle en baissant la

tête, tandis que M. Laloine s'approchant de Sterny, lui dit avec un air paternel :

— C'est une enfant qui n'a pas encore seize ans et qui ne sait pas encore se tenir.

Sterny regarda cette enfant qui était belle comme un ange.

— C'est votre fille aussi ? dit Léonce.

— Oui, monsieur le marquis, une enfant gâtée, qu'une affreuse maladie du cœur a failli nous enlever, et qu'il faut ménager encore. C'est pour cela que je ne l'ai pas grondée.

— Eh bien veuillez me présenter à elle et m'excuser de mon inexactitude.

— Ça n'en vaut pas la peine, repartit M. Laloine, ne faites pas attention à cette morveuse.

Mais Sterny n'était point de cet avis ; jamais il n'avait vu rien de plus charmant que cette fille si belle. Pendant que sa mère la grondait doucement, et semblait lui recommander d'être bien raisonnable, elle avait jeté un regard furtif sur le lion, regard inquisiteur et peu bienveillant, et elle avait conclu le sermon de sa mère par un petit geste d'impatience voulant dire très-clairement :

— J'étais sûre que ce serait un trouble-fête !

Cependant on partit pour la mairie et l'on mit Léonce dans la voiture de la mariée avec madame Laloine et un des témoins de cette famille. Heureusement que le trajet n'était pas long ; car ces quatre personnes étaient fort embarrassées, et le collègue de Léonce ne trouva rien de mieux que de lui dire :

— Que pensez-vous, monsieur, de la question des sucres ?

Sterny n'en avait aucune idée, mais il répondit froidement :

— Monsieur, je suis pour les colonies.

— Je comprends, dit amèrement le témoin ; le progrès de l'industrie nationale vous fait peur. Mais enfin le gouvernement veut tout ruiner en France, c'est un parti pris.

Et là-dessus le monsieur entama la question, qui dura jusqu'à la mairie sans qu'il fût besoin que personne prît la parole.

Léonce ne pensait déjà plus à la belle Lise, et commençait à trouver la tâche fatigante. On arriva, et comme Léonce venait de descendre de voiture, il aperçut Lise qui, le visage rayonnant, venait de sauter de la sienne. Il se passa en ce moment une espèce de petit embarras qui fut peut-être la cause première de toute cette histoire. Lise donnait le bras à un grand jeune homme décoré du nom de garçon d'honneur et qui touchait à Sterny. Lise, appelée par une autre jeune fille venant derrière elle, se retourna pour rétablir une fleur dérangée dans sa coiffure, tandis que le garçon d'honneur restait immobile tenant son bras ouvert en cerceau pour recevoir le beau bras de la jeune Lise. Mais au moment où elle achevait son office, une voix appela le jeune homme en tête du cortége. Il s'éloigna, tandis que Lise passa son bras dans celui qu'elle rencontra à sa portée, et qui se trouva être celui du beau lion : alors elle se retourna vivement en disant :

— Allons, dépêchons-nous!

A l'aspect du visage de Sterny, elle poussa un petit cri et voulut se retirer ; mais Léonce serra le bras, retint la main, et dit en souriant :

— Puisque le hasard me le donne, je veux en profiter.

— Pardon, monsieur, répondit Lise, mais je suis demoiselle d'honneur ; je ne peux pas, M. Tirlot se fâcherait.

— Qui ça, M. Tirlot?

— Eh bien! le garçon d'honneur, c'est un droit...

— C'est un droit que je lui disputerai en champ-clos, dit le jeune lion, qui s'imaginait dire la chose du monde la plus insignifiante.

Lise le regarda de tous ses yeux, et répondit d'une voix émue :

— Si c'est comme ça, monsieur, venez, je lui dirai que c'est moi qui l'ai voulu.

Cette phrase et l'émotion avec laquelle elle fut prononcée prouva à Léonce que Lise avait pris le champ-clos au sérieux, et qu'elle était persuadée que le marquis eût tué le garçon d'honneur s'il s'était permis de faire une observation. Cependant tout le monde était entré dans la salle municipale, Léonce et Lise entrèrent les derniers, et la jeune fille se hâta de dire :

— C'est M. Tirlot qui m'a laissée là sur le trottoir, et sans M. le marquis, à qui j'ai été forcée de demander son bras, je n'aurais pas eu de cavalier.

Le mot cavalier désenchanta un peu Léonce; mais le maire n'était pas arrivé, et, faute de mieux, il s'assit à côté de mademoiselle Lise. Il ne sut d'abord que lui dire, et évidemment il la gênait beaucoup par sa présence.

Léonce voulut faire le bonhomme, et dit en souriant doucement :

— Voilà un jour qui fait battre le cœur aux jeunes filles...

Lise ne répondit pas.

— C'est un grand jour...

Même silence.

— Et qui arrivera sans doute bientôt pour vous?

— Ah! que ce maire est ennuyeux! dit Lise, il se fait toujours attendre.

Léonce comprit qu'il réussissait peu; mais, assis qu'il était près de cette belle enfant, il admirait avec tant de plaisir la pureté merveilleuse de son profil, la grâce de ce cou flexible si doucement courbé; et puis il sentait pour la première fois arriver jusqu'à lui cette fraîcheur de vie bien plus suave que l'atmosphère parfumée d'une belle dame. Il ne se découragea pas, et saisissant au vol les mots de Lise, il reprit de sa voix la plus caressante :

— Vous parlez bien légèrement d'un si grave magistrat !

— Qui ça ? dit Lise, monsieur le maire, est-ce que c'est un magistrat ?

On a beau faire des constitutions très-admirables, quand le temps ne les a pas sanctionnées elles n'entrent pas dans les sentiments de la masse. Que le maire soit le consécrateur légal et unique du mariage, la loi le veut ainsi ; mais l'acte auquel il préside, quelque grave, quelque indissoluble qu'il soit, n'est aux yeux du peuple qu'un contrat qui sent le papier timbré ; la vraie cérémonie du mariage, celle où il y a préoccupation, respect, prière, ne s'accomplit qu'à l'église. Sterny était un peu de cet avis ; il comprit parfaitement l'exclamation de Lise, et lui répondit pour la faire parler :

— Certainement c'est un magistrat, car c'est lui qui véritablement va marier votre sœur ; le mariage à l'église n'est qu'une formalité.

A ce mot, Lise leva un regard effrayé sur Léonce et se recula doucement de lui, puis elle baissa les yeux et répondit :

— Je sais, monsieur, qu'il y a des hommes qui pensent ainsi ; mais je ne serai jamais la femme d'un homme qui ne s'engagera pas à moi devant Dieu.

— Ah ! se dit Léonce, la petite est dévote. Mais elle est si belle !... encore un essai.

— Et ce serment, dit-il, ne vous engage pas à grand'chose, car celui qui vous obtiendra jamais fera tout ce que vous voudrez.

— Je l'espère bien, dit Lise d'un ton mutin.

— Ah ! reprit Léonce, vous êtes despote.

— Oh oui ! fit-elle en reprenant toute sa jeune insouciance.

— Mais savez-vous que c'est mal ? lui dit Léonce.

— Qu'est-ce que cela vous fait ? répliqua-t-elle en lui riant au nez ; ce n'est pas vous qui en aurez à souffrir.

— Cela ne m'empêche pas de plaindre celui que vous tyranniserez un jour, repartit Léonce en riant aussi.

— Mais je crois qu'il ne s'en plaindra pas, ça me suffit.

— Vous l'a-t-il déjà dit?

— Non, mais j'en suis sûre.

— Il vous aime donc bien ?

— Qui ça ? dit Lise d'un air tout étonné.

— Mais ce futur époux, ce futur esclave, qui sera si heureux de sa chaîne.

— Est-ce que je le connais ?

— Mais vous disiez que vous étiez sûre...

— Ah ! dit Lise, je suis sûre que je l'aimerai bien, monsieur ; je suis sûre qu'il sera un honnête homme, et comme je serai une honnête femme, j'espère qu'il sera heureux.

Ceci fut dit d'un ton si sincère et si vrai, que Léonce crut à la foi de cette jeune fille, et lui dit avec conviction :

— Vous avez raison, il le sera.

— Ah ! fit Lise en se levant, voilà votre magistrat.

Le maire entra, et la cérémonie commença.

IV.

Le maire lut aux futurs conjoints les articles du code qui pourvoient à leur bonne intelligence ; ils jurèrent de s'y soumettre, déclarèrent s'accepter l'un l'autre, et on passa dans le bureau particulier où se donnent les signatures.

Signer un registre semble une action bien aisée, et cependant il arriva que ce fut un petit événement où Léonce se fit remarquer par Lise, et toujours d'une façon peu avantageuse. Quand les deux époux et leurs ascendants eurent signé, ce fut le tour des témoins; Léonce fit comme les autres, et sa surprise fut grande, en passant la plume à celui qui lui succédait, de voir Lise qui secouait la tête avec une petite moue de mécontentement.

Est-ce parce qu'il avait signé le marquis de Sterny? mais l'omission de son titre lui eût paru peu obligeante pour Prosper Gobillou, qui se targuait d'avoir un marquis pour témoin. Est-ce qu'il avait signé avant son tour, ou pris plus de place qu'il ne fallait?

Sterny restait tout intrigué, lui qui se croyait tout le savoir-vivre d'un homme du monde, d'exciter le mécontentement d'une petite fille de boutique, et il voulait savoir en quoi il avait failli à ses yeux. Cela lui semblait amusant. Pour cela il demeura debout près du bureau, en regardant tantôt Lise, tantôt ceux qui signaient après lui, et qui lui semblaient faire absolument comme il avait fait, sans que la jeune fille le trouvât mauvais; mais lorsque ce fut le tour de Lise de signer, elle lui fit comprendre combien il avait été inconvenant. En effet, lorsque le commis lui présenta la plume, elle s'arrêta, en disant d'une voix tant soit peu moqueuse.

— Pardon, que j'ôte mon gant.

Et le gant ôté, elle signa avec la main la plus fine et la plus blanche...

Léonce comprit; il avait signé la main gantée. Signer un acte de mariage avec un gant! est-ce qu'on prête serment devant la justice avec un gant! Léonce y pensa et se dit :

Ces gens-là ont de certaines délicatesses de bon goût. Que fait un gant de plus ou de moins à la sainteté d'un serment ou à la signature d'un acte? Rien sans doute. Et cependant il semble qu'il y ait plus de sincérité dans cette main nue qui se lève devant Dieu, ou qui appose le seing d'un homme en témoignage de la vérité. C'est un de ces imperceptibles sentiments dont on ne peut se rendre un compte exact, et qui existent cependant.

Léonce y réfléchissait encore, lorsqu'on se mit en ordre pour sortir. M. Tirlot, garçon d'honneur, et par conséquent grand maître des cérémonies, était descendu pour faire avancer les voitures ; Léonce crut donc pouvoir offrir de nouveau son bras à Lise. Elle le prit d'un air peu charmé, mais sans faire attention qu'elle avait oublié de remettre son gant ; et voilà Léonce qui marche à côté d'elle, la tête baissée, les yeux attachés sur cette main charmante doucement appuyée sur son bras.

Au premier aspect, Lise lui avait semblé une belle jeune fille ; mais tout en lui accordant de prime abord une beauté éblouissante de jeunesse et de fraîcheur, il n'avait pas pensé qu'elle possédât tous ces détails de grâce privilégiée, par lesquels les femmes du monde se vengent d'être pâles, maigres et fanées : il considérait cette main si soyeuse et si effilée, comme une rareté précieuse, égarée parmi des Auvergnats, et peu à peu ses yeux s'arrêtèrent sur un anneau passé à l'index, et portant une petite plaque en or. Sur cette plaque était gravée en caractères imperceptibles une devise que Léonce s'obstinait à vouloir déchiffrer. Il y mettait une telle attention, qu'il ne s'aperçut pas qu'ils étaient arrivés, et que l'on montait en voiture. Il sembla que Lise ne fût pas absorbée dans une si profonde contemplation ; car ces jolis petits doigts que Léonce admirait si assidûment, s'agitèrent d'impatience, et finirent par battre sur le bras de Léonce un trille infiniment prolongé.

A ce moment Léonce regarda Lise ; au mouvement qu'il fit pour relever sa tête, elle le regarda, mais d'un air si moqueur, que Sterny ne voulut pas être en reste, et lui dit :

— Il paraît que mademoiselle est grande musicienne ?

— Et pourquoi ça ? fit Lise avec une petite mine de dédain.

— C'est que vous venez de jouer sur mon bras un galop ravissant.

Lise rougit; mais cette fois, avec un embarras pénible, elle retira brusquement son bras nu du bras de Léonce, et, ne sachant plus ce qu'elle faisait ni ce qu'elle disait, elle balbutia à demi-voix :

— Oh ! pardon, monsieur, j'ai oublié de mettre mon gant.

— Comme moi, j'ai oublié de l'ôter, repartit Sterny. Vous voyez que tout le monde peut se tromper.

Lise ne trouva rien à répondre ; le marchepied d'une voiture était baissé devant elle, elle y monta rapidement, si rapidement, que Léonce put voir le pied le plus étroit, le plus cambré, s'attachant gracieusement à la cheville la plus mignonne. Sterny eut envie de se placer près d'elle, mais il eut le bon esprit de ne pas le faire. Sans s'en apercevoir, Lise était montée dans la voiture de Léonce : il se retira en disant vivement au valet de pied :

— Fermez et suivez les autres voitures, et il s'élança tout aussitôt dans un remise où se trouvait madame Laloine.

— Eh bien ! s'écria la mère, et Lise, qu'en avez-vous fait ?

— Je l'ai mise en voiture.

— Avec qui ? demanda la prudente mère.

— Hélas ! toute seule, madame.

— Comment toute seule ?...

— Oui, madame, elle a monté sans s'en apercevoir, je crois dans ma voiture.

— Ah ! fit madame Laloine ; je ne sais pas ce qu'elle a ; elle est tout ahurie depuis ce matin.

— C'est mon coupé, ajouta modestement Léonce ; il n'y a que deux places et je n'ai pas osé...

Madame Laloine remercia Léonce de sa retenue par un salut silencieux et solennel, et ajouta :

— Elle va bien s'ennuyer toute seule.

Léonce eut une idée secrète qu'elle ne s'ennuierait pas.

V

En effet, Lise fut d'abord étonnée de se trouver seule, mais elle en profita pour se remettre de l'embarras où l'avaient jetée les paroles de Léonce ; et, répondant aux réflexions qu'elle faisait comme aux observations qu'on lui adressait, elle secoua sa jolie tête en se disant :

— Eh bah ! qu'est-ce que ça me fait ?

Cela dit, elle se mit à examiner ce splendide carrosse tout doublé de satin, tout orné de glands de soie et dont le balancement était si sourd et si doux. Elle s'assit d'un côté et de l'autre pour sentir la molle flexibilité des coussins, leva à moitié une glace pour en admirer l'épaisseur, et se mit à sourire d'aise de se trouver là.

Alors elle se rappela qu'ainsi devaient être faites les belles voitures de ces grandes dames qu'elle voyait courir dans les Champs-Élysées ; et sans penser qu'elle pouvait en occuper une aussi bien que la plus noble d'entre elles, elle se laissa aller à imiter le nonchalant abandon avec lequel elles s'accotent dans un coin de leur équipage.

La folle enfant s'y ploya comme elles, à demi couchée ; pressant de sa fraîche joue et de ses blanches épaules cette soie dont la souplesse la caressait si doucement, se prêtant avec un mol affaissement aux mouvements de la voiture, clignant des yeux pour regarder d'en haut ces pauvres gens à pied qui tournaient la tête pour la voir. Puis, comme apercevant au loin quelqu'un de sa connaissance, se mordant doucement la lèvre inférieure à travers un fin sourire, et balançant imperceptiblement la tête pour adresser un salut intime au beau cavalier qui passe ; et, dans cette petite fantasmagorie improvisée, il se trouva que le beau cavalier fut Léonce Sterny.

En effet, quel autre que le beau lion Lise pouvait-elle faire passer sur un beau cheval anglais, courant avec grâce à côté d'elle? ce n'était certainement pas M. Tirlot, qu'elle avait vu tomber d'âne dans une partie de Montmorency. Ce fut donc à Sterny à qui elle adressa son plus doux sourire, son plus doux regard comme il passait devant elle.

Mais comprenez quelle dut être sa stupéfaction quand elle aperçut véritablement le visage de Léonce, mais immobile, mais à pied, et lui offrant la main pour descendre de voiture. Elle tressaillit d'abord de se voir ainsi surprise dans ce nonchalant abandon, comme un enfant qui a pris une place qui ne lui appartenait pas; et puis, quand Léonce lui dit, en l'aidant à descendre :

— Qui donc saluiez-vous ainsi d'un si doux regard et d'un si doux sourire?

Elle eût voulu se cacher bien loin, honteuse et toute troublée. Aussi ce fut tristement et lentement qu'elle entra dans l'église, et Léonce put remarquer qu'elle prit peu de part à la cérémonie qui eut lieu. Lise ne regarda pas du coin de l'œil la figure de la mariée, ni la tenue embarrassée de l'époux; elle ne suivit pas curieusement l'anneau pour savoir s'il passerait la seconde phalange qui prédit la soumission; Lise pria, et pria sincèrement pour elle. On eût dit qu'il y avait un remords dans ce jeune cœur, et qu'elle demandait à Dieu un vrai pardon de sa faute.

Dieu le lui accorda; car à la fin elle se releva calme, heureuse, forte : et au moment où on passa dans la sacristie elle se tourna vers Sterny, qui l'observait avec une attention marquée, et sans paraître s'en apercevoir, elle marcha à lui, prit son bras, et lui dit d'un tout autre ton que celui dont elle avait parlé jusque là:

— Tout ceci vous ennuie sans doute beaucoup, monsieur ?

— M'ennuyer ! et pourquoi ?

— C'est que cela vous dérange de vos habitudes et de vos plaisirs, mais vous allez être bientôt délivré.

VI

Jusque là Sterny, malgré les sollicitations de Prosper Gobillou et de M. Laloine, avait gardé *in petto* la résolution de ne pas rester une minute après la signature à l'église. Toute la grâce, toute la beauté de Lise même, en l'occupant beaucoup, ne l'avaient pas décidé à braver l'ennui d'une noce bourgeoise ; car il avait parfaitement compris que cela ne le menerait à rien qu'à avoir admiré quelques heures de plus cette belle enfant.

Mais il lui sembla que la phrase de Lise était une espèce de congé qu'on lui donnait ; il pensa donc, et justement, que ce n'était pas lui qui serait délivré d'un ennui, et il ne voulut pas accepter cette manière d'être évincé ; aussi répondit-il à Lise :

— Je n'éprouve aucun ennui, mademoiselle, à faire une chose convenable et qui paraît avoir été désirée par Prosper et lui être agréable ; si elle ne l'est pas pour tout le monde, ce n'est pas moi qui me suis trompé, c'est votre beau-frère, et c'est lui que vous devez gronder de ma présence.

Cette fois encore Lise fut vivement contrariée de s'être attiré cette admonestation faite avec une politesse sérieuse et à laquelle elle ne put rien répondre : car Léonce la salua aussitôt et se retira dans un coin de la sacristie. Lise se cacha parmi ses jeunes compagnes, n'écoutant point leurs caquetages à mi-voix : elle était tout absorbée dans ses pensées, quand une autre jeune fille lui poussa vivement le coude en lui disant :

— Regarde donc !

Elle regarda et vit Léonce qui signait :

— Il a ôté son gant, ajouta la jeune fille avec un petit accent de triomphe, comme pour féliciter Lise du succès de la leçon qu'elle avait donnée au beau marquis.

Léonce, qui avait entendu l'exclamation, leva les yeux sur Lise et rencontra son regard qui avait quelque chose d'inquiet :

Lise sentit comme par un indicible instinct qu'il se passait entre elle et ce jeune homme quelque chose qui n'eût pas dû être ainsi, et lorsque ce fut son tour de signer, ses yeux étaient pleins de larmes, sa main tremblait, et quand sa mère, qui était près d'elle, lui demanda ce qu'elle avait :

— Rien, rien, dit-elle, une idée.

Et profitant de l'alarme qu'elle avait causée à sa mère, elle s'attacha à son bras :

— Prends-moi dans ta voiture, maman! lui dit-elle avec l'accent d'un enfant qui a peur et qui demande protection.

— Viens! viens! ma pauvre Lise, lui dit sa mère en l'embrassant et en l'entraînant dans un petit coin, tandis que les hommes graves de l'assemblée souriaient entre eux d'un air capable, que les jeunes gens regardaient sans rien comprendre et que Léonce se disait dans son coin :

— Certes, je reviendrai pour le dîner et pour le bal.

Tout le monde descendit, et Lise regarda Sterny remonter dans sa voiture. Le cocher, humilié d'avoir été si longtemps en mauvaise compagnie de remises, se mit à faire piaffer les chevaux de façon à faire craindre qu'il n'allât tout briser, puis disparut avec rapidité. Lise poussa un gros soupir, et remontant en voiture, elle se trouva à son aise pour la première fois depuis la matinée et se mit à parler de la belle toilette qu'elle allait faire pour la soirée. Mais au milieu de cette importante discussion, elle porta tout à coup la main à son cou.

— Ah! mon Dieu! j'ai perdu mon médaillon; mon Dieu! mon Dieu! je l'avais, j'en suis sûre!

— Il est peut-être tombé à la mairie, peut-être tombé à l'église, peut-être dans une voiture.

— Ah! dit Lise, pourvu que ce ne soit pas dans celle de M. Sterny.

— Et pourquoi? lui dit sa mère; il le trouvera et nous le rapportera.

— Il revient donc?

— Il nous l'a promis.

Lise ne répondit pas, mais elle redevint triste, ne parla plus et pensa que sa toilette, dont elle avait d'abord été si ravie, n'était peut-être pas si charmante qu'elle l'avait pensé. Mais Lise n'était pas d'un âge et d'un caractère à ce qu'une pareille préoccupation durât bien longtemps, et à peine était-elle dans la maison qu'elle avait jeté de côté toutes ces craintes vagues, et qu'elle s'était écriée :

— Ah! mais non! je veux être gaie aujourd'hui.

Et, sans qu'il fût besoin de plus longs raisonnements, elle se délivra de la pensée du beau marquis, et se promit bien de s'amuser à son nez, et comme s'il était un jeune homme tout comme un autre.

Quant à Léonce, dès qu'il fut seul, il hésita de nouveau à reparaître à la noce.

Quelque bonne opinion qu'il eût de lui-même, il comprenait bien qu'il n'y avait rien à faire en ce jour pour lui près de cette petite fille, et ce jour ne pouvait pas avoir de lendemain. Qu'irait-il faire dans cette famille de plumassiers? et, si on n'osait le mettre à la porte, de quel air l'y recevrait-on?

Décidément, tout cela n'avait pas le sens commun; et ce qu'il avait de mieux à faire, c'était d'écrire, en rentrant chez lui, un billet d'excuse, et de dîner à six heures au café de Paris, au lieu d'aller au Cadran-Bleu où se faisait la noce.

Mais ce juste raisonnement n'arrivait à l'esprit de Sterny qu'à travers l'image de Lise, et cette image était si charmante !

VII

Il serait difficile de dire tous les rêves qui passèrent par la tête du lion à mesure qu'il se rappelait cette précieuse beauté ; se faire aimer de cette belle fille, l'enlever à sa famille, se battre contre quelque frère inconnu, subir même un procès scandaleux contre sa famille, faire parler de lui dans les journaux, être condamné pour séduction par les tribunaux et être absous par le monde, à qui une si merveilleuse beauté rendait un pareil crime excusable, trouver dans cette passion une renommée à désoler tous ses amis, tout cela le tentait grandement ; mais presque aussitôt il mesurait les obstacles, comptait les difficultés insurmontables, et rejetait bien loin pareille idée, non comme coupable, mais comme impossible.

Enfin il en était venu à s'arrêter au parti pris de ne pas y retourner, quand il aperçut sur le coussin de sa voiture une petite plaque d'or suspendue à un mince cordonnet de cheveux. Cette plaque était en tout pareille à celle que Lise avait à sa bague ; elle portait comme elle une devise, et cette devise était :

Ce qu'on veut, on le peut.

A ce moment, le lion se posa en face de lui-même, et se trouva tout à fait méprisable et sans portée.

Quoi! une petite fille de la rue Saint-Martin osait se donner pour devise : *Ce qu'on veut, on le peut;* et lui, lion, ne se sentait la force ni de vouloir ni de pouvoir!

— Pardieu! se dit-il, je voudrai et je pourrai!

Et pour s'encourager dans cette noble résolution, il se rappela toutes les femmes qu'il avait prises d'assaut ou enlevées à ses amis.

Cependant, toute récapitulation faite, il trouva qu'aucun des moyens avec lesquels il avait réussi jusque là ne pouvait être de mise dans sa nouvelle entreprise, et qu'il lui fallait trouver toute autre chose.

Sur ces entrefaites il arriva chez lui, où il trouva installés quatre ou cinq de ses amis, discutant très-chaudement sur l'inconstitutionnalité de l'admission des chevaux du gouvernement dans les courses du Champ-de-Mars.

L'arrivée de Sterny mit fin à la discussion.

A son aspect, le gros beau Lingart, le pédicure dont nous avons parlé, s'écria en se rengorgeant dans sa cravate :

— Eh bien?..

— Eh bien! j'ai perdu, repartit Aymar de Rabut, le lion artistique.

— Comment diable! ajouta Marinet, le fils du potier, comment diable aussi vas-tu parier quelque chose contre ce gros agioteur? tu sais bien qu'il a l'instinct des bonnes affaires, et qu'il suffit qu'il touche à la plus mauvaise pour qu'elle tourne à bien dès qu'il y a quelque chose à gagner pour lui.

— Mais oui, je suis assez heureux, dit Lingart d'un air qui voulait dire je suis assez habile, et en ramassant du bout de sa langue les quelques poils de barbe qui avoisinaient le coin de sa bouche.

— De quoi s'agit-il donc? dit Sterny.

— Il s'agit, dit Lingart, que nous dînons au Rocher de Cancale, et que c'est Aymar de Rabut qui nous traite.

— Il y a donc eu pari? dit Léonce, qui pointa les oreilles comme un cheval de bataille qui entend la trompette.

— Oui, dit Aymar de Rabut, je ne sais pas comment cela s'est fait, j'ai soutenu pendant une heure que tu t'ennuierais à crever à ton mariage, qu'hommes et femmes t'assommeraient, et au bout du compte il s'est trouvé que c'est moi qui ai parié que tu te laisserais empêtrer par les familles des futurs, et que tu resterais au dîner et au bal, et c'est Lingart qui a parié que tu reviendrais.

— Mais quand je te dis, s'écria Marinet, que si tu allais lui réclamer cent louis, et qu'il ne voulût pas les payer, il te prouverait clair comme deux et deux font quatre, que tu lui dois dix mille francs!

— Ah bah! dit Lingart, vous trouvez donc qu'il est très-clair que deux et deux font quatre?

On le regarda comme s'il disait une bêtise. Mais il ajouta avec une arrogance de sottise si prodigieuse, qu'il stupéfia l'assemblée :

— Eh bien! faites-moi le plaisir de me prouver que deux et deux font quatre?

— Ceci, mon cher, est de l'Odry tout pur.

— C'est si peu de l'Odry, que j'offre de parier vingt-cinq louis qu'aucun de vous ne me prouve que deux et deux font quatre.

— Pardieu! dit Aymar de Rabut, cela n'a pas besoin d'être prouvé; cela est, parce que...

Il s'arrêta, et Lingart reprit d'un air triomphateur :

— Eh bien! pourquoi cela est-il?

Il attendit une réponse qui ne vint pas, et reprit doctoralement :

— Va commander notre dîner, et...

— Et que ce soit splendide, dit Sterny en riant; car c'est Lingart qui paie.

— Comment ça? fit le spéculateur.

— Parce qu'Aimar a gagné. Je retourne au dîner et je reste au bal.

— C'est pour me faire perdre, dit Lingart.

A ce mot, la conscience de parieur de Sterny se troubla, et il réfléchit.

Et puis il dit :

— J'annule le pari.

— Pourquoi donc?

— C'est que lorsque je suis entré ici, je n'étais pas bien sûr de ce que je ferais, et je ne sais pas encore ce que j'aurais fait, si vous ne m'aviez pas parlé du pari.

— Et quelle est la raison qui t'a décidé tout à coup?

— Rien. Seulement je ne puis pas faire autrement.

— Pourquoi ça? dit Lingart.

— Ah! ceci, répliqua Sterny, ne peut pas plus se prouver, que deux et deux font quatre.

— Cependant vous vous l'êtes prouvé à vous-même, puisque vous en doutiez.

— Ah çà! dit Sterny, vous devenez horriblement ennuyeux, Lingart, avec votre manie de dissertation.

— Il s'exerce pour la Chambre des députés, dit Marinet.

Lingart, qui venait de dépenser trente mille francs pour avoir trois voix, se mordit les lèvres et fit semblant de hausser les épaules, et l'on se mit à plaindre Sterny, qui se laissa faire de la meilleure grâce du monde et sans trop écouter tant qu'il ne s'agit que de lui. Mais il arriva que la conversation se promenant au hasard sur les occupations journalières de ces messieurs, on parla d'une petite fille qui s'était montrée la veille dans les coulisses de l'Opéra, et que l'on avait proclamée délicieuse.

De là on entra dans tous les détails de cette jeune beauté que Sterny avait lui-même fort applaudie : et, par un retour assez ordinaire sur ses souvenirs, il se trouva que cet éloge tourna tout au profit de Lise : qu'admirait-on, en effet, à côté de cette parfaite beauté? un visage à peu près joli, des mains à peu près élégantes, une tournure faite, un pied cruellement emmaillotté pour paraître petit, tandis que chez Lise tout était vraiment parfait, sincèrement beau. La plumassière devenait à chaque instant plus charmante dans l'esprit de Léonce, et par une autre coïncidence il se prit à se repentir des idées vagues de séduction qu'il avait eues contre elle; car le lion artistique Aymar s'écria au milieu de la conversation :

— Ah çà! Lingart, j'espère que vous laisserez cette petite fille tranquille?

— Oui, dit le gros beau, oui, jusques après ses débuts.

Ceci prit sans doute dans la physionomie de Lingart un sens très-particulier, car Sterny en éprouva un mouvement de dégoût. Il nous serait difficile d'expliquer le mystère de cette phrase; mais Léonce réfléchit que s'il trouvait odieux qu'on remit la perte d'une fille de théâtre à un temps marqué d'avance pour qu'elle valût mieux la peine d'être perdue, il était bien autrement coupable, lui, de méditer celle d'une enfant qui au moins ne bravait pas le danger. Mais il arriva à Léonce ce qui arrive aux gens qui ont la conscience facile : il se persuada si bien qu'il ne réussirait pas, qu'il se crut permis de tenter de réussir sans trop de scrupule.

Bientôt après on le laissa; et comme six heures sonnaient, Sterny entrait au Cadran-Bleu.

VIII

L'amour est une belle passion pour les conteurs comme nous; il a cet avantage excellent, qu'on peut le faire aller de l'allure qu'on veut, sans que personne ait à vous demander compte de la vraisemblance de ses actions.

C'est en amour surtout que le plus invraisemblable est le plus vrai : passions soudaines et irrésistibles qui éclatent dans le cœur, à l'aspect d'un être inconnu, comme la lumière à qui Dieu ordonna d'être et qui fut; passions lentes et fortes qui pénètrent dans l'âme par une progression imperceptible, comme la chaleur dans le métal, sans qu'il y ait une différence sensible entre la minute qui précède et la minute qui suit, jusqu'à ce que tous deux soient devenus brûlants, de glacés qu'ils étaient; et celles qui vont par sauts et par bonds, s'élançant follement en avant, puis reculant avec timidité; et celles qui louvoient obscurément, et celles qui marchent à genoux, et celles qui s'imposent, toutes vraies dans leurs plus grands écarts, dans leurs contradictions les plus manifestes.

Tout cela, entendez-vous bien, sans tenir compte des caractères, pliant les plus rudes, redressant les plus faibles, tyrannisant les plus impérieux...

Or, voilà pourquoi Léonce était retourné au Cadran-Bleu.

Lorsqu'il entra, personne n'était arrivé que le nouveau marié et M. Laloine qui venaient activer les apprêts du festin. Prosper voulut d'abord laisser Sterny dans la compagnie de M. Laloine, mais Léonce les pria si instamment l'un et l'autre de ne pas s'occuper de lui, qu'ils allèrent à leurs affaires.

Il demeura donc seul dans le salon attenant à la grande salle du festin, tandis que le beau-père et le gendre allaient donner un coup d'œil à la salle de bal. Mais en vérité, nous dira-t-on, est-ce bien Léonce de Sterny dont vous nous parlez, un lion qui sait tout l'avantage d'une entrée attardée, qui arrive avant l'heure de se mettre à table, comme un courtaud de boutique ou un homme de lettres invité chez un grand seigneur? Vraiment oui, c'est Léonce de Sterny, un des plus furieux de sa bande; et savez-vous ce qu'il fait pendant que les hôtes sont absents? il tourne autour de la table en lisant chaque carte pour savoir où il sera placé; et lorsqu'il voit qu'on l'a mis entre madame Laloine et une dame inconnue, il change la place de son nom pour voler celle de M. Tirlot et se trouver à côté de Lise.

Regardez-le bien, tremblant de peur d'être surpris au milieu de sa substitution comme un enfant qui met le doigt dans un plat de crème pour voir si elle sera bonne; voyez-le, se retournant tout à coup vers le mur lorsque entre un garçon, et paraissant très-occupé à admirer une vieille gravure d'Énée emportant son père Anchise; puis, lorsque le garçon est sorti, achevant son habile manœuvre qu'il eût trouvée de la dernière sottise s'il l'avait lue le matin dans un feuilleton.

Cependant il a réussi, et le voilà tout inquiet du succès de sa ruse.

M. Laloine entre et veut inspecter une dernière fois la distribution des cartes, et aussitôt Léonce s'approche et lui parle plumes d'autruche et marabout; Prosper paraît et veut s'assurer que tout est en règle, et Léonce l'interpelle et s'échappe jusqu'à lui faire de mauvaises plaisanteries sur le trop de fatigues qu'il se donne en un pareil jour.

Il cause, il parle, il rit! Il demande du tabac à M. Laloine, qui le trouve charmant; il se moque avec lui de l'air affairé de Prosper, il l'envoie donner la main aux dames qui descendent de la voiture qui vient de s'arrêter à la porte ; Prosper y court, c'est un monsieur et une dame qui demandent un cabinet particulier. Prosper revient, et Sterny lui fait une tirade de morale sur les cabinets particuliers.

A qui en a-t-il ? que veut-il ? Je vous le disais bien qu'en amour rien n'est vraisemblable ; car voilà notre lion qui se donne beaucoup de peine pour quelque chose, eh ! pourquoi, mon Dieu ! pour s'asseoir à côté d'une petite fille.

Comme le succès absout les plus mauvaises actions, et presque le ridicule, Léonce a donc eu raison, car il a réussi.

Tout le monde arrive ; on se salue, on se parle, il faut faire servir ; c'est l'affaire de Gobillou, tandis que M. Laloine est obligé de rester au salon pour accueillir les invités. Mais Lise doit être curieuse ; elle voudra sans doute savoir où elle sera assise, et elle s'en étonnera. Voilà donc le lion qui se place entre la porte qui ouvre du salon dans la salle à manger, bien assuré que Lise n'osera pas passer devant lui ; car au moment où elle est arrivée avec sa mère et sa sœur, madame Laloine a dit très-gracieusement à Sterny :

— Eh quoi ! déjà arrivé, monsieur le marquis ?

Et celui-ci lui a répondu en regardant Lise :

— C'est assez d'une faute en un jour.

Lise, arrivée toute rayonnante et fière, sentit le reproche, et se retira avec humeur dans un coin du salon. Jamais personne ne lui avait gâté un plaisir avec tant de persévérance que M. de Sterny, et pour si peu de chose.

Léonce lui parut insupportable. Aussi se passa-t-il une petite comédie fort amusante lorsqu'il fallut s'asseoir autour de la table. Léonce, qui connaissait sa place, en prit le chemin et s'installa derrière sa chaise, tandis que Lise cherchait de l'autre côté.

— Là-bas ! lui cria Prosper en lui désignant le côté où était Léonce, qu'il fut très-surpris de trouver au bout de son doigt.

Prosper échangea un regard avec M. Laloine, qui pinça les lèvres d'une façon qui voulait dire :

— Mon gendre est un sot.

D'un autre côté madame Laloine, qui comptait sur le voisinage du marquis, regardait M. Tirlot d'un air ébahi, tandis que celui-ci, fier de la place d'honneur qu'on lui avait donnée, s'y installait d'un air superbe.

Lise s'avançait timidement ne sachant quel parti prendre, car elle avait vu tout cet imperceptible dialogue de regards; quant à Léonce, les yeux fixés au plafond, il ne voyait rien, ne regardait rien, il était tout à fait étranger à ce qui se passait.

Cet embarras finit cependant, car il entendit M. Laloine dire à sa fille :

— Voyons, Lise, va donc t'asseoir.

L'inflexion dont ces paroles furent prononcées annonçait une résignation forcée à la maladresse de Gobillou, et Léonce crut que tout le monde s'en prendrait à Prosper. Mais lorsqu'il dérangea sa chaise pour faire place à Lise, elle le salua d'un air si sec, qu'il vit bien qu'elle avait compris que son beau-frère était innocent de cette faute.

IX

A la première phrase qu'il essaya, Léonce reconnut que Lise était décidée à ne lui répondre que par monosyllabes; mais il avait deux heures devant lui, et c'était plus qu'il n'en fallait pour venir à bout de cette résolution.

D'abord, il laissa la pauvre enfant se remettre et prendre

confiance, et pour cela, il ne s'occupa point d'elle. Mais il devint d'une attention extrême pour le gros monsieur qui était placé de l'autre côté de la jeune fille, et qui n'était rien moins que l'honorable mercier qui l'avait interpellé le matin sur la question des sucres.

Sterny reprit intrépidement la discussion, qui était forcée de passer devant ou derrière la jeune fille, mais de façon à ce qu'elle n'en perdît pas un mot. Il y avait de quoi ennuyer un député lui-même. A la fin, Lise ne put s'empêcher de laisser voir toute son impatience par de petits tressaillements très-significatifs. Mais Sterny fut impitoyable; il continua en s'échauffant si bien, et en échauffant si fort son interlocuteur sur le rendement et l'exercice, que M. Laloine, qui les vit parler avec cette chaleur, s'écria :

— De quoi parlez-vous donc, messieurs ?

— De canne et de betterave, repartit Lise d'un air piqué.

— Ah ! fit M. Laloine ; et satisfait d'une conversation si vertueuse, il pensa à autre chose.

Mais le moment était mal pris ; car tout aussitôt Sterny, espérant que c'était le moment d'engager l'attaque, s'adressa à son interlocuteur, et lui dit :

— En vérité, monsieur, je crains que nous n'ayons beaucoup ennuyé mademoiselle ; nous reprendrons notre discussion plus tard.

— Très-volontiers, fit le mercier qui s'aperçut qu'il avait laissé passer presque tout le premier service sans y toucher, et qui voulut réparer le temps perdu.

Cependant Lise ne fit aucune observation, et le gros mercier reprit entre deux bouchées :

— N'est-ce pas, mademoiselle Lise, que votre mère a raison, que les hommes ne sont plus galants ? Ainsi nous voilà deux cavaliers à côté d'une jolie femme, et nous ne trouvons rien de mieux que de parler de mélasse, au lieu de lui dire de jolies choses. Mais moi, je suis excusable... un papa... j'ai

2.

oublié, au lieu que monsieur, qui est un jeune homme, doit en avoir beaucoup à débiter.

Trouve donc de jolies choses, animal, pensa Léonce, qui, ne sachant que dire, et voyant la petite moue de dédain de la jeune fille, finit par lui offrir à boire.

Elle accepta et le remercia, et la conversation n'alla pas plus loin.

— Allons, se dit le lion, je deviens bête comme un pavé. Je parierais que M. Tirlot s'en tirerait mieux que moi.

Alors il tenta un effort désespéré, mais des plus vulgaires. Il lui fallut parler de lui pour qu'elle s'en occupât, et lui dit :

— Vraiment, mademoiselle, je suis bien malheureux !

— En quoi donc, monsieur ?

— Voilà deux fois seulement que j'ai l'honneur de vous voir, et j'ai déjà trouvé le moyen de vous déplaire trois ou quatre fois.

— A moi, monsieur ? dit Lise d'un air fort étonné.

— A vous, d'abord ce matin, en arrivant trop tard; à la mairie, en n'ôtant pas mon gant; ici peut-être, ajouta-t-il tout bas, en arrivant trop tôt... et...

Allons donc, noble lion, pour ne pas avoir voulu cette fois jouer au fin, vous avez réussi. Lise avait compris en effet ce qu'il voulait dire.

— Et... ? lui dit-elle en le regardant.

— Et, ajouta Léonce avec une vraie expression de jeune homme, et en volant la place de M. Tirlot.

Lise rougit, mais en souriant.

X

D'abord elle avait deviné juste, ce qui la flattait, et puis le marquis avait fait pour être près d'elle un tour d'écolier, et cela la flattait encore ; mais cette fois il y avait de quoi avoir peur, car dans quel but ce beau marquis s'était-il approché d'elle? Le sourire commencé disparut aussitôt pour faire place à un vif embarras.

Lise était trop innocente pour penser à des projets de séduction ; mais en sa qualité de petite bourgeoise, en face d'un gant jaune, elle se dit : « Il veut se moquer de moi, » et elle prit un petit air prude et pincé.

— Vous voyez bien, dit Léonce, que je vous ai déplu.

— Ah ! mon Dieu, monsieur, dit-elle, vous ou M. Tirlot, c'était la même chose.

Léonce fit la grimace, l'équation était cruelle ; alors il ajouta assez impertinemment :

— Je ne crois pas.

— Ah ! fit Lise, qui crut à un excès de fatuité.

— Oui, dit Léonce en tournant assez bien l'écueil, je crois que vous auriez préféré M. Tirlot.

Lise ne répondit pas.

— C'est un de vos parents ? dit Léonce.

— Non, monsieur.

— C'est un de vos amis ?

— Non, monsieur.

— C'est donc celui de Prosper !

— Oui, monsieur.

— Tant mieux, dit Léonce, il y aura compensation, et on

pardonnera à Prosper son ami Sterny en faveur de son ami Tirlot.

— Oh! fit Lise, vous n'êtes pas l'ami de Prosper.

— Moi, et pourquoi donc? Je l'aime beaucoup.

— Oh! ça ne fait rien.

— Je suis tout prêt à lui rendre service.

— Je n'en doute pas, mais ce n'est pas cela que je veux dire.

— Et je crois qu'il a aussi pour moi beaucoup d'affection.

— J'en suis sûre, dit Lise, mais cependant vous savez bien que vous n'êtes pas amis.

— Mais enfin pourquoi?

— C'est que, dit Lise, vous êtes M. le marquis de Sterny, et lui Prosper Gobillou, plumassier.

— C'est bien mal, mademoiselle Lise, ce que vous dites là, fit Léonce d'un air libéral.

— En quoi donc?

— N'est-ce pas dire que ce titre que je porte me rend fier, orgueilleux, impertinent, peut-être?

— Ah! monsieur.

— C'est croire que je ne sais pas rendre justice à l'honneur, à la probité de ceux qui n'ont pas un titre pareil; c'est presque me faire regretter d'être né dans ce qu'on appelle un rang élevé, comme si nous ne vivions pas à une époque où chacun ne vaut que par son mérite et ses œuvres.

Ah! lion, maître lion, qu'avez-vous fait de votre noble crinière de gentilhomme? Comment! vous voilà débitant sentimentalement des phrases du *Constitutionnel*, ou de mélodrame, et cela d'un ton sérieux? Où sont donc vos amis, pour rire de vous comme vous en ririez vous-même si vous pouviez vous voir?

Mais voilà que vous prenez la chose au sérieux, car Lise vous répond d'un ton affectueux:

— Je vous remercie pour Prosper de ce que vous venez de me dire, cela lui ferait grand plaisir.

— Oh! Prosper me connaît depuis longtemps; nous avons été enfants ensemble, et il n'est pas comme vous, il ne me croit pas un dandy, un lion.

— Qu'est-ce que c'est que ça un lion? dit Lise en riant.

— Oh! reprit Sterny, ce sont des jeunes gens du monde qui se croient de l'esprit parce qu'ils se moquent de tout, qui font semblant de mépriser tout ce qui n'est pas de leur coterie, et qui n'ont pas d'autre occupation que de ne rien faire.

Le lion reniait sa religion et ses frères.

— Ah! dit Lise, je sais ce que vous voulez dire; mais je vous prie de croire que je n'avais pas si mauvaise opinion de vous, monsieur le marquis.

— Pas tout à fait si mauvaise, mais peu favorable cependant.

— Je ne puis pas dire... je ne sais pas... dit Lise en hésitant.

— Ah! vous me devez une réponse. Quelle opinion avez-vous de moi?

Lise hésita encore et finit par dire, en regardant le lion en face, avec une expression de malice enfantine :

— Eh bien! je vous le dirai, si vous me dites, vous, pourquoi vous avez pris la place de M. Tirlot.

Léonce fut embarrassé, la réponse pouvait être décisive, il eut le bonheur de trouver une bêtise, et répondit :

— Je n'en sais rien.

Lise partit d'un grand éclat de rire qui fit tourner la tête à toute l'assemblée.

— Qu'as-tu donc, Lise? — Qu'avez-vous donc, mademoiselle?

Cette question arriva de tous les points de l'assemblée.

— C'est, dit Lise toujours en riant, parce que M. le marquis....

— Oh!... dit Léonce tout bas et tremblant que Lise ne racontât son espièglerie, oh! ne me trahissez pas!

— Qu'est-ce donc? reprit-on encore.

— Oh! ce n'est rien, répliqua-t-elle en se calmant... une idée.

— Voyons, Lise! lui dit sa mère avec un froncement de sourcil portant avec lui tout un sermon.

— Eh! laisse-la rire, dit M. Laloiné, c'est de son âge. Le sérieux lui viendra assez tôt.

Il était déjà venu. Lise sentit qu'elle avait été trop loin, lorsque Léonce lui dit tout bas :

— Je vous remercie d'avoir gardé notre secret.

— Quel secret, monsieur?

Celui de la ruse qui m'a rapproché de vous.

— Cela n'en valait pas la peine, dit-elle froidement.

— Et pourtant cela m'en a beaucoup donné, ajouta Léonce.

Et tout aussitôt le voilà qui fait un tableau gai, grotesque, amusant, de sa campagne, de ses alertes, quand il entendait du bruit à la porte. Lise l'écoutait moitié riant, moitié fâchée, et finit par répondre :

— Et tout ça sans savoir pourquoi?

— Oh! je le sais pourtant, dit Léonce, presque ému.

— Ah!... fit Lise.

— Mais je n'ose pas vous le dire.

— Vous, à moi!

— Oui, à vous.

— Vous vous moquez de moi, monsieur le marquis.

— Si je vous le dis, m'en voudrez-vous?

— Mais... reprit Lise, je ne sais pas. C'est selon ce que vous me direz... Ah! non, ajouta-t-elle vivement, je ne veux pas le savoir.

Donc elle le savait.

Mais ceci ne faisait pas le compte du lion ; il voulait parler, ne fût-ce que pour être écouté, il commença et dit tout bas:

— C'est que ce matin....

— Tenez! tenez! dit Lise en l'interrompant vivement, voilà M. Tirlot qui va chanter.

— Il est fort ridicule ce monsieur, dit Léonce, très-contrarié de se voir arrêter, quand il se croyait sur le point d'arriver à un commencement de déclaration.

— Ridicule! lui dit Lise d'un air digne, et pourquoi, monsieur le marquis?

Léonce vit sa faute; il était redevenu lion à son insu; et encore une fois embarrassé, il répondit assez brusquement:

— Je n'aime pas M. Tirlot.

— Et pourquoi?

— Je lui en veux.

— Mais la raison?

Léonce se mit à rire de lui-même, et se sauvant de son mieux du mauvais pas où il s'était fourré, il répliqua:

— D'abord parce qu'il est garçon d'honneur, et qu'il avait le droit de vous donner le bras ce matin.

— Ce droit ne lui a pas beaucoup profité, ce me semble, dit Lise en souriant.

— Et puis, parce qu'on l'a placé à table à côté de vous.

— Et il a bien gardé sa place! reprit Lise de même.

— Enfin, ajouta Léonce, parce qu'il dansera la première contredanse avec vous.

— Hélas! il a oublié de me la demander.

— En ce cas, je la prends.

— Comment, vous la prenez?

— Oui, dit Léonce avec une franche gaîté, je veux tout lui prendre; et si j'étais à côté de lui, je lui soufflerais son assiette, et je lui boirais son vin.

— Ah! ce pauvre M. Tirlot, dit Lise en riant avec une vraie confiance.

— Nous dansons la première ensemble, n'est-ce pas?

— Puisque c'est convenu.

— Ce monsieur Tirlot, continua Sterny, emporté par le succès de sa gaîté, je voudrais lui voler jusqu'à sa chanson.

— C'est difficile, dit Lise, le voilà qui commence.

— C'est égal, lui dit Sterny tout bas; je veux lui disputer la palme.

— Vrai!

— Vous allez voir!

M. Tirlot commença; il y avait quatre couplets, auxquels ne manquaient ni la mesure, ni la rime, et qui célébraient :

1° Madame Laloine;

2° Monsieur Laloine;

3° Mademoiselle Laloine devenue madame Gobillou;

4° Gobillou.

Il y en avait pour tout le monde.

Ce furent des acclamations et des transports touchants. M. Tirlot triomphait; Lise était émue, elle applaudissait, elle se repentait de la contredanse qu'elle lui volait.

Mais Sterny était en veine de bonheur, et il poussa doucement le coude à Lise, en lui disant :

— Dites que je veux chanter aussi.

Lise se leva, étendit sa jolie main, et chacun se tut, s'attendant à quelque chanson nouvelle dite par la jeune fille. Mais quand elle réclama le silence pour M. le marquis, il y eut des cris d'étonnement et de félicitation pour son amabilité.

Sterny jouait gros jeu; il pouvait être ridicule même pour ces bourgeois; il l'était pour lui-même, et le sentit. Il se jeta tête baissée dans le danger et voulut précipiter la catastrophe :

— Pardon, messieurs, dit-il, ce n'est pas une chanson, mais un couplet qui me paraît manquer à la chanson si spirituelle de M. Tirlot.

M. Tirlot s'inclina.

— Voyons! voyons! dit-on de tous côtés.

Et tout aussitôt Sterny se mit à chanter presque aussi fièrement que M. Tirlot lui-même, en s'adressant d'abord à M. et madame Laloine :

> Le droit sacré de faire des heureux
> Est si beau que Dieu nous l'envie :

En montrant Prosper Gobillou et sa femme :

> Et comme vous, quand on en a fait deux
> C'est bien assez, notre tâche est remplie.

A M. et madame Laloine, seuls :

> Et cependant, ce droit que l'on bénit
> N'est pas, pour vous, épuisé sur la terre

En se tournant vers Lise :

> Car en voyant Lise, chacun se dit :
> Il leur reste un heureux à faire !

Oh! lion, quelle honte! un couplet improvisé à table, à une noce de patentés! Lion, que vous êtes petit garçon! pauvre lion.

Léonce n'eut pas le temps d'y penser ; car à peine le couplet fut-il achevé que toute la table craqua d'applaudissements, de trépignements, de bravos. Lise, qui ne s'attendait pas à la conclusion, cachait sa rougeur en baissant la tête; madame Laloine, tout en larmes, se leva pour venir embrasser Lise, en disant à M. Tirlot :

— C'est vrai, monsieur Tirlot, vous aviez oublié ma Lise !

M. Laloine, ému, vint se mêler à ces embrassements et tendit la main à Léonce en lui disant du fond du cœur :

— Merci, monsieur le marquis, merci! merci!

Puis la mère le remercia, et on le félicita de tous côtés. Cela fit un moment de brouhaha, où tout le monde quitta sa place, tandis que Gobillou criait :

— Au salon! au salon! Il y a déjà du monde!

Léonce offrit son bras à Lise. Elle le prit; mais il sentit que sa main tremblait.

Elle était confuse, embarrassée ; mais elle n'était ni triste ni contrariée.

— M'en voulez-vous aussi de mon couplet? lui dit Léonce.

— Oh! non, dit-elle doucement; cela a fait plaisir à mon père et à maman.

— Et à vous?

— Moi... Je le trouve très-joli, dit-elle en baissant les yeux.

Et elle se dégagea doucement pour aller à la rencontre de quelques-unes de ses jeunes amies qui étaient dans le salon, que M. et madame Lalome avaient déjà accueillies, et à qui ils avaient rendu compte de la raison des applaudissements furieux qui venaient d'ébranler le Cadran-Bleu.

— Est-ce vrai? dirent les jeunes filles à Lise en l'entraînant, est-ce vrai que le beau marquis a fait un couplet pour toi?

Si ceci eût été dit d'un ton d'affection, Lise eût peut-être nié ; mais on fit sonner *le beau marquis* d'un ton si envieux, qu'elle répondit avec affectation :

— Oui, c'est vrai.

— Il paraît que tu as fait sa conquête? dit une fort laide.

— Et sans doute il a fait la tienne?

— Qui sait? dit Lise qui trouvait ses bonnes amies très-impertinentes.

— Et d'abord, dit une autre, je vais me faire inviter pour toute la soirée, pour pouvoir le refuser.

— Ah! ce n'est pas la peine, fit la laide, ces gants jaunes, ça ne danse pas.

— Ça danse, mesdemoiselles, dit Sterny, qui s'était doucement approché en longeant un groupe d'hommes ; et il offrit la main à Lise, en lui disant avec un respect profond :

— Mademoiselle n'a pas oublié qu'elle m'a fait l'honneur de me promettre la première contredanse?

— Non, monsieur, non, dit Lise en lui tendant la main.

Cette main tremblait encore.

XI

Heureusement pour Sterny qu'il avait été tellement entraîné par le charme qui émanait de cette belle enfant, et peut-être aussi par son succès, qu'il n'avait pas eu le temps de réfléchir à tout ce qu'il venait de faire. Mais il en eût peut-être été épouvanté, s'il eût eu un moment de solitude libre, pour considérer ce qu'il avait osé d'*excentrique* à ses habitudes. Le hasard en décida autrement.

L'orchestre avait donné le signal de la danse, et Sterny y prit place avec Lise.

Lise était belle, belle comme on rêve les anges avec la sainte sérénité de l'innocence et le repos candide du bonheur. Cette beauté avait ébloui Sterny, et il l'avait longtemps contemplée avec le seul plaisir des yeux, comme une œuvre admirable qui glorifie, pour ainsi dire, la forme humaine en montrant combien elle peut être magnifique et gracieuse.

Mais à ce moment, Lise, tremblante à ses côtés lui parut bien plus charmante qu'il ne l'avait encore vue. Il y avait sur ce visage si pur une expression indicible de bonheur, de crainte et d'étonnement. Il se passait dans le cœur de cette enfant quelque chose d'inaccoutumé qui la ravissait et qui lui faisait peur. Son cœur venait de tressaillir dans sa poitrine, et il lui semblait qu'il y avait en elle une partie de son être qui n'avait pas encore vécu et qui s'agitait pour vivre.

Dieu a donné deux fois cette ineffable émotion à la femme, la première fois qu'elle se sent aimer, et la première fois qu'elle se sent mère. Mais aucun pinceau, aucune plume ne peut exprimer cette extase agitée qui resplendissait sur le visage de Lise; et Sterny, qui la regardait, s'en laissait pénétrer sans se rendre compte lui-même de l'enivrement inconnu qu'il éprouvait. Il voulut lui parler, et sa voix hésita; elle voulut répondre, et sa voix hésita comme celle de Léonce.

Toute cette contredanse se passa ainsi entre eux; et ce ne fut qu'en reconduisant Lise à sa place que Sterny pensa qu'il allait être séparé d'elle; aussi lui dit-il tout bas :

— Mademoiselle Lise valse-t-elle?

— Oh! non, monsieur, non, répondit-elle avec un balancement de tête qui témoignait que la valse était un plaisir au delà de ses espérances de jeune fille.

— Alors, reprit Léonce, je vous demanderai une autre contredanse.

— C'est que j'en ai promis beaucoup, reprit Lise; mais... mais... maman m'a permis de galoper!

— Ce sera donc un galop?

— Oui, dit Lise, le premier. Mais, d'ici là vous danserez avec d'autres demoiselles?

— Avec vous seule!

— Avec ma sœur, au moins; je vous en prie, dit Lise d'un ton inquiet et suppliant.

— Avec la mariée? vous avez raison, repartit Léonce, je vous remercie de me l'avoir rappelé.

— Et je vous remercie d'y consentir, lui dit Lise avec un doux sourire d'intelligence.

Léonce la laissa près de sa mère et s'en alla dans un autre salon. Malgré lui il était heureux! heureux de quoi? d'avoir troublé cette petite fille ! Pauvre triomphe pour un homme dont l'œil de lion avait fait trembler les femmes les plus intrépides et les plus accoutumées à rire de tout et à tout braver, même le scandale !

XII

Ne demandez pas à Léonce pourquoi il était heureux ; il n'aurait point su vous le dire, car cette émotion était aussi nouvelle pour lui que pour Lise, et il ne pensait ni à l'examiner, ni à la combattre ; il se trouvait bien où il était, il voyait tout d'un œil bienveillant, et si parfois il ne reconnaissait pas une grâce complète dans la manière dont toutes les choses se passaient, il y trouvait une bonne foi qui le charmait : ces gens-là s'amusaient sincèrement.

Il essaya de rester loin du salon où était Lise ; mais malgré lui il y revint et glissa son regard entre deux hommes qui barraient la porte.

Lise dansait, mais elle n'était pas à la danse ; ou elle tenait les yeux baissés, ou elle faisait glisser autour du salon un coup d'œil rapide et furtif.

Qui cherchait-elle ?

Léonce eut peur que ce ne fût pas lui ; mais lorsqu'il vit que depuis qu'il était là elle ne cherchait plus, il éprouva un nouveau bonheur, un bonheur si vif qu'à son tour il en eut peur.

Cette peur ne pouvait rester une incertitude dans le cœur de Léonce, comme dans le cœur de Lise ; il se demanda ce qu'il éprouvait et rougit en lui-même.

— Ah ! çà, se dit-il, mais je fais l'enfant, je deviens fort ridicule; leur vin frelaté m'a monté à la tête. Je suis gris, ou le diable m'emporte! Ça n'est pas possible!

Et pour s'assurer qu'il n'était pas homme à se laisser dominer par une émotion d'enfant, il se mit à regarder Lise.

Lise dansait avec un beau jeune homme, aussi beau que le lion, d'une élégance simple, et qui parlait à sa danseuse avec une aisance parfaite, lui disant sans doute des choses assez intéressantes pour qu'elle l'écoutât avec soin, assez bien dites pour qu'elle y répondît par de petits signes d'assentiment.

A cet aspect, il se passa toute une révolution dans le cœur du lion; il se compara à quelqu'un; il se compara à un homme qui pouvait être un marchand de cotonnade, et il trouvait que rien ne lui assurait un avantage sur cet homme.

Léonce éprouva un désappointement bien plus cruel, quand il vit le visage de Lise tranquille, heureux. La pauvre enfant n'avait d'autre bonheur que d'avoir aperçu le regard de Léonce attaché sur elle, que d'en éprouver une joie, une fierté, un ravissement qu'elle ne redoutait plus, car il n'était pas à ses côtés, et le contact de sa main, le son de sa voix ne la faisait plus trembler.

Un singulier doute pénétra dans le cœur de Sterny:

« Est-ce que cette candide enfant serait une coquette d'arrière-boutique? » se dit-il.

« Ah! vraiment, c'est trop d'ambition, ma belle; vous êtes jolie, mais vos prétentions sont trop impertinentes. »

Comme il pensait cela en regardant Lise, le visage de Léonce prit une expression de hauteur et de dédain, et la douce enfant l'ayant regardé à ce moment fut si surprise de se voir regardée ainsi, qu'elle en devint pâle et que ses yeux fixés sur Léonce semblèrent lui dire:

— Eh bien! qu'avez-vous? qu'est-ce que je vous ai fait, mon Dieu?

Et tout aussitôt elle n'écouta plus son danseur et se trompa trois fois en dansant.

Léonce vit tout cela et voulut voir si ce n'était pas un jeu. Il ne voulut pas qu'un homme de sa sorte fût dupe d'un manége de fausse Agnès.

En conséquence, lorsque la contredanse fut finie, il prit son air le plus sûr de lui, le plus indifférent, le plus lion, et s'approchant de Lise et de sa mère, il dit à madame Laloine, sans regarder Lise :

— J'ai bien des pardons à vous demander de mon étourderie, madame. En rentrant chez moi, j'ai trouvé dans ma voiture ce cordon de cheveux et cette petite plaque d'or; ils doivent appartenir à quelqu'un de vos invités, et j'avais oublié de vous les remettre.

A ce mot :

« Quelqu'un de vos invités, »

Lise regarda Léonce comme pour lui dire : N'aviez-vous pas compris que c'était à moi ?

Madame Laloine remercia Léonce, et dit à Lise :

— Tu vois bien que j'avais raison de te dire que M. le marquis te les rapporterait.

— Ah ! ils appartiennent à mademoiselle ? dit Léonce d'un ton froid, en lui présentant ce petit bijou d'un air dédaigneux.

— Oui, monsieur, dit Lise en avançant la main pour le prendre, et en regardant Léonce comme si elle se disait :

« Est-ce que je suis folle ? »

Léonce le lui remit du bout des doigts.

— Donne, dit sa mère, que je le rattache à ton cou.

— Tout à l'heure, maman, dit Lise avec une impatience qu'elle eut peine à contenir.

Et elle l'enveloppa dans son mouchoir, qu'elle serra vivement dans sa main crispée.

Lise était pâle, et ses lèvres tremblaient.

Léonce fut satisfait de l'épreuve, et reprit avec une politesse affectée :

— Mademoiselle n'a pas oublié qu'elle doit danser un galop avec moi?

— Je ne sais, répondit Lise d'un ton douloureux, si maman veut...

— Avec M. le marquis? sans doute, dit madame Laloine.

L'orchestre joua les premières mesures d'un galop.

Lise donna sa main à Léonce; ils se levèrent et firent le tour du salon, pendant que la foule faisait place aux danseurs.

— Pourquoi, lui dit Sterny, n'avez-vous pas voulu remettre votre charmant collier?

— Oh! charmant, dit Lise avec effort, vous ne pensez pas à ce que vous dites; mais j'y tiens beaucoup.

— C'est un souvenir peut-être?

— Ah oui! répondit-elle en levant les yeux au ciel, c'est un bon souvenir.

— Et la devise écrite sur ce bijou vous le rappelle sans doute?

— Oui, monsieur le marquis, repartit Lise avec une douce dignité.

— Ce qu'on veut on le peut, dit cette devise.

— Oui, monsieur le marquis, ce qu'on veut on le peut, répéta Lise avec un soupir mal étouffé.

— C'est avoir une grande confiance en sa propre force, que d'adopter une pareille devise, ajouta Léonce..

— Jusqu'à présent elle ne m'a pas manqué, et j'espère qu'elle ne me manquera pas, répondit Lise avec une émotion extrême.

— En avez-vous besoin?

— Nous ne dansons pas, monsieur? dit Lise.

Léonce enlaça la belle enfant dans un de ses bras, et prit dans sa main la main où elle tenait ce talisman.

Ils dansèrent ainsi, lui, la dévorant du regard; elle, les yeux baissés, le visage sérieux.

Tout à coup une larme quitta les paupières de Lise, et descendit sur sa joue.

Léonce éprouva un saisissement douloureux, et entraînant Lise dans une petite pièce où se trouvait une table de bouillote, il lui dit :

— Je vous ai offensée, mademoiselle ?

— Non, monsieur, non.

— Mais pourquoi pleurez-vous ?

— Mais je ne pleure pas, monsieur.

— Écoutez, mademoiselle, lui dit Léonce avec un accent plein de franchise, je ne sais ce que j'ai pu faire ou dire qui vous ait blessée; mais si cela m'est arrivé malgré moi, je vous en demande pardon, et je vous jure qu'un tel dessein était bien loin de mon cœur.

Lise le regarda attentivement, et répondit avec un triste sourire :

— Oh! mon Dieu, tenez, monsieur, ne faites pas attention à ce que je dis ni à ce que je fais. Voyez-vous, c'est qu'étant enfant j'étais toujours si faible, si souffrante, qu'on m'a laissé tous mes défauts, et parmi ceux-là il faut compter une susceptibilité ridicule... sotte...

— Mais en quoi ai-je pu la blesser, cette susceptibilité ?

— Ne me le demandez pas, monsieur : dansons, je vous en prie; je ne vous en veux pas... je vous jure que je ne vous en veux pas, ajouta-t-elle avec un mouvement nerveux et une expression de souffrance.

XIII

Ils achevèrent leur galop, et Léonce vint encore remettre Lise auprès de sa mère.

Presque aussitôt, M. Tirlot s'avança pour réclamer ses droits; mais Lise lui dit avec une douce prière :

— Pas encore, monsieur Tirlot. Je suis toute malade ; j'ai le cœur oppressé... je souffre beaucoup. J'ai froid.

Sterny la regarda; elle était plus pâle, et ses lèvres tremblaient d'une vibration convulsive.

Sa mère, à cet aspect, parut très-alarmée, et lui dit tout bas :

— Viens, viens, mon enfant.

— Oui, maman, oui, lui dit-elle d'une voix entrecoupée.

Et elle se traîna hors du salon en s'appuyant sur le bras de sa mère :

— Mais qu'a-t-elle donc? s'écria Léonce en s'adressant à M. Tirlot.

— Ah! mon Dieu! fit celui-ci d'un air de sincère pitié, toujours la même chose, des palpitations de cœur terribles ; la moindre fatigue lui fait mal, et une émotion violente serait capable de la tuer.

— De la tuer! se dit Léonce ; et moi... qui sait? quand je la regardais avec cet air de dédain, quand je lui rapportais si sottement ce bijou que je savais ne pouvoir appartenir qu'à elle seule, et qu'elle ne m'avait pas redemandé, sachant que je l'avais, peut-être ai-je été blesser grossièrement cette âme délicate, qui s'abandonnait gaîment à la joie d'un succès d'enfant! Ah! pauvre enfant! pauvre enfant!... ah! si je le pensais! C'est d'une sottise, d'une brutalité indignes!

XIV

Léonce s'en voulait. Jouer avec la niaiserie, la vanité d'une petite prude de comptoir, ce pouvait être amusant ; mais heurter sans raison la sensibilité maladive d'une enfant si belle, et que l'amour dont on l'entourait attestait si bonne, si vraie, si naïve, c'était odieux. Léonce se trouvait coupable, bête, brutal ; il était furieux contre lui-même. Aussi fut-ce avec un véritable intérêt qu'il resta avec quelques personnes à la porte de la chambre où Lise s'était réfugiée avec sa mère.

La jeune fille en sortit bientôt pâle encore, mais calme, sereine.

Elle rencontra le regard alarmé de Léonce ; et son doigt, se posant doucement sur son sein, montra à Sterny la plaque d'or qu'elle venait de suspendre à son cou, et ce geste voulait dire :

Ce qu'on veut, on le peut.

Le sourire qui accompagna ce mouvement était si doux, si résigné, qu'il toucha Léonce.

Cette enfant avait souffert, beaucoup souffert, et pour lui, sans doute, à cause de lui.

Sterny eût voulu lui demander pardon, mais le cœur à genoux, pour lui bien faire comprendre qu'il était honteux et triste de l'avoir blessée.

Lise s'était replacée près de sa mère, et ne devait plus danser, et Léonce n'avait plus le moyen de s'approcher d'elle pour elle seule. Il était mal à son aise ; cette foule lui pesait non pas comme un assemblage de caricatures ridicules, ainsi qu'il eût pu la considérer la veille, mais comme comprimant son cœur. A ce moment, il eût voulu crier, jurer; il eût presque voulu pleurer.

Ce sentiment le gagna si puissamment qu'il fut sur le point de partir.

Mais partir sans apporter ses excuses et son repentir à cette faible et douce créature qu'il avait fait souffrir, il ne le voulut pas; et s'étant approché de madame Laloine, il lui dit d'un air grave :

— Si j'avais été un simple invité à cette fête, madame, j'aurais cru pouvoir me retirer sans vous présenter mes devoirs; mais j'ai été le témoin de Prosper, et je vous prie d'agréer mes remercîments d'avoir admis dans votre famille un honnête homme qui est presque de la mienne.

— Je vous remercie, monsieur, lui dit madame Laloine d'un ton ému, tandis que Lise regardait Léonce avec un doux saisissement, je vous remercie ; car ce n'est que votre affection pour Prosper qui peut vous inspirer des paroles si flatteuses pour de petites gens comme nous.

— C'est ce que j'ai vu, madame, dit Léonce, et je vous conjure de croire au respect sincère et véritable que j'emporte pour vous et pour toutes les personnes de votre famille.

En disant ces paroles il se tourna vers Lise et la salua profondément sans lever les yeux sur elle. Il ne put donc voir le regard radieux dont s'était illuminé le visage de Lise, mais il vit sa main faire un mouvement involontaire comme pour prendre la sienne et le remercier.

Puis il s'éloigna sans vouloir regarder Lise ; ce ne fut qu'à l'autre extrémité du salon qu'il se retourna ; elle avait la main appuyée sur son sein et le regardait ; il attacha ses yeux sur elle, Lise ne détourna pas les siens ; ils se regardèrent longtemps ainsi, tous deux oubliant où ils étaient, tous deux se sentant lire dans le cœur l'un de l'autre. Madame Laloine parla à sa fille: elle sembla s'éveiller d'un rêve; mais avant de se retourner vers sa mère, un doux mouvement de tête avait dit à Léonce :

Adieu et merci :

Le lion partit ; il était fou, bouleversé, stupide ; il voulait se rallier et ne pouvait pas.

Cette image de Lise apparaissait si candide, si pure, lui disant :

— Malheureux ! pourquoi te traiter comme tu m'as traitée ? pourquoi insulter à ce que tu as senti de bon, de saint, de délicieux, comme tu as insulté à ma joie ?

Et voilà Léonce qui s'agite dans cette voiture où s'était appuyé le corps souple de Lise, et cherchant une trace qu'elle eût pu y laisser.

Le misérable, il en avait trouvé une, et il pouvait la garder ; et pour faire de l'impertinence il l'avait rendue à qui ne l'eût pas redemandée ; il en était sûr maintenant.

Comme il était dans cet état de fureur contre lui-même, sa voiture s'arrêta et la portière s'ouvrit. Il descendit et regarda : il était devant le club des lions. Il hésita à entrer, puis il monta rapidement en se disant :

— Si ce butor de Lingart me dit une seule mauvaise plaisanterie, je le soufflette. Et dans sa colère il se mit à une table de jeu, perdit cinq cents louis après avoir stupéfié tout le monde par la mauvaise humeur qu'il montrait, lui d'ordinaire si beau joueur, et rentra chez lui à la pointe du jour, ne pensant pas plus à ses cinq cents louis qu'à sa dernière maîtresse, et se disant :

Je la verrai, je veux la voir ; mais comment ?

XV

Jamais homme ne fut plus embarrassé que Sterny pour trouver un moyen convenable de revoir Lise. Dans les paroles qu'il avait dites à madame Laloine, il avait pris, pour ainsi dire, un congé définitif de cette famille qui n'était pas de son monde, et avec laquelle il ne pouvait continuer d'avoir des relations sans qu'elle s'en étonnât. A la rigueur, il devait faire une visite de politesse, mais c'est tout ce qu'il avait à prétendre. Il pensa bien à rencontrer Lise à l'église, mais dans notre siècle si peu dévot il n'est pas rare de voir un homme comme Léonce répugner à une telle profanation.

Par cela seul qu'il n'entrait jamais dans une église pour y prier, il n'eût pas voulu y entrer pour y poursuivre une femme. Ce qu'eût fait un gentilhomme de Louis XIV une heure après être sorti du confessionnal, ce que ferait encore un Espagnol catholique au moment où il vient d'approcher de la sainte table, l'incrédule Léonce ne voulut pas le faire. C'était dans toute sa pureté le scrupule que l'athée Canillac exprimait d'une façon si plaisante à l'abbé Dubois en pareille occasion; il s'agissait d'un rendez-vous avec une certaine abbesse, la nuit, dans la chapelle de Versailles.

— Allez-y, si vous voulez, dit Canillac au cardinal, vous êtes un ministre de Dieu, c'est affaire entre vous; quant à moi, je ne suis pas assez lié avec lui pour prendre de pareilles libertés dans sa maison.

Nous ne saurions dire d'où vient cette différence, mais ce qu'il y a de sûr, elle existe pour les peuples et pour les hommes; c'est dans les pays les plus fanatiques que les intrigues amoureuses se suivent d'ordinaire dans les églises, et, si, dans notre France si peu religieuse, le temple de Dieu sert encore d'abri à quelque aventure de ce genre, on peut être assuré qu'elle a lieu entre gens qui considèrent ce qu'ils font comme un péché; si bien qu'on serait tenté de croire, comme Canillac, qu'ils entrent en compte avec Dieu, et qu'ils pensent que l'assiduité de leurs hommages leur mérite bien quelque indulgence de sa part.

Quoi qu'il en puisse être, Sterny repoussa l'idée de suivre Lise à l'église, non-seulement pour lui, mais encore pour elle; il y avait dans tout ce que lui inspirait cette jeune fille une délicatesse pudique et élégante comme elle. Si d'une part il ne voulait point donner à Lise une mauvaise opinion de lui en paraissant la poursuivre effrontément au milieu de ses prières, d'autre part il eût craint de toucher par sa présence à cette virginale piété qu'elle devait apporter au pied de l'autel; il eût rougi de déflorer une seule des candides croyances de cette âme d'enfant; et peut-être eût-il moins désiré son amour si elle n'eût pas gardé toute la pureté de son innocence.

Quant à employer les ressources subalternes qui sont aux ordres de tout homme qui a de l'or et de l'audace, et dont il n'avait pas craint de se servir envers les plus grandes dames, elles lui eussent fait horreur.

Il pouvait bien rencontrer Lise chez Prosper, mais aller chez Prosper était aussi peu convenable que d'aller chez M. Laloine : il n'avait rien à y faire, et certes l'on chercherait les motifs de ses visites; et si on venait à les découvrir, il comprenait qu'il en serait honteux comme d'une mauvaise action.

Cependant, durant quelques jours, et sans trop se rendre compte de ses espérances, Léonce rompit toutes ses habitudes. Il alla se promener aux Tuileries.

— C'est, se disait-il, la promenade du bourgeois parisien : peut-être y pourrait-il trouver Lise.

Il alla dans la même soirée à trois ou quatre petits théâtres qui, selon lui, devaient être le spectacle favori du marchand de la rue Saint-Denis ; il en fut pour l'ennui qu'il y éprouva. C'était l'époque de l'exposition des tableaux, il y trouva tout le monde, excepté Lise.

— Vraiment, se dit-il alors, c'est une folie. Quelle est mon espérance ? je n'en ai point, je n'en veux pas avoir.

Il se répétait cela tous les jours, et tous les jours il éprouvait un plus ardent désir de revoir Lise: tout ce qui l'avait amusé et charmé autrefois ne faisait plus que l'agiter sans le satisfaire. Il était comme un homme qui, habitué aux cris de la ville, à son atmosphère lourde, à sa lumière factice, à son tumulte, à ses mille accidents, a tout à coup été transporté dans un divin paysage illuminé d'une douce clarté, où flotte une vague et céleste harmonie, dont l'air pur rafraîchit la poitrine comme un léger breuvage, où tout arrive au cœur comme une caresse invisible. Cet homme ne voudrait pas assurément vivre sans cesse dans ces idées où rien ne pourrait satisfaire la passion dont il vit ; mais dans une heure de lassitude, il voudrait à tout prix aller respirer cet air, écouter ces murmures et rêver sous ces ombrages frais et embaumés où l'homme retrouve la jeunesse de ses sens, comme Léonce avait retrouvé près de lui la jeunesse de son âme.

Mais cet espoir parut sur le point d'échapper à Léonce, lorsqu'un matin (il était à peine dix heures, et il était déjà levé, habillé ; car, ce jour-là, il devait assister à Marly à un déjeuner formidable, suivi de l'exécution d'un pari des plus excentriques, et terminé par un souper foudroyant et un jeu furieux), son valet de chambre lui remit une carte : c'était celle de Prosper.

— Prosper, s'écria Sterny ! qu'il entre, faites entrer...

— Mais, monsieur le comte... je lui ai dit que vous étiez sorti.

— Sorti! s'écria Sterny furieux; d'où vous vient cette impertinence envers mes amis? qui vous a dit de dire que j'étais sorti?...

— Mais, monsieur le comte... j'ai cru...

Sterny était furieux.

— Sot! animal! s'écria-t-il.

— Mais ce monsieur doit être à peine au bas de l'escalier.

— Allez donc le chercher... priez-le de remonter... allez donc!... allez donc!...

A peine le domestique fut-il parti, que Sterny s'aperçut de son emportement. En effet, ses mains tremblaient, et il se sentit comme suffoqué. Il eut le temps de se remettre pendant que le valet de chambre courait après Prosper et le forçait, pour ainsi dire, à remonter, de façon que Léonce put l'aborder avec un calme parfait.

— Pardon, mon cher Prosper, lui dit Sterny, si je vous ai fait remonter; mais j'ai voulu que vous sachiez que si on vous a refusé ma porte, ce n'est pas d'après mes ordres.

— Ah! monsieur le marquis, c'est moi qui suis fâché de vous avoir dérangé.

— Vous m'eussiez dérangé, Prosper, que je vous l'aurais dit sans façon; mais peut-être en vous voyant refuser ma porte vous auriez pu croire que je ne voulais pas vous recevoir, et c'est ce qui n'est pas.

Puis il ajouta en riant :

— Nous ne sommes pas si impertinents qu'on veut bien le dire, que nous le paraissons, grâce à messieurs nos domestiques; mais asseyez-vous donc, Prosper.

— Merci, monsieur le marquis : c'est un peu ma faute, je n'ai pas beaucoup insisté, je suis avec ma femme en visites de noce, elle m'attend en voiture avec ma belle-mère et Lise, et il faut que j'aie fini à temps. Nous avons rendez-vous à une heure au chemin de fer de Saint-Germain où nous faisons une partie.

— Ah! dit Sterny, ces dames sont en bas... elles auraient été bien aimables de me faire l'honneur de monter chez moi.

— Ah! monsieur le marquis, fit Prosper.

Cette exclamation voulait dire à la fois : elles n'eussent pas osé, parce que vous êtes un grand seigneur, et ce n'eût pas été convenable, parce que vous êtes un garçon d'une réputation assez hasardée.

— Allons donc, lui dit Sterny, et veuillez leur présenter mes respects. Mais, au fait, dit-il, j'allais sortir... J'irai jusqu'à leur voiture. Venez.

Et sans attendre la réponse de Prosper, il prit son chapeau et descendit; sa voiture était sous la voûte, et à son aspect le cocher cria au remise de Prosper, qui barrait la porte cochère, de se ranger, et fit caracoler ses chevaux. Une tête d'ange, penchée à la portière du remise, regardait cette belle voiture. En voyant Sterny qui venait de son côté suivi de Prosper, elle se retira vivement. C'était Lise. Léonce s'avança, se fit ouvrir la portière, et monté sur le marchepied il salua madame Laloine, la femme de Prosper et Lise qui occupaient le fond de la voiture, tandis que M. Laloine et M. Tirlot, le garçon d'honneur, occupaient le devant. La présence de ce jeune homme au milieu de la famille de Prosper irrita Sterny : c'était un prétendu sans doute. Cependant il se fit aussi calme que possible, et dit à madame Laloine :

— Je n'ai pas voulu, madame, perdre l'occasion de vous renouveler mes remerciments pour Prosper, et, si je n'avais craint de vous paraître importun, j'aurais été vous porter moi-même ceux de mon père.

— De votre père? dit M. Laloine.

— Oui, monsieur, dit Sterny, c'est lui que je représentais au mariage de Prosper, et j'ai dû lui rendre compte de la mission dont il m'avait chargé. Je lui ai dit, monsieur, à quelle alliance honorable son filleul Prosper avait été admis ; il m'a répondu en vous priant de vous offrir ses remercîments.

Il n'y avait pas un mot de vrai dans tout ce petit récit ; mais il fut débité avec une telle bonne grâce, que M. et madame Laloine en furent confus de vanité. Cependant Léonce avait à peine osé regarder Lise, et il n'eût pas eu la force de lui parler ; il n'avait plus rien à dire, et il se retira en disant :

— Je sais que vous avez beaucoup de visites à faire, je vous laisse.

— Oh ! ce n'est pas nous, dit M. Laloine, c'est Prosper et sa femme, et nous l'avons accompagné, parce qu'il eût perdu trop de temps s'il lui eût fallu venir nous reprendre rue Saint-Denis.

— Et vous allez ainsi rester pendant deux heures en voiture, gênés comme vous l'êtes ? dit Sterny, frappé d'une idée lumineuse. Ah ! Prosper n'est pas galant pour ces dames. En vérité, si j'osais, je proposerais à monsieur et madame Laloine de monter chez moi : il viendrait vous y reprendre ; c'est à cinq minutes du chemin de fer.

M. Laloine et sa femme refusèrent d'abord, mais avec un embarras qui semblait montrer qu'ils eussent volontiers accepté la proposition d'un autre que d'un marquis comme Sterny. Heureusement que madame Laloine avait encore, malgré ses quarante-quatre ans, sa part de curiosité féminine, et ce fut elle qui accepta la première. M. Laloine descendit, mais Lise ni M. Tirlot ne bougèrent. Ce n'était pas là le compte de Sterny.

— Et mademoiselle Lise ?

— Oh ! reprit celle-ci avec un petit sourire malicieux, maintenant nous sommes à notre aise.

— Et vous, monsieur ? dit madame Laloine en s'adressant au garçon d'honneur.

— Moi? répondit celui-ci d'un air renfrogné, on ne m'a pas invité.

La mauvaise humeur de celui-ci servit Sterny mieux que toute son adresse n'eût pu le faire. Madame Laloine pensa que lorsque Prosper et sa femme monteraient faire une visite, Lise et M. Tirlot se trouveraient seuls dans la voiture. Certes, elle connaissait assez sa fille et le garçon d'honneur pour être sûre qu'il n'y avait pas le moindre inconvénient; mais elle s'imagina qu'il avait pu penser à cette circonstance, et, en mère prudente, elle ne voulut pas qu'il eût l'air d'avoir pris cet avantage sans sa permission, et elle dit à Lise, d'un ton dont la sécheresse s'adressait plutôt à M. Tirlot qu'à sa fille :

— Descendez, Lise.

Lise obéit avec une petite moue triste en apparence et un ravissement dans le cœur : car, bien plus que sa mère, elle désirait entrer dans la maison de ce beau marquis, dans la redoutable tanière du fier lion.

Comme ils montaient, M. Laloine se rappela tout à coup la voiture de Sterny.

— Mais vous alliez sortir, monsieur le marquis.

— Oh! reprit Léonce, j'ai le temps... J'allais visiter une maison de campagne aux environs de Saint-Germain, et que j'y arrive à midi ou à deux heures, cela m'est fort indifférent.

— Ah! dit M. Laloine, Prosper nous a dit que vous en possédiez une fort belle à Seine-Port.

— Aussi n'est-ce pas pour moi, c'est pour mon oncle, le général R..., qui aime beaucoup la campagne, mais qui, ayant affaire tous les jours au ministère de la guerre, désire acheter quelque chose à Saint-Germain, de manière à pouvoir arriver le matin et partir le soir.

M. Laloine n'en demanda pas davantage; quant à Lise, elle jeta un regard à la dérobée sur Léonce, qui mentait assez adroitement pour tromper un père, mais trop gauchement pour ne pas être deviné par une jeune fille. Une petite circonstance vint presque aussitôt confirmer Lise dans le soupçon qu'elle avait éprouvé : Léonce avait fait entrer M. et madame Laloine ainsi que Lise dans son salon, et, oubliant qu'une simple portière le séparait d'elle, il avait dit tout bas à son valet de chambre, avant de la suivre :

— Va dans un cabinet de lecture, et tâche de me procurer toutes les *Petites Affiches* que tu trouveras.

Lise l'entendit, et lorsque Sterny rentra, elle le regarda d'un air si moqueur, qu'il vit qu'il avait été deviné. Mais il n'y avait pas de colère dans ce regard, et c'était presque une approbation de sa ruse.

Lise était entrée avec une curiosité d'enfant dans l'appartement de Sterny ; mais, dès qu'elle y fut, ce sentiment devint plus sérieux et presque timide ; il lui sembla être dans un endroit dangereux. Sous ces tentures magnifiques, parmi ces trophées d'armes damasquinées, près de ces étagères couvertes d'objets d'or et d'un goût exquis, dans cette demeure où il n'y avait rien qui fût à l'usage d'une femme, elle se sentit mal à l'aise comme si elle eût été seule dans un cercle d'hommes ; il lui sembla qu'on y respirait un air moins chaste que celui de sa blanche chambre, que celui qui venait à travers les fleurs de sa fenêtre.

Quant à M. et madame Laloine, ils étaient tout curiosité pour les belles choses étalées autour d'eux. Madame Laloine surtout examinait les étagères avec une foule d'étonnements, mais elle n'osait toucher à aucun des charmants objets qui les ornaient, et à chaque instant elle appelait Lise pour les admirer avec elle. Lise obéissait, mais elle regardait à peine ; un singulier sentiment d'effroi s'était emparé d'elle, et elle répondait seulement d'une voix altérée :

— Oui, oui, cela est très-beau...

Au moment où madame Laloine montrait à Lise, non

comme précieux, mais au moins comme singularité, une petite pantoufle placée parmi tous ces objets d'art et de bronze, Lise fronça le sourcil et répondit d'une voix encore plus altérée :

— Oui, c'est très-joli...

Madame Laloine s'en aperçut et lui dit d'un ton alarmé :

— Est-ce que tu souffres?

— Un peu, dit Lise en appuyant la main sur son cœur.

— Ah! s'écria Sterny... on étouffe ici...

— Un verre d'eau sucrée et un peu de fleur d'oranger, s'il vous plaît, dit madame Laloine avec inquiétude. Pardon, monsieur le marquis.

Léonce ne sonna point, il ouvrit une porte, entra lui-même dans sa chambre, prit sur sa commode un petit plateau où il se trouvait ce qu'on appelle un verre d'eau sucrée, et l'apporta lui-même dans le salon.

— Oh! pardon... pardon, lui dit madame Laloine, cette enfant est un véritable embarras.

Madame Laloine arrangea le verre d'eau et Lise le prit; sa main tremblait. Elle le but, mais avant de le poser sur la table elle regarda deux lettres incrustées dans ce verre à la façon des verres de Bohême; ces lettres se retrouvaient sur toutes les pièces de cristal de ce plateau. C'était un A et un C. Il n'appartenait donc pas à Léonce. Il vit cette attention, et prenant le verre des mains de Lise, il lui dit d'un air triste et avec un accent dont l'émotion la fit tressaillir :

— C'est le chiffre de ma mère, mademoiselle.

Elle leva les yeux sur lui; il était attendri sans doute par ce souvenir, car il posa le verre sur le plateau et se dit tout bas :

— C'est étrange.

— Quoi donc? lui dit madame Laloine.

— Tenez, leur dit-il, pardonnez-moi cette émotion. Il y a quatre ans, étant à Nuremberg, je fis faire ce verre pour ma mère; j'arrivai en France le cœur joyeux, car je savais que cette bien pauvre attention lui ferait plaisir. Elle était morte la veille de mon arrivée, frappée comme par la foudre. Je gardai ce verre comme un souvenir d'elle... personne ne s'en était servi jusqu'à ce jour. Je ne puis vous dire, mais cela m'a rappelé un si triste moment!..

Madame Laloine se taisait, mais Lise regardait Sterny avec un doux saisissement de joie.

— Madame votre mère est morte bien jeune, lui dit madame Laloine.

— Trop jeune pour moi, madame; elle était si noble, si bonne, si belle! Je veux vous montrer son portrait, il est là, dans ma chambre. Venez, madame, venez, vous aussi, mademoiselle, je vous en prie. Je veux que vous connaissiez ma mère.

Ils entrèrent dans cette chambre et regardèrent ce portrait. C'était un chef-d'œuvre de peinture, représentant un chef-d'œuvre de beauté.

— N'est-ce pas, dit Sterny, qu'elle était belle?

— Ah! oui, dit Lise avec un doux accent et les mains jointes devant ce portrait, comme si elle eût été en face de la Vierge.

— Voici le portrait de mon père, dit Sterny à M. Laloine.

Le mari et la femme s'en approchèrent pour le regarder, mais Lise resta devant celui de madame de Sterny; ce portrait était animé d'un sourire doux et bienveillant, et un profond soupir s'échappa de la poitrine de Lise. Il lui sembla qu'une femme d'un si céleste visage avait dû donner à son fils quelque chose de l'âme charmante et chaste qui respirait dans ses traits. Ils quittèrent cette chambre, et Lise revint dans le salon le cœur soulagé et presque heureuse.

L'inspection recommença, et Lise retrouva la pantoufle : la pantoufle l'intriguait, mais il était difficile de s'enquérir de son origine. Cependant l'occasion vint d'elle-même; arrivé à une certaine tablette, Sterny eut à expliquer la valeur des objets qui s'y trouvaient : cette clef avait été faite par Louis XVI, cette cassolette avait appartenu à la reine Anne d'Autriche, ce livre de messe à madame de Maintenon.

— Et cette pantoufle?

— Cette pantoufle est à moi, dit Sterny en riant.

— Comment, à vous ? dit madame Laloine.

— Ah! reprit Sterny, c'est une des folies de ma jeunesse.

— Ah! dit madame Laloine d'un ton grave, comme si elle eût craint que cette folie ne fût d'une nature équivoque.

Mais Lise n'éprouva pas cette crainte : quelque chose l'assurait que si c'eût été un souvenir peu séant, Léonce ne lui eût pas répondu avec cet air de franchise joyeuse.

— C'est peut-être la pantoufle de Cendrillon? dit Lise en riant.

— Ah! c'est bien plus extraordinaire, dit Sterny, elle a fait tourner la tête à un vrai prince, et c'était moi qui la portais.

— Comment cela? dit M. Laloine.

— Ah! c'est assez difficile à dire; mais il y a une dizaine d'années j'avais une petite figure de femme et je ressemblais beaucoup à ma sœur; M. d'Auterres la recherchait alors en mariage, et se montrait très-jaloux de sa gaîté. Mon beau-frère, car il l'est devenu, est bien certainement un homme d'honneur, mais un rien offensait sa sévérité et sa manie de l'étiquette ; et une fois il avait gravement fait observer à ma mère que ma sœur était en pantoufles un jour où se trouvaient dans le salon deux ou trois jeunes gens. Les pantoufles avaient frappé M. d'Auterres comme une inconvenance.

Un soir de carnaval qu'il nous avait quittés en nous disant qu'il allait au bal de l'Opéra, je ne sais quelle folle idée me prit de le tourmenter ; je m'habillai en femme, et en souvenir de son amour de l'étiquette, je mis, au lieu de souliers, les pantoufles de ma sœur.

— Vous avez mis ces pantoufles? lui dit Lise d'un air incrédule et oubliant à qui elle parlait.

— Mais je pouvais les mettre dans ce temps-là, mademoiselle, dit Sterny en souriant.

Malgré elle, Lise avait jeté ses regards sur les pieds de Léonce, et ces pieds étaient charmants.

— Que vous dirai-je? reprit celui-ci presque aussi embarrassé qu'elle; j'arrive à l'Opéra, et m'étant fait poursuivre par quelques amis je me précipite tout à coup au bras de M. d'Auterres en lui disant:

— Protégez mon honneur!...

D'Auterres se retourne, et alors je lui avoue d'une voix tremblante que je suis une jeune fille qui, poussée par une curiosité invincible, s'était échappée de l'hôtel de sa mère pour voir le bal de l'Opéra; que j'étais tremblante, égarée, perdue. En disant cela, j'avais entraîné M. d'Auterres dans un coin isolé; je m'étais laissé tomber sur un siége, et tandis qu'il me moralisait en me demandant qui j'étais et en me jurant de me protéger, j'avance le pied, il ne voit rien, je me démène si bien que quelqu'un me heurte et je m'écrie:

— Ah! on vient de m'écraser le pied.

Je l'avance de nouveau, il n'y avait pas moyen de ne pas regarder; M. d'Auterres voit la pantoufle, il devient pâle comme un mort et se tourne vers moi en s'écriant:

— C'est impossible.

Alors je feins d'éclater en sanglots, et je lui dis:

— Hélas! oui, c'est moi! reconduisez-moi chez ma mère; venez.

Il était si stupéfait, que ce fut moi qui le fis sortir de la salle plutôt qu'il ne me conduisit: nous montâmes dans sa voiture, et alors il sembla reprendre ses sens, pour s'écrier de nouveau: C'est impossible. A ce moment, certain que la lumière des lanternes éclairait assez mon visage pour qu'il pût apercevoir mes traits, sans pouvoir cependant les reconnaître, j'arrache mon masque, et il s'écrie :

— C'est vous... oui, c'est vous, mademoiselle.

Un second regard pouvait cependant me trahir ; je cache ma confusion et mes larmes dans mon mouchoir, et nous arrivâmes ainsi à l'hôtel. Ma mère recevait, et il y avait encore du monde. M. d'Auterres la fait appeler mystérieusement dans sa chambre, où je m'étais jeté sans rien dire sur un divan, la tête sur un coussin, pour me cacher. Ce fut alors que M. d'Auterres, d'un air profondément lugubre et solennel, chercha à expliquer à ma mère les terribles nouvelles qu'il avait à lui apprendre.

— Ce secret, s'écria-t-il d'abord, mourra dans mon sein ; mais vous comprenez que mes projets, mes espérances, sont à jamais anéantis.

— Mais, que voulez-vous dire ?

— Hélas ! reprit-il en me montrant, la voilà... C'est une imprudence, une grande imprudence ; mais vos conseils, l'exemple de votre vertu...

— En effet, dit ma mère, quel est ce domino ?

— Ah ! madame, dit M. d'Auterres, ne l'accablez pas de votre votre colère... Je n'ose vous dire...

— Mais qui êtes-vous donc ? me dit la marquise.

— C'est moi, ma mère, lui dis-je en grossissant ma voix.

— Toi, Léonce, dit ma mère en riant. Ah ! reprit-elle, je ne suis pas si sévère, que d'en vouloir à mon fils d'avoir été au bal de l'Opéra...

— Léonce ! s'écria M. d'Auterres, votre fils ?... Mais mademoiselle votre fille ?

— Elle est au salon.

M. d'Auterres éprouva un mouvement d'hésitation qui lui fit garder le silence. Il eut envie de se fâcher, et le premier regard qu'il jeta sur moi fut terrible ; mais j'avais un air si modeste et ma mère un air si ébahi, qu'il prit le parti de rire et de raconter la mystification à ma mère.

Elle fut sur le point de se fâcher de ce que M. d'Auterres avait pu croire ma sœur capable de cette inconséquence; mais le pauvre prétendu répétait toujours :

— Ce sont les pantoufles... cette pantoufle, disait-il, si petite...

— Mais ma fille ! monsieur...

— Qui diable eût pu penser, reprenait-il, qu'un homme eût pu chausser ces maudites pantoufles?

Je pris un air tragique et je lui dis gravement :

— Eh bien, monsieur, la voici, cette pantoufle, prenez-la ; et si jamais il vous venait un soupçon sur ma sœur, qu'elle vous rappelle vos injustes défiances.

— Je l'accepte, dit M. d'Auterres.

— Et moi je prends l'autre, lui dis-je. Je vous la rendrai le jour où ma sœur me la redemandera.

— Voilà dix ans qu'ils sont mariés, et M. d'Auterres n'a pas encore osé raconter à sa femme ce dont il a osé la soupçonner; aussi l'ai-je gardée. Voilà l'histoire de cette pantoufle.

—Cependant le temps se passait et Lise tout à fait remise furetait partout comme un enfant curieux. A ce moment, un domestique entra et déposa un énorme paquet de petites affiches sur la table.

— Voilà ce qu'a demandé monsieur le marquis.

— Bien, fit celui-ci en les jetant dans l'encoignure d'un meuble et en revenant à monsieur et madame Laloine pour les empêcher de voir ce que ce pouvait être : et il leur dit en même temps

— Est-ce que vous êtes curieux de ces petites choses? j'en ai une collection dans ce cabinet, veuillez y passer.

Il entra avec monsieur et madame Laloine, mais Lise ne les suivit pas.

Léonce était sur les épines; heureusement, M. Laloine

ayant aperçu quelques objets soigneusement placés sous un verre, demanda ce que c'était.

— Oh! ceci est très-précieux, dit Léonce, ceci a appartenu à l'Empereur.

A ce nom, M. Laloine se redressa.

— A l'Empereur! répéta-t-il? ah! vous êtes bien heureux!......

— Cette tabatière lui a appartenu et il s'en est servi.

— Permettez que je la voie, dit M. Laloine d'un ton presque ému.

Léonce la tira de dessous le globe, et une idée heureuse lui vint tout à coup.

— Vous avez été militaire, M. Laloine?

— Oui, monsieur, reprit Laloine avec un gros soupir, de 1808 à 1814.

— Eh bien! monsieur, un pareil objet qui n'est qu'une curiosité pour moi, vous serait peut-être bien précieux ; permettez que je vous offre cette tabatière?

— Ah! monsieur, jamais... je ne voudrais pas.

— Je vous en supplie.

Cela dura cinq minutes, mais M. Laloine accepta.

— Lise, Lise, s'écria-t-il en allant vers le salon ; viens donc voir ce que m'a donné M. de Sterny.

Lise entra : elle était agitée et tremblante comme si elle eût fait une mauvaise action. Sterny profita de ce moment pour sortir. Le paquet de *Petites Affiches* était dispersé, et l'un des cahiers était resté ouvert sur un fauteuil... Il le prit et le regarda ; à la dixième ligne de la page il y avait : MAISON DE CAMPAGNE A VENDRE A SAINT-GERMAIN...... Il resta frappé de bonheur ; et comme il entendait revenir monsieur et madame Laloine, il prit le cahier et le cacha sous son habit.

Quand Lise reparut, elle était triomphante ; elle jeta sur Sterny un regard si gai, qu'il ne sut que penser.

Était-ce un hasard, une curiosité d'enfant qui avait poussé Lise à lire ces *Petites Affiches*? était-ce pour se mettre d'intelligence avec lui qu'elle avait fait cela, ou plutôt n'était-ce pas une leçon qu'elle avait voulu lui donner? il retomba dans une cruelle incertitude.

Cependant il voulut profiter de son avantage, et s'avançant vers madame Laloine, il lui dit d'un air gracieux :

— Mais vous, madame, ne pourrais-je pas vous prier d'emporter un petit souvenir de votre bonne visite ?

Madame Laloine hésita, mais ce que Sterny lui offrait était si peu de chose qu'elle aurait eu mauvaise grâce à le refuser.

— Et, répéta-t-il d'un ton dégagé, mademoiselle Lise voudra bien aussi...

Lise l'interrompit vivement :

— Oh! merci, monsieur, je ne veux rien... moi.

Ce moi avait quelque chose de significatif, qui semblait dire qu'elle ne voulait rien accepter au titre auquel on voulait le lui offrir.

— Oh! dit M. Laloine, c'est trop de bonté, nous avons l'air de vous dépouiller.

— Merci pour ma fille, dit madame Laloine, ce serait abuser.

— D'ailleurs, dit Lise d'un ton dégagé, toutes ces choses sont si bien à leur place qu'il faut les y laisser.

— Il y en a, dit Sterny en la regardant avec intention et en lui montrant de l'œil les *Petites Affiches*, qui prennent un prix inestimable à être déplacées.

— Oui, dit Lise avec un effort de gaîté, mais c'est comme la pantoufle, on croit y voir ce qui n'y est pas.

La figure de Sterny laissa échapper un mouvement de dépit ; il se tut : et tirant de son sein les *Petites Affiches*, il les jeta loin de lui. Monsieur et madame Laloine, occupés à regarder la tabatière impériale, ne virent point ce mouvement, mais Lise l'aperçut et en fut heureuse ; mais sa gaîté s'en-

4.

rôle et elle suivit plus attentivement les mouvements de Sterny. Léonce, redevenu maître de lui, se montra aussi empressé, aussi bienveillant qu'avant cet incident avec monsieur et madame Laloine, mais avec une nuance imperceptible de grand seigneur et qui s'étudie à une exquise politesse. Lise le regardait, l'écoutait, il lui plaisait ainsi; il était si élégant, si gracieux, de cette façon il ne lui faisait plus peur ; elle le trouvait naturel.

Enfin, M. Laloine parut attendre l'heure avec impatience, et dit à Sterny:

— Nous vous avons dérangé : l'heure passe et vous arriverez trop tard à Saint-Germain.

— Je n'irai pas sans doute aujourd'hui, dit Sterny.

— C'est nous qui en sommes cause.

— Non, madame, non, dit Léonce ; d'ailleurs, j'ai oublié que je devais aller trouver quelqu'un à Saint-Germain, pour me donner l'adresse de cette maison, et on se sera ennuyé de m'attendre : j'irais inutilement.

— Oh ! dit Lise en hésitant, je croyais qu'on trouvait toutes les adresses des maisons à louer dans les *Petites Affiches*.

Sterny la regarda, celle-ci baissa les yeux. Il y avait dans son âme quelque chose qui l'emportait malgré sa volonté, et quelque chose qui la faisait rougir presque aussitôt. Mais Sterny l'avait comprise et il s'écria :

— Mais, c'est vrai, j'ai là précisément le numéro où se trouve cette adresse.

Il le reprit, et on parla maison de campagne.

Cependant Prosper n'arrivait pas. Monsieur et madame Laloine impatientés ouvrirent une fenêtre, comme si en le regardant arriver de loin cela dût le faire venir plus tôt. Ce fut en ce moment que Sterny s'approcha de Lise et lui dit tout bas :

— Vous avez été bien cruelle, de refuser un pauvre souvenir.

Elle se tut et parut très-émue.

— Maintenant que vous m'avez pardonné, reprit-il, acceptez quelque chose.

Elle n'eut pas le temps de refuser, car son père se mit à crier :

— Voici Prosper !

Il n'y avait plus à espérer... mais au moment où M. Laloine prenait son chapeau, Lise s'écria :

— Bon ! j'ai perdu l'épingle qui attachait mon châle.

Sterny courut à sa chambre, arracha une pelote pendue à la cheminée, et revint ; mais déjà le châle était épinglé.

— Pardon, dit madame Laloine, je viens d'en donner une à cette petite étourdie.

Sterny jeta la pelote sur la table avec chagrin. Mais Lise s'en approcha doucement, et, sans regarder, elle chercha la pelote de la main, y prit une épingle et l'attacha à son châle. Sterny la vit ; il se serait mis à genoux devant elle, s'il avait osé. Il était si heureux qu'il n'eut plus peur, et dit alors :

— Mais au fait, j'y pense, si au lieu d'aller à Saint-Germain dans ma voiture, j'y allais en chemin de fer, je rattraperais le temps perdu.

— C'est vrai, dit M. Laloine.

— Eh bien ! je vous demande la permission de vous conduire jusqu'au chemin de fer ; Prosper nous suivra, et nous partirons tous ensemble.

La proposition fut acceptée, et M. et madame Laloine montèrent avec Lise et Sterny dans la calèche qui attendait, tandis que le remise de Prosper suivait à grand'peine le fringant équipage du Lion. Jamais Sterny n'avait été si heureux de sa vie.

XVI

L'arrivée au chemin de fer fut moins gracieuse que Sterny ne se l'imaginait. Quand les amis, et surtout les amies de la famille Laloine, virent entrer dans la grande salle d'attente le beau Léonce avec les marchands, on chuchota et l'on se dit tout bas :

— Ah ! çà, est-ce qu'on nous amène ce grand monsieur ? — Les Lanoines sont fous. — Il n'est pas invité, nous ne le connaissons pas.

Sterny devina au premier coup d'œil la réprobation qui le frappait, et Lise s'en aperçut aussi. Elle en devint triste, car ce fut pour elle un avertissement de la distance qui la séparait du beau Léonce. A ce moment elle lui eût presque demandé pardon de lui avoir attiré cet accueil désobligeant. Mais Sterny n'était pas homme ni à s'en laisser intimider, ni à s'en fâcher. Il salua le monsieur à la question des sucres d'un air charmé de le rencontrer, et sans humeur, sans affectation, il lui raconta qu'il allait à Saint-Germain, voir une maison de campagne. Du moment qu'on sut qu'il n'était pas de la partie, on ne fit plus attention à lui ; mais ce n'était pas le compte de Sterny, il voulait être de la partie, et se dit que le sucrier l'inviterait d'une façon ou d'autre.

Là-dessus il revint par un détour assez bien ménagé et entama, avec une attention extrême, une discussion d'économie politique du premier ordre. L'heure du départ arriva, Sterny descendit la rampe du débarcadère toujours discutant et argumentant contre M. Gurauflot (c'était le nom du sucrier) : et la discussion tenant, il monta à côté de lui dans un wagon, sans que celui-ci s'imaginât que le marquis avait d'autre intention que d'écouter ses savantes dissertations. Cependant M. Gurauflot ne tarissait pas, et comme le voyage est rapide, Sterny, qui avait besoin de changer le sujet de l'entretien, commençait à s'impatienter, lorsque tout à coup il tira sa montre en s'écriant :

— Bon! je manquerai mon rendez-vous.

— Hein! fit le sucrier si brusquement interrompu.

— Pardon, dit Sterny, j'avais donné rendez-vous à un architecte pour visiter cette maison avec moi, et il ne m'aura pas attendu.

Sterny profitait, en habile faiseur de contes, des personnages imaginaires qu'il avait déjà inventés pour M. Laloine.

— C'est donc une acquisition bien importante que vous allez faire?

— Je ne sais ce que c'est, dit Sterny, les renseignements qu'on prend dans les *Petites Affiches* sont si vagues; maison de campagne à vendre, dit-il, cela varie de 10,000 francs à 100,000, de façon que je vais un peu à l'aventure.

— Pardon, lui dit M. Gurauflot, je connais un peu Saint-Germain : où est la maison que vous allez voir?

— Voyez, lui dit Sterny en lui montrant les *Petites affiches*.

— Mais c'est une charmante maison, je la connais, elle ouvre sur la forêt, c'est très-considérable, et l'on dit que l'intérieur est fort beau.

— Ah! tant mieux!

— Vous ne la connaissez donc pas?

— Je n'y suis jamais entré. Ce que je voudrais surtout savoir, c'est si la maison est d'une construction solide, et j'avoue que je n'y entends rien.

— Ce n'est pas une chose si difficile que vous pouvez le croire.

— Pour une personne comme vous, monsieur, qui me paraissez avoir des connaissances pratiques en toutes choses; mais moi!

— Il est vrai qu'au besoin je ne me laisserais pas tromper, reprit Gurauflot d'un air superbe.

— Vous êtes bien heureux ; mais quand on est ignorant et qu'on a la maladresse de ne pas se faire accompagner par un homme de l'art, on a tort, quoiqu'à vrai dire, monsieur, je ne me fie guère à la bonne foi des architectes.

— Je le crois bien, monsieur.

— Et que je préférerais prendre les avis d'un connaisseur désintéressé, comme vous, monsieur, par exemple.

— Ah! monsieur...

Il est inutile de pousser plus loin ce dialogue : on n'était pas arrivé à Saint-Germain qu'il était convenu que M. Gurauflot accompagnerait Sterny dans la maison. Le sucrier annonça cette importante nouvelle à sa femme et à ses filles, et il fut convenu qu'il rejoindrait la société dans la forêt. Sterny avait espéré qu'on lui demanderait ce qu'il comptait faire en sortant de la maison, et qu'il aurait occasion de répondre qu'il avait toute la journée libre ; mais madame Laloine lui fit des adieux très-formels et des remercîments empressés; et il n'y eut pas l'ombre d'invitation.

A ce moment, Sterny fut si désappointé qu'il se prit de colère contre lui-même, et fut sur le point d'abandonner le sot rôle qu'il jouait ; mais il regarda Lise. Lise regardait sa mère comme si elle eût pu lui inspirer, par la puissance des yeux, la pensée qui la dominait. Sterny crut la deviner, il se résolut de tenter la fortune jusqu'au bout. Mais rien ne lui devait réussir de ce qu'il avait tenté, et il se sépara de la compagnie, monta à pied les rudes escaliers, gagna ladite maison qui était vendue de la veille, et se sépara de M. Gurauflot, qui crut pouvoir atteindre la société et prit une allée de la forêt qui menait aux loges. Quant à Sterny, triste, désolé et dépité surtout, il se trouva au milieu de la compagnie riant, se disputant, et se faisant harnacher ânes et chevaux pour courir à travers bois.

— Déjà de retour, monsieur? lui dit M. Laloine.

— Et mon mari? monsieur, qu'avez-vous fait de mon mari? s'écria madame Gurauflot.

— Mon Dieu, madame, lui dit-il, nous avons trouvé la maison vendue, et alors il a pris le plus court chemin pour aller aux Loges, croyant que vous deviez y être déjà.

— Ah! bien oui, dit M. Laloine, voilà une heure que ces petites filles nous font enrager; elles veulent toutes des chevaux, on est allé en chercher, et nous attendons là depuis une heure.

— J'en suis fâché pour M. votre mari, dit Sterny à madame Gurauflot, c'est ma faute, j'ai été plus qu'indiscret en acceptant son offre amicale. Veuillez, madame, lui en faire mes excuses.

Comme il allait se retirer en voyant que personne ne l'engageait à rester, il entendit madame Laloine s'écrier avec peur :

— Lise, Lise, ne va pas si vite!.. Lise... Lise!..

Mais Lise venait de sortir de la cour du manége sur un petit cheval et le faisait galoper tant qu'il pouvait; elle fit ainsi une centaine de pas, et revint du même train jusqu'auprès du groupe où elle aperçut Sterny qui la salua avec un sourire courtois. Elle devint rouge comme une cerise, puis elle sembla le remercier de ce qu'il était revenu. A ce moment Sterny se prit à crier tout à coup :

— Eh! groom!

Un rustre de payan eut l'effronterie de se présenter à cet appel, et Sterny lui dit :

— Comment, buter, vous laissez monter une femme sur une selle qui n'est pas mieux sanglée que ça ! il y a de quoi la tuer... Vous ne savez donc pas votre métier, imbécile! Et sans attendre la réponse, il passa à la droite du cheval et serra les sangles lui-même, avec une adresse et une vigueur qui stupéfièrent le loueur de chevaux.

— Merci, lui dit Lise si bas, que ce merci n'était que pour lui et pour autre chose sans doute que ce qu'il venait de faire.

Il allait peut-être lui parler, mais madame Gurauflot vint pour ainsi dire le prendre au collet et lui dit :

— Ah! monsieur, soyez donc assez bon pour voir si les selles de mes filles sont bien arrangées.

— Avec grand plaisir, lui dit Léonce.

Et le voilà faisant le palefrenier pour toutes ces dames et demoiselles avec une bonne grâce, un empressement si franc, que madame Gurauflot se mit à dire à M. Laloine :

— Je suis sûre que s'il venait avec nous il nous montrerait les beaux endroits de la forêt; vous qui le connaissez, vous devriez l'inviter?

— Ah! fit M. Laloine, voulez-vous que je me fasse moquer de moi? ce serait une drôle de partie de plaisir à proposer à un homme comme lui.

— Bah! laissez donc, dit madame Gurauflot, je vais lui demander s'il veut être du pique-nique.

M. Laloine arrêta madame Gurauflot avec des yeux courroucés, mais celle-ci ne se tint pas pour battue, et alla au moins lui demander le chemin le plus court à prendre pour arriver aux Loges.

— C'est assez difficile à vous expliquer, madame, lui répondit-il; mais une fois dans la forêt je pourrai vous le montrer.

— Ah! je vous en prie, monsieur le marquis, ne vous dérangez pas, s'écria M. Laloine... Vraiment, madame Gurauflot, vous abusez...

— Pas le moins du monde, répondit Sterny; c'est l'affaire de vingt minutes, et je n'ai rien qui me presse.

M. Laloine prit un air de désolation, très-contrarié de l'indiscrétion de madame Gurauflot.

— Je lui paie la dette que j'ai contractée avec son mari, lui dit Sterny, c'est justice.

On partit : les jeunes filles et les jeunes gens à cheval, les grands parents et Sterny à pied.

On alla d'abord doucement ; les mamans criaient sans cesse qu'on allait se blesser. Mais peu à peu, et lorsque les indications de Sterny eurent assuré le chemin, on s'éloigna, on s'emporta, allant, revenant, et riant des fichus qui s'envolaient, des chapeaux qui se détachaient. Sterny causait gravement, suivant Lise des yeux, Lise qui paraissait l'avoir oublié et qui n'était pas la moins folle de cette volée de jeunes filles.

Pauvre Sterny, que de soins pour obtenir une invitation à un mauvais dîner, que de sottises accomplies en un jour! A quel métier était-il descendu peu à peu! il avait sanglé l'âne de madame Gurauflot, et encore n'était-il pas arrivé à son but. Une fois encore il trouva qu'il devenait dupe. Lise courait joyeuse et indifférente sans s'occuper de lui. Il prit donc le parti définitif de se retirer; il était furieux contre elle.

A ce moment un cri perçant partit d'une allée détournée.

— C'est Lise, dit madame Laloine...

Elle n'avait pas achevé de parler que Sterny s'était élancé vers l'allée à travers les bois.

Il arriva près de Lise, qui était très-paisiblement sur son cheval, tandis que M. Tirlot s'époussetait et redressait les bosses de son chapeau ; Lise avait eu peur : voilà tout. Sterny, rassuré sur son compte, ne la regarda même pas, et retournant vers madame Laloine, il cria de loin :

— Ce n'est rien, madame, c'est M. Tirlot qui est tombé.

Madame Laloine arriva presqu'au même instant, et tout effrayée de cet accident, elle dit à Lise :

— Voyons, ma fille, descends de cheval ; ce qui est arrivé à M. Tirlot peut t'arriver.

— Mais, maman, dit Lise d'un air boudeur...

5

— Allons, sois raisonnable, lui dit son père; puisque ta mère a peur.

Lise dit avec humeur :

— Ah! monsieur Tirlot, vous êtes d'une gaucherie... c'est moi qu'on punit de votre maladresse.

— De ma maladresse, mademoiselle? je voudrais bien vous voir sur cette bête enragée. Voilà deux fois qu'il me jette par terre, car je suis déjà tombé là-bas sans rien dire.

— Alors pourquoi avez-vous crié ici ?

— Ce n'est pas moi, dit Tirlot, c'est vous.

— Mais la dernière fois aussi vous êtes tombé trois fois, et maman n'a pas eu peur pour ça.

— C'est que tu étais avec le capitaine Simon, lui dit M. Laloine, qu'il était à côté de toi, et que je me fiais à lui.

— En vérité, dit Sterny, si j'osais... et pour ne pas priver mademoiselle Lise de ce plaisir, je m'offre à l'accompagner et je réponds d'elle.

— Mais vous n'avez pas de cheval, monsieur Léonce, dit-elle d'un air chagrin.

— Peut-être que M. Tirlot ne voudra pas remonter sur le sien.

— Je vous demande pardon, répondit Tirlot d'un ton sec, j'en aurai raison.

— Soit, monsieur, dit Sterny.

M. Tirlot enfourcha de nouveau son cheval, et voulant faire le brave, il s'avisa de lui donner trois ou quatre coups de cravache; l'animal se cabra, rua, sauta, et renvoya M. Victor sur le chemin.

— C'est bien fait, dit Lise.

— Vrai? dit Tirlot... Eh bien! je conseille à monsieur d'en goûter, il verra.

— Volontiers, dit Sterny.

— Je donnerais cent sous, dit Tirlot à madame Laloine, pour que votre marquis descendît la garde.

Le cheval était rétif, mais il ne fallait pas un cavalier si exercé que Léonce pour le réduire, et M. Tirlot eut toute la honte de sa chute et toute la rage du succès de Léonce.

On n'avait pas félicité encore Sterny, que Lise, s'élançant dans l'allée où ils se trouvaient, se mit à galoper.

— Ah! mon Dieu, suivez-la, monsieur de Sterny, s'écria madame Laloine.

Léonce ne se le fit pas répéter, quoiqu'il eût contre Lise une colère qu'il se promettait bien de lui témoigner par sa froideur. Mais il semblait que cette jeune fille eût sur lui un empire dont il ne pouvait se rendre compte, ne l'ayant jamais éprouvé de la part d'une autre; d'ailleurs elle avait de ces regards, de ces mots, de ces silences qui bouleversaient Sterny. A l'instant où on pouvait la croire à mille lieues de soi, emportée par la jeunesse et la folle gaîté, un mot venait qui vous disait qu'elle était demeurée à vos côtés. Ce fut ce qui arriva à Sterny.

— Ah! mon Dieu, lui dit-elle dès qu'il fut près d'elle, nous avons eu de la peine.

Que répondre à cela? il fallait en être heureux; mais pour en être heureux il fallait y croire, et cette enfant était si étrange, elle disait de ces mots qui eussent paru un engagement compromettant à une femme qui en eût apprécié la valeur, puis elle parlait, elle agissait comme si elle n'eût rien dit. Léonce ne comprenait rien à cette façon d'être, ne s'apercevant pas que lui-même n'était déjà plus ce qu'il avait été autrefois.

Cependant ils cheminaient l'un près de l'autre, et Léonce voulut enfin donner un sens positif à tout ce qu'il avait fait, c'est-à-dire faire comprendre à Lise que c'était par amour pour elle qu'il avait fait tout ce qu'elle avait vu. Mais il ne savait comment aborder ce sujet avec cette âme curieuse et timide comme une biche qui montre sa jolie tête au bord d'un sentier, et qui s'enfuit en bondissant dans les bois au premier bruit des pas d'un chasseur.

Ainsi ces deux jeunes gens, qui s'étaient réunis sans doute pour se dire mille choses, gardaient tous deux le silence, et tous deux devenaient pensifs et restaient silencieux. Ce fut Léonce qui remarqua le premier la tristesse de Lise; et comme il voulait toujours s'informer du secret de cette âme envers lui, il lui fit une de ces questions où l'on se met en jeu.

— Vous êtes triste, lui dit-il; est-ce moi qui vous ai déplu?

— Ah! non, lui répondit-elle avec un gros soupir, j'ai du chagrin.

— Quel chagrin?

— Voulez-vous que je vous le dise franchement?

— Oui, certes.

— Eh bien, monsieur Léonce, c'était la seconde fois qu'elle l'appelait Léonce, ce n'est pas convenable ce que vous faites.

La fierté de Sterny s'irrita de ce mot, qui pour un homme comme lui était la plus cruelle injure qu'une femme pût lui faire; il répondit d'une voix altérée :

— Je ne croyais pas avoir manqué à aucune convenance, du moins vis-à-vis de vous, mademoiselle.

Lise tourna vers lui son doux visage, et de la voix la plus triste et la plus soumise elle reprit :

— Ah! comme vous entendez mal les choses : je ne dis pas que vous avez manqué de convenance vis-à-vis de moi, vis-à-vis de personne.

— Mais alors que voulez-vous dire ?

— Oh! ne vous fâchez pas, mais c'est pour vous que ce n'est pas convenable ce que vous faites et ce que je vous ai laissé faire.

— Pour moi? dit Sterny dont cette voix d'enfant remuait le cœur avec une violence inouïe.

— Oui, pour vous : vous ne connaissez pas les gens avec qui vous êtes, ils sentent aussi bien que vous que vous n'êtes pas ici à votre place ; ils ont peur tant que vous êtes là, et ils ne diront rien. Mais demain, après-demain, voyez-vous, on en rira, on en parlera.

— Et que m'importe ?...

— Oh ! ne dites pas cela...

— Mais que fais-je donc autrement que les autres ?

— Les autres font ce qu'ils font tous les jours, reprit Lise avec un léger mouvement d'impatience ; au lieu que vous... ils voient bien que cela ne vous va pas... Vous êtes bon... ah ! oui, je le crois ; depuis ce matin vous êtes bon, vous faites tout ce que vous pouvez... mais tenez... moi.. moi... je n'aime pas à vous voir comme ça.

— C'est pourtant...

— Pour moi que vous l'avez fait, dit rapidement Lise qui s'arrêta aussitôt, confuse d'avoir, pour ainsi dire, fait elle-même l'aveu de l'amour de Léonce.

— Oh ! oui, Lise, lui dit-il, c'est pour vous, je vous le jure.

Elle ne répondit pas encore, elle était troublée, agitée et devenait pâle, car toutes les vives émotions se peignaient ainsi sur le visage de cette jeune fille. Enfin elle reprit courage et se mit à dire :

— Monsieur Léonce, il faut vous en aller.

— Ah ! je ne puis, lui dit-il.

Elle sourit de son angélique sourire, et lui montra sa devise :

Ce qu'on veut, on le peut.

— C'est bien, lui dit-il avec passion ; et si j'avais ce talisman qui porte ce prétexte de courage, je voudrais tout ce qui est possible.

— Ce n'est pas bien, ce que vous me demandez, lui dit Lise en souriant ; car si je vous le donnais il faudrait dire à maman que je l'ai perdu, il faudrait mentir.

C'était à la fois le donner et le refuser. Léonce ne sut que répondre ; elle était si simple que toute la science du cœur des femmes lui manquait près de cet enfant.

Cependant leur pas s'était tellement ralenti qu'ils furent rejoints par M. et madame Laloine qui dit à sa fille :

— A la bonne heure, Lise, tu vas bien sagement avec M. de Sterny.

A ce moment, et comme on parlait de se reposer un moment, voilà un grand fracas qui se fait entendre dans la forêt, et presque au même instant une masse de cavaliers et d'amazones débouchent d'une allée latérale ; c'était le fameux pari des trotteurs partis de Marly et arrivés jusque là. Presque tous parurent comme la foudre ; mais Lingart et sa lionne, qui ne suivaient que de loin, eurent le temps de reconnaître Sterny. Tous deux furent si stupéfaits, qu'ils arrêtèrent leurs chevaux et s'entre-regardèrent comme s'ils ne pouvaient le croire : Sterny sur un *cerisier* (1), Sterny en compagnie d'une grosse dame *à âne*, car madame Gurauflot était près d'eux. Ils étaient si confondus, qu'ils n'en revenaient pas encore. Sterny vit leur surprise et pâlit à la fois de colère et de honte. Mais comme, dans leur stupéfaction, Lingart ni sa lionne ne continuaient leur chemin, il s'avançait vers eux bien décidé à couper le visage à Lingart, quand celui-ci lui dit :

— C'est bien vous, pardon, je ne vous reconnaissais pas... Vous avez gagné vos cent louis, Algibech a gagné contre Montereau... Nous vous avons attendu... vous ne viendrez pas au dîner sans doute.... mille bonjours.

Et il piqua son cheval et s'éloigna, tandis que sa lionne, un lorgnon appliqué sur l'œil, examinait Lise de loin, comme un marchand fait d'un tableau. Elle mit tant d'action à cette

---

(1) Nom qu'on donne à ces petits chevaux de louage, parce qu'ils portent ordinairement les cerises de Montmorency aux marchés de Paris.

impertinence qu'elle ne vit pas Lingart partir, et resta quelques secondes après lui.

Sterny était si furieux qu'il frappa le cheval de l'amazone qui, surprise à l'improviste, fut presque renversée. Elle devina l'action de Sterny, et tout en maîtrisant son cheval elle lui dit :

— Vous êtes un butor, Sterny, vous m'en rendrez raison.

Et elle s'éloigna au galop.

Les Laloine n'avaient rien vu de cette scène, tout cela leur avait paru très-simple; mais lorsque Sterny retourna près de Lise, qui était partie en avant, il la trouva en larmes.

— Je vous le disais bien, monsieur, dit-elle aussitôt : comme cette femme m'a regardée!... laissez-moi, monsieur, laissez-moi... retournez vers vos amis... je vous en prie... je le veux.

Et comme Sterny voulait répondre, elle mit son cheval au galop pour s'éloigner de lui. Sterny la suivit d'abord, mais comme à mesure qu'il s'approchait d'elle, elle le lançait plus vivement, il eut peur qu'elle ne finît par se blesser et s'arrêta.

Lise disparut à ses yeux et il resta au milieu de la route. Il était hors de vue de tout le monde, mais il entendait la voix de M. et madame Laloine qui appelaient Lise en criant :

— Il va pleuvoir, retournons.

Il imagina l'alarme de madame Laloine si elle le trouvait ainsi tout seul, et voulut à tout prix rejoindre Lise; il courut à toute bride pendant cinq minutes; enfin au coin d'une allée il vit le cheval de Lise libre, il s'élança en criant à son tour :

— Mademoiselle Lise! mademoiselle Lise!

Elle sortit du bois en lui disant :

— Eh bien! monsieur, me voilà.

— Oh! reprit-il, que vous m'avez fait peur!

Il y avait tant de vérité dans son émotion que Lise en fut presque touchée, mais son parti était pris et elle répondit :

— De quel côté est ma mère?

— Par ici, mais bien loin.

— J'y vais.

— Ne montez-vous pas à cheval?

— Non, dit-elle, non... d'une voix entrecoupée... cette course m'a brisé le cœur.

Et Sterny remarqua seulement alors que sa poitrine haletait et qu'une pâleur effrayante couvrait son visage.

Il sauta à bas de son cheval et courut à elle.

— Oh! mon Dieu!... c'est moi qui vous ai fait ce mal, s'écria-t-il, oh! pardonnez-moi, pardonnez-moi, Lise!..

— Non, ce n'est pas vous... j'ai eu tort... j'ai...

Et en prononçant ces paroles elle défaillit et fût tombée par terre si Léonce ne l'eût prise dans ses bras.

A ce moment l'orage éclata avec violence, et Lise tressaillit comme frappée par la foudre; mais son évanouissement n'était qu'une faiblesse passagère, elle se remit et entendit la voix de sa mère qui l'appelait.

— Allons la rejoindre.

— Mais vous pouvez à peine marcher.

— Oh! allons, allons! lui dit-elle tandis que ses dents claquaient... je peux marcher, je le peux, je le veux.

Et elle prit un sentier en répondant avec une voix éclatante :

— Me voici, maman, me voici.

Mais avant qu'ils fussent arrivés elle dit à Sterny:

— Vous nous quitterez, n'est-ce pas? je le veux...

— Je vous obéirai, dit Sterny.

Cela dit, il n'y eut pas un mot de prononcé, et lorsqu'ils arrivèrent près des grands parents, elle était calme et remise en apparence. Mais durant leur absence la grande résolution d'inviter Sterny avait été prise, et elle lui fut solennellement adressée par M. Laloine. Il s'y refusa d'abord, mais avec un embarras triste comme celui d'un enfant qui a peur. Il chercha vainement un encouragement dans un regard de Lise, mais elle détournait la tête.

— Ah! je comprends, dit Laloine, ces messieurs et ces dames qui viennent de passer vous attendent.

— Non... non, monsieur, dit vivement Sterny, je n'ai rien à faire avec ces gens-là.

Ces gens-là! sa société habituelle. Oh! pauvre Sterny!

— Mais alors pourquoi ne pas accepter? dit madame Gurauflot qui s'était éprise du beau Léonce.

Ma présence ne plairait peut-être pas à tout le monde, madame, reprit Sterny en s'inclinant; permettez que je me retire.

— Mais voilà la pluie qui va tomber, dit madame Gurauflot, vous accepterez au moins un parapluie!

— Merci, madame, merci, dit Sterny d'une voix douloureuse. Adieu, monsieur Laloine, adieu, madame; j'ai l'honneur de vous saluer, mademoiselle, dit-il enfin en se tournant vers Lise.

Elle le laissa partir; mais il n'était pas à vingt pas, que, feignant de se retirer à l'écart, elle pleurait à chaudes larmes. Quant à Sterny, il s'éloigna avec rapidité, gagna le chemin de fer et revint à Paris; il courut s'enfermer chez lui. Il était désespéré, il était colère, il s'en voulait, et en voulait à Lise; et cependant il ne pouvait penser à elle sans se sentir pris d'un frisson d'amour qui l'enivrait.

XVII

Cependant, quand quelques heures de repos eurent calmé cette agitation inaccoutumée, Léonce réfléchit plus sérieusement qu'il ne l'avait peut-être fait de sa vie.

Il était amoureux, il le sentait ; il n'en avait pas honte, mais il avait peur.

Séduire Lise! ce serait un crime honteux et lâche.

Car, se disait-il, elle m'aimerait si je voulais; elle m'aimerait, j'en suis sûr, et elle donnerait à cet amour qui l'emporte en aveugle tout ce cœur si facile à briser ; et que pourrais-je faire autre chose que de le briser? car l'épouser, folie impossible! Eh bien! ajouta-t-il, je me souviens que, quand j'étais enfant, un jour que j'étais bien malade, ma mère m'emporta dans l'église, et me mettant à genoux sur ses genoux, elle me tourna vers une Vierge, et me fit répéter après elle :

« Sainte Vierge Marie, qui avez vu mourir votre fils, sauvez-moi pour ma mère! »

Cette image que j'implorai m'est restée dans le souvenir comme quelque chose de sacré et d'ineffable, et dont jamais je n'ai dit le secret à personne, de peur qu'une plaisanterie ne vînt l'insulter. Eh bien! Lise sera pour moi un souvenir pareil, une image céleste un moment entrevue, et que je garderai dans le sanctuaire de mon âme pour l'abriter contre ma vie; car je ne mêle pas mon cœur à ma vie.

Eh! non! je donne à la dissipation, à la débauche, au ridicule, cette jeunesse, cette force pour laquelle notre siècle n'a plus de but qui puisse la tenter; mais si j'avais vécu en d'autre temps, je ne serais pas ainsi; car c'est honteux d'être ce que je suis. Ah! si Lise n'était pas ce qu'elle est, si elle était une reine, je tenterais tout pour la mériter; je l'oserais en pensant à ces mots qu'elle porte sur le cœur:

Ce qu'on veut, on le peut.

Mais elle n'est rien, je ne pourrais que descendre jusqu'à elle. N'y pensons plus, n'y pensons plus!

Pour arriver à ce but, Sterny chercha à occuper à la fois ce qu'il croyait encore son esprit et son cœur.

Le lendemain, quand il reparut au club, il s'attendait à quelque allusion de la part de ses amis; mais une conspiration s'était organisée contre lui, on ne lui adressa pas une parole à ce sujet; seulement Eugène lui dit d'un air grave:

— Je parie vingt sous contre vous, Sterny.

Les dames de ces messieurs le saluèrent, en le recevant dans les coulisses de l'Opéra, avec des révérences de rosières et des yeux baissés. Sterny comprit la plaisanterie et voulut y répondre victorieusement; il joua comme un furieux et fit presque peur à Lingart dont son audace dérangea tous les calculs.

Il poursuivit cette belle fille de l'Opéra qu'on disait si parfaite et qui venait de débuter avec un succès énorme. Ni Lingart, ni Eugène, ni les autres, n'en purent approcher, tant il y mit d'ardeur désespérée.

Au bout d'une semaine, elle appartenait à Sterny, qui l'avait traitée avec l'insolence la plus cavalière.

Mais, — quinze jours après la partie de Saint-Germain, — un soir qu'il était avec sa lionne dans une loge des Français, il reconnut en face de lui deux femmes qui le regardaient avec attention.

L'une était la femme de Prosper, l'autre était Lise.

— Comme on vous regarde de cette loge, lui dit la danseuse, est-ce qu'on vous y connaît?

— Non, dit Sterny qui rougit malgré lui de son mensonge.

— Pourquoi donc vous retirer au fond de la loge? On dirait que vous avez peur!

— Ah! trêve de jalousies auxquelles je ne crois pas, dit Sterny.

— Mais si on ne vous connaît pas, il n'y a pas de jalousie à avoir.

Sterny se tourna hors de la loge, et vit Lise écoutant deux jeunes gens qui causaient et paraissaient parler de lui.

Tout à coup Lise releva vivement la tête et regarda Sterny avec un effroi indicible, comme si on venait de lui dire:

« Cet homme est le bourreau. »

Léonce se retira sans oser la saluer, pour ne pas l'exposer aux regards insultants de sa maîtresse; mais il voulut sortir.

— Si vous quittez ma loge, lui dit celle-ci... je fais un esclandre... Vous connaissez cette femme?

Par un instinct particulier, Sterny avait deviné ce qui venait de se passer à quelques pas de lui.

— Avec qui est donc mademoiselle N...? avait dit l'un des jeunes gens.

— Eh bien! avec son amant le marquis de Sterny.

— Y a-t-il longtemps qu'il l'est?

— Il y a huit jours tout au plus.

Sterny n'avait pas entendu un seul mot de tout cela; mais il l'avait lu dans le regard que Lise avait jeté sur lui.

Il eût voulu pouvoir aller près d'elle; mais on le tenait par une chaîne infâme. Il voulut encore sortir.

— Si vous entrez dans la loge de cette femme, lui dit sa maîtresse, je vais la souffleter devant vous. Puis elle reprit d'un air de dédain : — Ce doit être la grisette de Saint-Germain ?

Sterny eût poignardé la danseuse en ce moment; mais il fallait céder, il ne put qu'emmener sa lionne, et dans un accès de rage insensée il brisa tout chez elle, glaces, porcelaines, meubles; comme il ne pouvait battre la femme, il lui faisait tout le mal possible en lui arrachant tout ce qu'elle tenait de lui.

Léonce rentra chez lui furieux.

Le lendemain, il alla chez M. Laloine; on lui dit qu'il etait à la campagne avec toute sa famille.

« Allons, se dit Sterny, je suis un sot; il y aura eu encore une scène de palpitations, et la belle aura été se promener le lendemain, tandis que moi... En vérité, je deviens brute. »

Ceci dit, il pensa qu'il n'en avait pas assez fait pour oublier cette petite fille avec laquelle il s'était si bêtement compromis.

Quinze jours après, à force de folies plus ardentes que jamais, grâce à une course au clocher où il se blessa, et dont parlèrent les journaux, à un pari de mille louis qu'il perdit, à une suite d'orgies avec les courtisanes les plus impudiques, il était parvenu à ne plus penser à Lise, et cependant plusieurs fois cette douce et blanche figure semblait lui apparaître, mais pâle, mourante, désolée, le regardant avec désespoir, comme si elle lui reprochait de se perdre et de l'avoir perdue.

Cette image lui revint même dans son sommeil, et comme il y rêvait encore le matin, tout éveillé, on lui annonça Prosper Gobillou, qui entra d'un air triste et chagrin.

— Mais, lui dit Léonce, vous avez l'air bien triste, Prosper, pour un nouveau marié?

— Oh! c'est qu'il y a du chagrin à la maison, lui dit Gobillou; vous savez bien, cette pauvre Lise?

— Eh bien! Lise?... s'écria Léonce épouvanté.

Prosper lui montra le crêpe de son chapeau.

— Morte! dit Léonce avec un cri terrible.

— Morte! dit Prosper; morte comme une sainte!

— Oh! mon Dieu! mon Dieu! fit Léonce avec un désespoir qui épouvanta Prosper; ce n'est pas possible... Morte! sans que je l'aie revue! morte...

— Hélas! oui, dit Prosper. Je viens de son enterrement, et je viens vous apporter sa dernière volonté.

— Sa dernière volonté! dit Léonce.

— Écoutez-moi, monsieur le marquis, il ne faut pas en vouloir à cette pauvre enfant, c'était une tête de feu et un cœur trop exalté. Mais voici ce qui s'est passé :

La nuit où elle est morte, je veillais près d'elle avec ma femme; elle l'a appelée et lui a dit de dénouer le petit cordon de cheveux qu'elle portait au cou, puis elle m'a fait signe d'approcher :

« Prosper, m'a-t-elle dit, vous remettrez cela à M. de Sterny; dites-lui de ne pas être léger et cruel pour d'autres comme il l'a été pour moi; je lui envoie cette devise, qu'elle devienne la sienne, et ce sera un jour un homme distingué et bon, j'en suis sûre... »

Alors elle m'a remis ce médaillon, ces cheveux et cette épingle, et, une heure après, elle a expiré, en murmurant tout bas :

— « Ce qu'on veut, on le peut... excepté être aimée... Aimée! aimée! » a-t-elle dit encore, puis tout a été fini.

Léonce tomba à genoux, et reçut à genoux ce gage d'un amour si pur, si inouï. Pendant deux heures, ses larmes coulèrent avec abondance ; quand il fut plus calme, Prosper le quitta.

A partir de ce jour, Léonce s'enferma chez lui et ne parut plus nulle part.

Tout le monde fut très-étonné de cette retraite, bien plus étonné de savoir qu'il se disposait à quitter pour longtemps la France ; et peut-être ses amis l'eussent déclaré fou s'ils l'avaient vu la veille de son départ, priant à genoux près d'une tombe. Ils ne se fussent pas trompés, car huit jours après il était dans la maison du docteur Metrasipot.

LA
FEMME D'UN RUSSE

I

« Paris, 10 mars 1830

» Je suis heureuse, Henriette, plus heureuse que tu ne peux te l'imaginer; je suis riche, j'ai un grand nom, je suis mariée. J'ai hésité longtemps à te l'écrire, parce que tu seras affligée d'un bonheur qui fait le malheur de ton frère. Mais, ma chère enfant, il ne faut pas être envieuse, vois-tu, c'est un hasard qui a fait tout cela; et si le comte de Maskiew m'a trouvée belle et m'a aimée tout de suite c'est qu'en vérité parmi les femmes du salon de madame C***, j'étais un peu la seule qui valût la peine d'être remarquée. Et puis Charles est un jeune homme plein d'honneur, sans doute, mais il a de singulières opinions; il fait de la poésie à propos de tout, il déclame toujours contre l'égoïsme du siècle; il s'indigne de la vénalité des hommes; en outre, il fait de l'opposition au gouvernement, il est libéral. Ton frère n'arrivera à rien, chère Henriette, il s'exclut lui-même de la bonne compagnie : les personnes qui désireraient le plus lui être utiles sont fort embarrassées de le servir; moi toute la première, qui, après tout, lui ai pardonné les obstacles qu'il a voulu apporter à mon mariage. Il m'aimait, et je ne me dissimule pas qu'autrefois j'ai eu le tort de m'en apercevoir et de n'en être pas fâchée. C'est une imprudence qui doit te servir de leçon, chère Henriette. Quand on est sans expérience, qu'on ne connait pas la vie, on prend des engagements avec des personnes qui ne peuvent nous mener à rien; on se rêve un bonheur d'enfants dans le partage d'espérances qui ne se réaliseront pas; puis, quand on rencontre sa vraie fortune, son véritable avenir, on se trouve mal posée, entravée par des folies sans nom; et si l'on n'avait un peu de caractère, si l'on n'était raisonnable pour deux, on resterait dans sa mauvaise situation avec la chance de vivre pour vivre. Je te dis cela, ma chère amie, à cause de ton frère qui ne serait pas excusable, s'il n'était si exalté. Il n'est pas de folies qu'il n'ait faites ou qu'il n'ait dites pour m'empêcher d'épouser le comte de Maskiew. Tu sais cet anneau que nous avons échangé à Bellegarde, lorsque je suis allée passer quelques jours chez ta vieille tante; il disait que c'était un gage sacré de fiançailles, un lien indestructible, une chaîne que je ne pouvais briser sans trahison : des phrases de roman, chère enfant, de ces sottises avec lesquelles on endort la raison. Mais enfin j'ai voulu, j'ai exigé, et il me l'a rendu; tu comprends qu'une femme d'honneur ne peut laisser de pareils objets aux mains d'un fou, car ton pauvre frère l'est devenu tout à fait; imagine-toi qu'il a essayé de tout pour contrarier mon bonheur. Lorsqu'il a vu que ces prétendus serments de notre enfance, car j'avais à peine seize ans quand il m'aimait, et lui n'en avait pas vingt; lorsqu'il a vu que tout cela n'était qu'une plaisanterie de mauvais goût, il s'est mis à invoquer ce qu'il appelle des sentiments plus saints et plus ineffaçables : il m'a parlé de patrie. Le vois-tu, disant qu'il fait froid en Russie, me dépeignant ce pays avec sa verdure sale, ses neiges de neuf mois, son soleil pauvre, son climat délétère. Il me faisait pitié, parce qu'il était de bonne foi ; mais le pauvre garçon a fini par me faire rire : n'a-t-il pas été jusqu'à me conter qu'il n'y avait en Russie ni pêcher, ni raisin, ni ces belles figues sucrées que nous mangions ensemble à la bastide de la *Bisia*. C'était si ridicule, ma chère Henriette, que je n'ai pu y tenir : comme si la vie était là et non pas dans les douces affections du cœur. Car j'aime le comte de Maskiew, je l'aime beaucoup, et tu peux l'écrire à Charles pour qu'il en soit bien persuadé. Il ne veut pas le croire ; il dit que je prends l'étourdissement de ma nouvelle fortune pour de l'amour. Il m'a dépeint mon avenir sous les plus tristes couleurs..... jusqu'à la politique qu'il a fait intervenir dans ses plaidoyers. Oui vraiment, il m'a fait un cours de liberté, et a *flétri en termes énergiques*, comme on dit dans les journaux libéraux, le stupide despotisme du tzar de Russie, l'esclavage où il tient ses sujets, qui n'ont de fortune, de nom, d'existence, que sous son bon plaisir ; tandis qu'en France, il n'est si petit être qui n'ait un protecteur dans la loi : un peu plus, il m'eût dit, dans son style de 93, qu'il valait mieux être la citoyenne Henriette Vallée, marchande de toiles, que la comtesse de Maskiew. Tu comprends que ce sont là des intérêts qui touchent assez peu une jolie femme ; aussi a-t-il tenté une autre voie. Après s'être vainement escrimé contre la Russie en elle-même, contre son gouvernement absolu, il s'est mis sur le compte des Russes en général. A son dire, c'est de la barbarie endimanchée, que leur politesse, leur esprit, leurs belles façons, jusqu'à l'indépendance de leurs opinions ; tout cela est un luisant qu'ils prennent à la frontière comme un passe-port pour la civilisation. Sur ce chapitre, il m'a cité des moralistes, des historiens, des publicistes, jusqu'à Napoléon, ma chère ; Napoléon lui-même, dont il a cru devoir me redire une phrase assez sotte : « Grattez le Russe, et vous trouverez bientôt le « Tartare. » Je l'ai arrêté au moment où il allait faire de ces généralités application directe au comte de Maskiew. Mais je te parle sans cesse de ton frère, et point de mon mari qui est un homme charmant. C'est un diplomate qui a vu tout le grand monde de toutes les capitales de l'Europe. Il a été en relation avec presque tous les noms illustres qui alimentent la conversation. Il a connu lord Byron à Venise, Scott à Abbotsford ; il est un peu parent par sa mère, qui était Allemande, de M. de Metternich, et il a une cousine mariée à un neveu de M. Canning. Entre nous soit dit, il a été l'amant de la..., cette danseuse si ravissante, et de la..., la fameuse cantatrice italienne qui a refusé un pair d'Angleterre qui voulait l'épouser : et puis il m'adore. Du reste, il a ces grandes manières qui n'appartiennent qu'aux étrangers, et cette élégance de politesse partie de France pour aller se réfugier dans les cours du Nord. Il ne me refuse rien de ce que je lui demande, et, avec la plus complète science du monde, il se fait gloire de se laisser guider par moi, soumettant, comme il le dit souvent, sa sauvagerie moscovite à ma bonne grâce parisienne, quoique tu saches bien qu'il n'y a qu'un an que j'habite Paris. Mais, ma chère, quand on naît d'une nature distinguée, c'est l'affaire de quelques mois de se mettre de niveau avec toutes ces femmes qui font la loi des salons et qui dirigent le bon goût à chaque renouvellement de saison. J'oublie en t'écrivant le véritable but de ma lettre. Le comte avait mis dans ma corbeille un portefeuille ravissant enfermant une somme considérable ; c'était pour mes présents de noces. Tu devais avoir le premier : la fausse position où ton frère m'a mise vis-à-vis de toi m'en a fait retarder l'envoi. C'est peu de chose que cette petite montre de Lépine avec sa chaîne, mais on ne sait que donner à une demoiselle. Tu n'en es pas encore aux parures, ma chère. Adieu, je t'embrasse comme ma meilleure amie.

> « EUGÉNIE, comtesse de Maskiew. »

« *P. S.* Ton frère m'a fait un singulier conte. Il y a deux ans, je ne sais pourquoi, je lui écrivis un mot. Il prétend qu'il a gardé ma lettre comme une relique, et que, comme une relique, il n'a pas voulu l'exposer aux chances de son dernier voyage au Mexique, et qu'il te l'a laissée enfermée dans une espèce de médaillon. Si tu retrouves ce chiffon, renvoie-le-moi. Tu dois connaître, par ce qui est arrivé entre Charles et le comte, que celui-ci est un homme qui tirerait vengeance d'une indiscrétion, si légère qu'elle fût. »

C'était un jour du mois dernier qu'en cherchant des papiers de famille, je trouvai cette lettre parmi la correspondance qu'une parente m'avait confiée. En lui rendant compte de ma recherche, je lui remis cette lettre : elle me parut ravie de l'avoir retrouvée, et me demanda si je l'avais lue. Je lui avouai mon indiscrétion.

— Pauvre Eugénie! me dit-elle, j'ai là les deux seules lettres qu'elle m'ait écrites depuis celle-là, et à elles trois elles font une bien triste histoire.

— Pauvre Eugénie! répétai-je, tout étonné de cette exclamation; j'avoue que je comprends mal votre pitié pour la femme qui a pu écrire une pareille lettre, cette femme eût-elle été depuis la plus malheureuse du monde. C'est le délire de la plus sotte vanité; c'est la sécheresse de cœur la plus impertinente que j'aie jamais rencontrée.

— Homme que vous êtes, me dit Henriette, que vous comprenez mal le cœur des femmes, et que votre jugement sur leur compte est quelquefois ingrat et léger! Vous ne voyez dans cette lettre qu'impertinence et dureté; moi, qui suis femme, j'y devinai tout de suite du malheur. Tenez, puisque vous avez la prétention de faire des romans, je vais vous conter une histoire. Je n'y aurai pas grand mérite, car les deux lettres que voici en feront pour ainsi dire le drame, le reste n'étant qu'une sorte de commentaire explicatif.

» Eugénie Tersin était ma compagne d'enfance; elle fut ensuite mon amie de pension. Nous quittâmes la classe et le dortoir le même jour, pour entrer dans le monde par la même porte, celle de la pauvreté, étroite et basse, mais pas assez pour que l'espérance n'y passe pas avec la jeunesse. Nous nous aimions trop pour ne pas rêver ensemble notre avenir : moi, avec ma figure médiocre, mon talent de couture et ma sonate de piano, je ne pouvais raisonnablement espérer qu'un avoué, un notaire, un receveur de l'enregistrement; nous me trouvions bien audacieuse quand je m'élevais jusqu'au sous-préfet (n'oubliez pas que c'était encore sous la Restauration). Quant à Eugénie, avec sa belle figure noble et suave, ses cheveux noirs qui bondissaient à flots de son front à ses épaules et de ses épaules à sa ceinture, ses yeux supérieurs, sa taille de reine, l'harmonie de sa harpe et l'empire de sa voix, je ne lui voulais pas moins qu'un prince, et elle acceptait volontiers le prince. Puis c'étaient des romans infinis, des événements impossibles pour ne pas séparer mon avoué de son prince, et vivre tous ensemble; puis nous riions avec joie de la défaite de nos belles imaginations vaincues par la distance qui sépare le prince de l'avoué. Un avertissement de vrai-vivre nous éveilla de nos rêves plus cruellement que nos rires. Une cousine chez qui Eugénie vivait se laissa mourir soudainement, et avec elle disparut sa pension de veuve de général. L'avenir se réduisit à un asile et au pain de la vie. Je gagnai une retraite pour Eugénie dans la maison de ma tante, qui détestait cette charmante fille parce qu'elle était plus belle que moi. Je ne pus lui sauver, à la pauvre enfant, tous les mots connus, par lesquels on vous soufflette d'un bienfait : elle devint fort malheureuse et se résolut à chercher une enfant à élever ou une vieille femme à amuser. La vieille femme arriva tout d'abord : c'était cette madame C..... qui agréa Eugénie sur sa beauté. Je crois que cette femme eut un instant l'idée de mettre les belles demoiselles de compagnie à la mode, comme sont les beaux chasseurs. Du moins ne cessait-elle d'admirer et de faire admirer son acquisition, en répétant sans cesse :

» — Je n'en connais pas beaucoup de faites comme ça.

» Avant d'aller plus loin, il faut vous dire que ce fut chez ma tante, pendant ce séjour de quelques mois, que Charles et Eugénie se rencontrèrent. Charles fut le dernier coup porté aux rêves de prince. On ne calcula plus que sur l'avenir raisonnable d'un jeune négociant ; vous voyez qu'ils s'aimaient déjà.

» Leur amour fut plus sérieux qu'ils ne pensèrent d'abord : il y a dans le caractère de Charles une passion résolue qui, si vous voulez me permettre d'employer un barbarisme de mon jardinier, *s'expressionne* par des actions plutôt que par des paroles. A l'entendre parler, on eût dit que c'était un amoureux assez vulgaire, sans larmes, ni serments, ni fureur, ni désespoir. Chez Eugénie, il y avait un fonds de solennité que l'insouciance joyeuse de la jeunesse a dissimulée d'abord et que l'affectation de la frivolité a ensuite faussée tout à fait. Ils se quittèrent doucement, mais avec des promesses qu'ils tinrent tous deux pour sacrées. Madame C..... emmena Eugénie à Paris : ce fut là qu'Eugénie commença à se perdre. Certes je n'entends pas ce mot dans l'acception ordinaire du monde;

je ne veux pas dire que ce fut là qu'elle prit de mauvais sentiments, qu'elle oublia ses devoirs d'honnête fille, et qu'elle fit quelque chose dont elle pût rougir. Non : mais ce fut à Paris qu'elle prit la vie en vengeance. Là, belle et charmante, elle fut insolentée des dédains de mille femmes qui lui appuyaient sa domesticité sur le cœur, pour lui faire payer par des larmes le tort d'être plus belle qu'elles; là, douce et noble, elle fut la proie des moqueries et des propos insultants. Regardée d'abord par les hommes qui la trouvaient belle; dédaignée à leur première question qui leur apprenait qu'elle était pauvre; raillée de cet abandon par les autres jeunes filles en mots qui se traduisaient ainsi pour elle : « Impertinente qui a cru que sa figure pouvait lutter avec le mérite de notre fortune et de notre position »; ravalée par les propositions infâmes de vieux libertins, dont quelques-uns poussèrent l'enchère jusqu'à soixante mille francs par an, Eugénie, douce, noble, belle, jeta au ciel ce cri de rage et de désespoir :

« Oh! puissé-je un jour poser le pied sur ce monde qui me foule si indignement! » A ce moment, se présenta le comte de Maskiew. Charles était aussi à Paris. Le premier trouva Eugénie dans ces sentiments et en profita sans s'en douter; Charles les devina et les aggrava par sa présence. Ce serait le cas de vous faire ici le portrait de ce Russe, si cet homme n'avait besoin de trois portraits; et que ceci ne vous semble pas une exception; presque tout grand seigneur russe en est là. Tout Russe est trois hommes : voici le premier; nous rencontrerons tout à l'heure les deux autres. Un homme grand, d'une belle figure blonde où l'habitude de se bien tenir jette une sorte de dignité, dont la réputation de finesse qu'ont les diplomates du Nord fait traduire l'insignifiance en habile retenue. Un costume parfait, puisé toujours aux meilleurs tailleurs dont Saint-Pétersbourg est fort instruit par les journaux de mode qu'il lit beaucoup; un empressement fastueux pour les femmes, décalqué de vieilles anecdotes du siècle de Louis XIV; une fortune colossale et qui se compte par hommes : tout cela fait d'un Russe, et faisait du comte de Maskiew, une espèce d'homme dont il y a une espèce de femmes qui est fort curieuse. Ces femmes étaient celles qui entouraient Eugénie; le comte traversa leur cercle pour mettre tout son avoir, nom, personne et fortune, aux pieds de la demoiselle de compagnie. Ce fut un magnifique coup de théâtre qui écrasa tout le monde de surprise. Charles, que madame de C..... avait admis dans son monde par charité pour Eugénie, pour qu'elle eût à qui parler, Charles seul n'en fut point troublé; le pauvre garçon compta qu'un amour promis et, mieux que tout cela, qu'un peu de raison lui vaudrait la préférence. Il avait mal jugé, comme presque tous les hommes jugent mal, quand ils luttent contre un désir de femme avec des droits positifs. Charles, qui avait déjà fait un premier pas de fortune, se posa brusquement le pendant du comte de Maskiew. Ce fut une bonne fortune pour le salon de madame C..... Eugénie et son petit marchand de toile leur parurent une agrégation tout à fait sortable. On humilia le comte de Maskiew de la mièvrerie sociale de son rival, et on dit obligeamment à Eugénie qu'elle était bien heureuse de rencontrer un aussi honnête homme que M. Charles Vallée, qui voulût bien se charger d'une pauvre fille comme elle. La pauvre fille pouvait répondre à ces félicitations impertinentes par un titre qu'enviaient toutes ces femmes; la tentation était puissante : seule elle eût peut-être résisté; la poursuite de Charles la fit mentir à elle-même. Refuser un comte, une fortune, pour rien, c'était un triomphe de vanité qui eût suffi à Eugénie non recherchée par Charles pour répondre aux dédains du monde; l'avenir lui pouvait offrir mieux ; mais le refuser pour accepter un mince bourgeois, c'était justifier ces mots douloureux qui tournaient incessamment autour d'elle.

» — C'est bon pour un comptoir et ça ne comprend pas autre chose; le comte de Maskiew lui présenterait un sceptre qu'elle retournerait à l'aune. Elle serait à mourir de rire dans un salon, à mourir de rire dans une loge d'opéra, à mourir de rire dans un équipage.

» — Ah! se dit Eugénie, je veux leur donner cette joie.

» Elle pleura trois nuits de suite et épousa le comte de Maskiew en aimant Charles. Le comte de Maskiew était d'ailleurs un homme d'honneur, un homme brave, un homme à idées élevées. Il avait résisté aux coquetteries de mille autres femmes, avait légèrement blessé d'un coup d'épée Charles, qui l'avait regardé de travers; et lorsque Eugénie lui avait opposé son obscure naissance et son manque de fortune, il avait répondu par des maximes banales de grandiose généreux. Il avait mis au-dessous de la beauté, de la vertu, des grâces d'Eugénie, tous ces vains avantages de fortune qu'il ne devait qu'au hasard ; il poussa l'enthousiasme jusqu'à citer ces deux vers mal rimés :

> Les mortels sont égaux; ce n'est point la naissance,
> C'est la seule vertu qui fait leur différence.

» Eugénie mariée prit une éclatante revanche ; elle se fit un parler, un air, des sentiments, à l'unisson de ceux qui l'avaient si longtemps molestée : seulement elle le prit d'un ton plus haut que ses anciennes rivales, pour dominer le murmure commun ; ce furent six mois d'un luxe, d'une frivolité, d'une impertinence sans égale. Elle arriva à faire solliciter l'entrée de son salon. Et cependant elle souffrait d'avoir aimé et d'aimer encore dans ce tourbillon de triomphes ; mais à chaque douleur elle appliquait un nouveau succès de vanité ; vanité de position, vanité de fortune, elle les eut toutes, même celle de son bonheur. Charles eut l'air de la plaindre ; ce fut alors qu'elle m'écrivit cette triste lettre que vous avez lue, cette lettre qui commence par : Je suis heureuse. Pauvre malheureuse femme, que je devinai toute nue sous le clinquant de ses impertinences ! si vous aviez bien regardé ce papier, vous auriez vu qu'elle y a pleuré à chaque page. Pendant ce temps, le comte de Maskiew *ballonnait* d'être le maître du salon le plus recherché, le mari de la femme la plus brillante. Tant que leur bonheur marcha du même pied, tant que le comte et Eugénie confondirent leur âme dans des jouissances de vanité, ils crurent tous deux s'être choisis chacun comme le seul être que Dieu eût créé pour la félicité de l'autre.

» Un grand événement, dont l'un ni l'autre ne purent deviner les suites pour leur existence particulière, remit chacun à sa place et dans ses vrais sentiments ; ce fut la révolution de juillet 1830. L'empereur Nicolas, ce Russe des Russes, ne comprit l'usurpation que de frère à frère. Cet empereur de six pieds, grand comme son empire par l'étendue, se prit à grincer les dents de fureur contre la révolution française, et il ordonna à tous ses sujets de rentrer au giron de l'empire. Dans le giron de l'empire étaient pour le comte de Maskiew son nom, son titre, ses vingt mille paysans, tout ce qu'il valait ; il y retourna et emmena sa femme avec lui à Saint-Pétersbourg. Charles s'y trouvait par hasard pour des affaires importantes. Eugénie partit avec de cruels pressentiments ; il lui vint à l'esprit que ces phrases sur l'esclavage d'un seigneur russe, phrases dont elle avait tant ri, n'étaient peut-être pas si ridicules. Elle considéra comme une consolation de trouver Charles à Saint-Pétersbourg; c'était un Français, un ami. Le mot patrie prenait un sens dans le cœur d'Eugénie. Il en est presque toujours ainsi de ce qu'on a, on ne le mesure que quand on le perd. »

Henriette s'arrêta à cet endroit de son récit, et, après un moment de réflexion, elle ajouta : Je crois vous en avoir assez dit pour que vous compreniez la seconde lettre d'Eugénie. La voici, lisez-la; elle me l'écrivit six mois après son arrivée en Russie.

II

« Saint-Pétersbourg, mars 1831.

» Ma bonne Henriette, je t'écris tout en larmes; c'est un événement bien affreux, bien imprévu, que je n'ai pas été maîtresse de prévenir, et dont il ne faut pas que tu m'accuses. C'est une fatalité que ma vie. J'ai fait à Charles tout le mal qu'il pouvait souffrir à cause de moi. Il y a un an, j'ai brisé sans pitié les espérances de son cœur; aujourd'hui j'ai peut-être ruiné pour toujours ses espérances de fortune; j'ai fait plus, je lui ai mis au cœur une vengeance impossible. Cependant il vit; peut-être sera-t-il près de toi avant que ma lettre ne te parvienne; il te dira ce qui lui est arrivé; mais il ne sait pas ce que j'ai souffert; il faut que je te le dise, moi; c'est tout un récit. Mon mari est absent pour deux jours, j'ai le temps de rassembler mes idées; toi seule peux bien les comprendre; mais, pour les comprendre, il faut que tu puisses pénétrer dans les intimités de ma nouvelle vie. Hélas! ma pauvre Henriette, c'est une misérable chose qu'un palais et des esclaves. Oh! notre belle province, son soleil brûlant, ses grappes mûres, notre pauvre robe de mousseline et notre large chapeau de paille, nos rêves de tout le jour, nos promenades du soir! ne méprise pas cela, c'est du bonheur. Tu ne t'en doutes peut-être pas; moi je le sais.

» Nous quittâmes Paris le 30 septembre 1830. Tant que nous voyageâmes sur la terre de France, mon mari n'avait d'autre entretien que de me vanter la magnificence princière dont j'allais être entourée. Cet enthousiasme s'attiédit peu à peu, et lorsque nous eûmes atteint l'Autriche, il prit au comte une sorte d'inquiétude sur la réception qui nous attendait en Russie. C'était un doute léger, un regret de ne pas pouvoir me donner dans tout son éclat le bonheur qu'il m'avait promis : Mais, disait-il, qu'importe? nous possédons ce qui fait le bonheur et ce qui partout force la considération; d'abord, pour le bonheur, un amour inaltérable l'un pour l'autre; ensuite, pour la considération, une fortune d'une telle énormité qu'elle est une puissance qui ne peut manquer de flatteurs. Le comte demeura dans ces alternatives de crainte et de consolation jusqu'à la frontière de Russie. Une fois dans le rayon de cet empire, il sembla que quelque chose lui pesait sur la tête, son inquiétude devint plus alerte, il s'informait à chaque ville de ce que l'on pouvait y savoir des paroles de Nicolas. Puis il revenait triste et abattu, me disant :

» — Il nous faudra de la prudence, chère Eugénie : l'empereur est furieux contre la France, et véritablement il a raison, c'est un peuple de jacobins qui ne peut se tenir en repos. Cependant il m'aime, et puis, après tout, je ne sollicite rien, je n'ai besoin de rien ; si on nous reçoit mal, nous nous retirerons à Moscou.

» Moscou, chère Henriette, est le refuge des disgraciés et

des mécontents en Russie. Seulement on entend par mécontents les seigneurs qu'on ne reçoit pas à la cour et qui ont le courage de s'apercevoir qu'on ne les reçoit pas. Les nouvelles façons de mon mari m'affligeaient sans trop me surprendre. Je n'étais pas sans me rappeler ce que j'avais entendu dire de l'obéissance des Russes. D'ailleurs, je t'avoue que le séjour de Moscou ne me paraissait pas plus effroyable à supporter que celui de Saint-Pétersbourg. Moins de fêtes et un peu plus de liberté, c'étaient déjà deux besoins de mon cœur; mais le comte de Maskiew avait jeté dans la route son dernier cri de courage et d'indépendance; arrivé aux portes de Saint-Pétersbourg, il devint pâle et hagard, et il finit par s'écrier douloureusement :

» — Que dira l'empereur? quelle joie pour mes ennemis, s'il me fait un mauvais accueil ! et pourtant je ne veux pas quitter la cour; non, assurément, je ne la quitterai pas ; ainsi, madame, préparez-vous à supporter toutes les privations, si l'empereur le veut.

» J'étais confondue. Que me faisait l'empereur, à moi, dans ma maison, dans notre intimité avec quelques amis? car, je l'avoue, j'avais assez de la vie d'apparat. Enfin nous entrâmes dans notre palais; il n'y avait pas moins de deux cents esclaves. Je fis demander une femme de chambre : il n'y en avait pas. Mon mari ordonna de m'en *faire faire* quatre : c'est le mot. On m'amena vingt jeunes filles, et on me dit de choisir celles qui me plaisaient. Je n'y comprenais rien ; j'en désignai quatre fort jolies. Un homme à barbe rouge les emmena, en me disant que c'était l'affaire de trois jours. Voici ce que j'appris au bout de trois jours : On avait envoyé chercher une marchande française assez élégante, et on l'avait largement rétribuée pour se faire habiller et déshabiller toute la journée, en indiquant aux quatre malheureuses comment il fallait s'y prendre. L'homme à la barbe assistait à la leçon avec une grande lanière de cuir, et à la moindre maladresse, il fouettait ces pauvres filles sans nulle pitié. C'est ainsi que tout s'apprend et s'enseigne en Russie, depuis le génie du musicien jusqu'au métier de balayeur. Le quatrième jour, mon mari me dit que nous irions au spectacle, et l'on procéda officiellement à ma toilette. Je ne fus pas peu surprise de voir entrer dans mon salon de toilette quatre laquais armés de flambeaux, servant d'escorte à mes femmes de chambre. Mon mari était présent. Ne sachant pas le russe, je le priai de renvoyer ces hommes.

» — Qui ça? me dit-il avec un profond étonnement.

» — Mais ces quatre laquais, lui répondis-je.

» Il sembla qu'il cherchait quelque chose qui ne se trouvait pas dans le salon; puis il me dit en riant :

» — Quoi! ces esclaves? Mon Dieu! est-ce que vous aimeriez mieux des candélabres? C'est moins commode, on n'en débarrasse pas aussi vite le salon.

» — Mais je n'oserai jamais...

» Je ne pus achever, tant j'étais honteuse.

» — Bon, me dit-il, dépêchez-vous, ce sont des esclaves.

» Te dire, chère Henriette, toute la portée de ce mot en Russie, c'est impossible. Un esclave, c'est un meuble; une femme s'habille et se déshabille devant des esclaves avec moins de honte que nous devant une glace. Dire que ces gens n'ont point d'yeux pour voir, point d'oreilles pour entendre, c'est une phrase stupide et vraie. Jamais il n'a pris à un esclave l'idée de trouver sa maîtresse belle ou laide. C'est une vérité sous ses deux aspects, que, n'étant pas des hommes pour nous, nous ne sommes pas des femmes pour eux. J'ai appris cela depuis. Ce jour-là, je renvoyai mes quatre flambeaux, au grand déplaisir de mon mari. On m'habilla, on me coiffa passablement : ce talent avait dû coûter un quart de la peau de leurs épaules à mes femmes de chambre. Nous partîmes pour le Théâtre-Français en voiture à quatre chevaux. Quatre chevaux, chère Henriette, c'est le dernier droit de la noblesse. Quand on est gentilhomme en Russie, on ne dîne pas, et on a quatre chevaux ! J'entrai au théâtre : je crus que l'on m'avait menée au musée de quelque fameux Curtius. Tout le monde étais assis, droit, raide, agrafé, boutonné jusqu'au menton, immobile, les yeux devant soi, sans regarder personne. C'est que l'empereur venait d'entrer dans la salle et passait la revue des spectateurs, bouton à bouton, agrafe à agrafe. Chacun s'offrait à la toise impériale en uniforme exact ; mon mari se posa en soldat pour se laisser voir ; je le regardais faire, et je promenais mes yeux de sa figure épouvantée à la lorgnette de l'empereur, lorsque le comte me dit tout bas et presque sans remuer les lèvres :

» — Tenez-vous ; vous nous perdez.

» Je regardais dans la salle : tous les yeux, je ne dis pas toutes les têtes, étaient tournés vers moi. On m'examinait, mais on m'examinait sans remuer ; l'espérance de la disgrâce d'un ennemi ne fait pas un pli sur un visage russe regardé par l'empereur. Je ne savais si je devais éclater de rire ou pleurer. Je ne puis te dire quel instinct d'imitation me rendit immobile et raide comme tout le monde.

» — A la bonne heure, me dit mon mari.

» J'étais avertie : je laissai finir le spectacle en remuant des idées d'orgueil et de mépris dans ma tête, sous l'apparence d'une complète immobilité de corps. Cela fit bon effet ; mon mari se rassura. Un aide de camp vint lui dire que l'empereur le recevrait le lendemain ; il attendait son ordre d'audience depuis trois jours ; je ne devinai sa joie qu'à la profondeur de ses remerciments salués. Il paraît que cette grande nouvelle s'apprit dans le théâtre. Le soir nous eûmes cercle ; nous eûmes la belle comtesse

Zaradesky. la brillante comtesse Sch..., qui me fit mal, car elle était Polonaise et pensait russe. Notre faveur était grande, car elle nous amena jusqu'à la fière, vieille et arrogante princesse Dol..., et sa petite-fille la princesse Vaninka, âme française égarée à Saint-Pétersbourg ; la Russie qui meurt et la Russie qui voudrait naître, un homme charmant, un vieillard, le comte Romantzoff, digne d'être de la cour de Louis XIV ; un sot, le comte de L..., autrefois perruquier français, bien fait pour devenir un grand seigneur russe. La causerie de tout ce monde n'était pas sans quelque grâce, lorsque je m'avisai de prononcer le nom de l'empereur. Une femme qui se prendrait à jurer, ne jetterait pas tant de surprise dans un salon de Paris, que j'en causai pour avoir nommé l'empereur. Le comte était si tremblant, que, lui qui a de l'esprit, n'eut pas celui de tourner ce crime en plaisanterie ; il demanda grâce pour lui et moi, et on lui promit, comme preuve de dévouement, qu'on ne dirait pas que j'avais parlé de l'empereur. Le soir, ce fut une scène de mon mari. La peur de l'empereur lui donna le courage de mettre à nu les misères honteuses de son existence première. Je m'étais trop levée pour un uniforme, ou si tu l'aimes mieux, pour une noblesse de sixième classe, pas assez pour une de seconde : Il ne fallait répondre que de la tête au salut d'un chevalier garde, et m'informer de la famille et du chien d'un général en chef. J'avais causé bas avec une Française. C'était mal vu : les Français sont soupçonnés d'avoir des idées à eux ; il n'était pas nécessaire de l'afficher publiquement. Je voulus répondre que je vivrais seule, que je resterais chez moi. Ce furent de nouvelles tempêtes ; mon mari me demanda si j'avais envie de conspirer et de l'envoyer en Sibérie. Je le crus fou. C'est moi qui étais folle.

» Le lendemain, mon mari alla chez l'empereur ; il rentra, tenant à la main une carte de visite. Il se promenait fort agité dans le salon ; c'était à la fois de l'humeur et de l'embarras. Je me sentis gagnée de cet effroi russe, qui se respire comme l'air et la vie. Je lui demandai en tremblant, si l'empereur l'avait mal reçu.

» — Non, me dit-il, j'ai tout réparé. Son accueil a été sévère : — Vous avez épousé une Française ? m'a-t-il dit.

» — Oui, sire, ai-je répondu ; la fille d'un ancien émigré.

» — Comment ! m'écriai-je, monsieur, rougiriez-vous de ma famille ? Je suis fille d'un capitaine de l'empire, mort à Waterloo.

» — Que dites-vous là ? s'écria mon mari en regardant autour de lui comme si nous eussions été sur la place publique : il ne manquerait plus que l'empereur l'apprît, et qu'il apprît que je lui ai menti. C'est à peine si l'assurance que je lui ai donnée que vous étiez fille d'un vieux gentilhomme ruiné par la Révolution a radouci sa sévérité.

» Je voulus faire une observation.

» — Ah ! madame, dit le comte, d'un air que je ne lui avais jamais vu, que je ne lui aurais jamais supposé, c'est une affaire faite, vous vous y conformerez. Votre père s'appelait Tersin, nous dirons de Tersin ; heureusement que ce nom est encore assez convenable ; de Tersin, cela va bien.

» Il s'arrêta, puis il reprit en frappant la terre du pied :

» — Mais, monsieur Charles Vallée ?

» Ce nom me tomba dans le cœur comme une goutte d'eau glacée ; je devins pâle.

» — Il est ici ? dis-je en tremblant.

» — Oui, répondit le comte avec colère, voici sa carte.

» — Imprudent ! pensai-je en moi-même, toute saisie du souvenir de son amour.

» — Oh ! me hâtai-je de répondre, je ne veux pas le revoir.

» — Au contraire, dit vivement mon mari, il faut le recevoir, vous, et seule.

» Je ne comprenais pas. Mon mari s'irrita de ma stupidité française.

» — Ne voyez-vous pas, me dit-il, que cet homme vous connaît, qu'il connaît votre famille, qu'il peut tout dire et me perdre? Je revenais, ravi de ma réception à la cour, quand j'ai trouvé le nom de ce misérable.

» — Misérable! m'écriai-je à cette injure.

» — Eh bien! me dit mon mari, qu'est-ce que c'est que cet homme, un marchand, ce que vous appelez un bourgeois en France, et ce qui ne serait ici qu'un moujick qu'on ferait bâtonner pour le faire taire?

» — Mais c'est un homme à qui vous avez demandé raison d'une injure à Paris! lui dis-je avec colère.

» — A Paris, me dit le comte en ricanant; Paris est Paris, et Pétersbourg est Pétersbourg. J'ai fait assez le Français pour que vous veuilliez bien faire un peu la Russe; mais ce n'est pas de cela qu'il s'agit : ce jeune homme vous a aimée, il doit vous aimer encore; il faut le voir et obtenir de lui qu'il se taise sur votre compte, ou plutôt qu'il dise comme j'ai dit. Vous avez trop d'esprit pour ne pas arranger cela.

» J'étais outrée, je refusai nettement. Ce fut le tour de mon mari d'être stupéfait, stupéfait de ma résistance, stupéfait de mon obtusité.

» — Mais je vous ai dit que je le voulais, madame, s'écria-t-il avec emportement; puis il sembla réfléchir et ajouta :

» — C'est que vous ne me comprenez pas assurément. Je vous ai dit ce que j'avais répondu à l'empereur, qu'il ne faut pas que l'empereur soupçonne que je l'ai trompé; qu'il y va de ma fortune, de mon avenir.

» Cette suprême raison de toutes choses finit par me frapper moi-même. Cette religion de l'empereur m'épouvanta; il me fit l'effet d'une destinée qui pesait d'un poids souverain sur toutes les existences. A propos de Charles, je me rappelais ce que Charles m'avait prédit, et en punition de ce que j'avais méprisé ses conseils, je me soumis avec résignation au malheur que j'avais voulu : je promis tout ce que mon mari me demanda. J'écrivis à Charles, il vint. Je lui dis ce que j'attendais de lui ; il en sourit de pitié et me donna sa parole de faire tout ce que je voudrais. J'étais bien honteuse en lui parlant. Hélas ! peut-être n'étais-je que ridicule, et la vanité a souvent fait de ces inventions où l'on ne voyait pas de crime. Mais dans ma position, désavouer son père par lâcheté, cela me semblait un sacrilége. »

A ce passage, Henriette posa la main sur la lettre que je tenais et me dit :

— Que pensez-vous maintenant d'Eugénie ?

— Mais, répondis-je, assez embarrassé, c'est votre amie, et je ne veux pas vous ôter la bonne opinion que vous en avez gardée.

— Toujours le même, me dit Henriette, jugeant sans regarder même la date d'une lettre. Voyez, Eugénie est partie le 30 septembre 1830, elle m'écrit, le 15 mars, quatre mois après son arrivée à Saint-Pétersbourg. Vous avez lu ceci comme un résultat des premiers jours de son arrivée, comme une appréciation formée de prime abord dans l'esprit d'Eugénie, et vous trouvez que cette femme juge bien vite des choses qu'elle a à peine vues ; vous trouvez qu'elle se rend un compte trop exact de ses sentiments, pour qu'il n'y ait pas de sécheresse dans un cœur qui se voit si bien et s'exprime si clairement. Il y avait quatre mois de passés à Saint-Pétersbourg lorsqu'elle m'écrivit cette lettre ; mille choses étaient venues éclairer le trouble inouï où l'avaient jetée ses premiers pas dans sa nouvelle vie. Mon frère m'a raconté dans tous ses détails cette entrevue dont elle ne dit que quelques mots ;

quelle confusion elle éprouvait en lui demandant de mentir sur le nom de son père; comment elle voulut en faire d'abord une plaisanterie, et comment, suffoquée tout à coup par les larmes, elle éclata en sanglots et avoua à Charles ce qu'on exigeait d'elle ! Ce qu'Eugénie dit dans sa lettre et qui vous paraît si dégagé de ce que vous appelez convenance, et de ce qui n'eût été qu'une sentimalité hypocrite, tout cela n'est que l'effort d'un cœur brisé qui arrive à dire simplement ce que moi j'aurais écrit avec désespoir, surtout après quatre mois de la vie qu'elle passa. Continuons la lettre, je vais vous la lire.

« J'obtins de mon mari que Charles viendrait quelque-
» fois les soirs où l'on me laisserait seule; il venait, et
» nous causions un peu. »

» Voici ce qu'il fallait écrire à la place d'Eugénie, dit Henriette, en s'arrêtant à cette phrase :

» — Mon mari, qui avait peur que Charles ne divulguât mon secret, m'ordonna de le recevoir, bien qu'il sût au fond du cœur que je l'avais aimé. Il nous livra sans défense l'un vis-à-vis de l'autre au ressentiment d'une passion folle. Charles était incapable de vouloir m'en parler; mais il m'en parla, et moi, pauvre femme isolée, je me défendis de l'écouter ; je souffrais, il me plaignait, mais je n'osais pas lui en être reconnaissante; et pendant ce temps, le comte de Maskiew, redevenu courtisan russe de tout son être, passait sa vie dans les antichambres de l'empereur ou dans des cercles où le jeu absorbe tout ce que l'éducation a pu laisser de pensée en eux. Exclus des affaires de l'État, des hautes spéculations de l'agriculture et de l'industrie, considérant les arts comme des métiers dont tout le mérite réside dans une habile application du bâton, ils concentrent sur l'art de manier des cartes et des dés toute la sagacité de leur esprit, toute la finesse de leur race froide. Et comme il faut que cette unique occupation que leur laisse le despotisme impérial ait un intérêt, ils y intéressent leur fortune. En Russie, on se ruine d'un million de revenu dans les jeux de salon ; on y gagne aussi une fortune honorable et les quatre chevaux voulus par la gentilhommerie du pays. Aux rudes humeurs de son mari, Eugénie devinait qu'il avait mal combiné un coup de wisth. Au fond de ses longs appartements, où Charles venait quelquefois la surprendre, au bout de cette enfilade d'esclaves qui bordent les palais depuis la porte jusqu'au salon, Charles trouvait souvent la belle Eugénie, si grande, si forte, si magnifiquement belle, pâle, étiolée, alanguissante, se mourant du corps et du cœur, rongée par le climat et le désespoir, et n'osant ni se plaindre ni regretter. Elle avait de l'émotion dans la voix, mais ses paroles n'étaient point amères ; ses yeux roulaient des larmes, mais elles ne tombaient pas sur son visage. Charles lui parlait quelquefois de la France, alors tout son être tressaillait ; la France à son oreille était comme à celles d'un prisonnier le cri *liberté !* elle écoutait les nouvelles de France ; elle demandait, la pauvre femme, si l'on s'y réunissait le soir avec quelques amis pour y causer bonheur, gloire, amour ; pour y interroger les touches d'un piano, en riant de toutes les fausses notes qu'on lui fait dire ; elle s'informait si l'on sortait encore le soir, au bras de son mari, pour aller demander de la fraîcheur aux arbres des jardins ; si l'on s'y cachait encore dans une loge pour s'y bercer sans faste des perfections du chant italien. Et comme Charles lui disait que tout cela était ainsi, elle regardait autour d'elle, cachait sa tête dans ses mains, et ne pleurait pas. Où pleurer là ? quand pleurer ? Un esclave ouvre la porte, il annonce une visite. Il faut avoir le rire au visage, le maintien à distance où tout est aperçu, commenté, dit, redit et porté jusqu'à l'empereur, qui raye cette femme de la liste de réception. Mais je me laisse emporter à dire ce que vous devriez lire; achevons la lettre.

» Nous eûmes une grande fête : Charles venait si souvent me voir, on le savait si positivement, il avait été si souvent rencontré dans mon salon, que je crus devoir l'inviter. Il ne voulait pas venir; je l'en suppliai pour que son absence ne fût pas remarquée. Je négligeai d'en avertir mon mari et je ne pris pas garde à l'humeur qu'il avait ce jour-là. Il était arrivé des nouvelles alarmantes de Pologne; l'empereur s'en était expliqué en rejetant sur la révolution française et sur le détestable esprit de ces misérables Français les perturbations qui arrivaient dans ses États. Le vent était au mépris et à la haine de la France. Juge donc de quel furieux étonnement fut pris mon mari lorsqu'il entendit annoncer dans son salon tout bariolé de grands dignitaires russes, le nom bourgeois et français de ton frère. Il en devint pâle de rage et tourna le dos à Charles, quand celui-ci alla le saluer : j'implorai ton frère du regard, il eut la générosité de ne pas prendre garde à cette grossièreté; mais le comte s'aperçut que ce n'était pas assez pour l'espionnage doré qui l'entourait; que la réception de ce Français de bas étage, que l'intimité qu'il paraissait avoir dans notre maison, n'étaient pas suffisamment rachetées par cette impolitesse; et dans un groupe près duquel Charles se trouva malheureusement, le comte commença contre la France et contre les Français une diatribe en style effroyable. Les traiter de jacobins, de révolutionnaires, de bourreaux, ne lui parut pas un assez vif hommage à la stupide haine de son empereur; il parla de les châtier, de les réduire, de les traiter comme des esclaves qu'ils étaient. Charles s'élança vers lui, j'étouffais de honte et de peur; Charles prit la parole : il défendit la France, et rejeta à la face de tous ces Russes les infamies qu'ils avaient dites de notre noble pays. Le comte frémissait de colère ; enfin, hors de lui, exaspéré par les regards moqueurs qui lui promettaient pour le lendemain un rapport circonstancié à l'empereur, il oublia toute retenue, il insulta ton frère, il l'outragea !!! Que ne m'a-t-il foulée aux pieds, brisée sous le knout, jetée sur la neige aux portes de son palais ! Le lendemain, une lettre de ton frère lui demanda raison de son insulte. Alors, je compris la portée de ce mot : Paris est Paris, et Saint-Pétersbourg est Saint Pétersbourg. Le comte de Maskiew, qui avait eu une rencontre avec ton frère à Paris, comme un homme avec un homme, lui refusa satisfaction à Saint-Pétersbourg, comme un gentilhomme à un esclave. Ton frère m'a écrit un mot ; il voulait tuer le comte, l'assassiner ! Pauvre Charles ! qui me dit dans son désespoir qu'il ne peut encore le flétrir du nom de lâche ; car cet homme, mon mari, s'est battu avec lui. Enfin, hier, tout cela a fait scandale ; ton frère a été pris dans sa demeure et, sans qu'on lui ait donné une heure pour le soin de ses affaires, une minute pour le soin de sa personne : il a dû être traîné jusqu'à la frontière. Sans doute tu l'as vu, il est arrivé près de toi ; mais si cela n'était pas ainsi, si, abandonné dans un pays étranger, sans ressource, sans argent, sans amis, il n'a pas encore reparu en France, va, pars, informe-toi, secours-le, pardonne-moi et fais qu'il me pardonne. Je confie ma lettre à l'ambassade française ; c'est la seule chance que j'aie qu'elle te parvienne. »

La seconde lettre finissait là. Je regardai Henriette et lui dis : — Et qu'est devenue votre amie, seule entre les mains de son mari ?

— Un mot d'explication encore, me dit Henriette. Le comte se ruina complétement : palais, terres, paysans, il joua tout, perdit tout ; un marchand russe, qui avait acheté sa liberté et qui avait gagné des millions au métier de prêter aux grands seigneurs, était le détenteur de presque toute la fortune du comte. Cet homme, d'après la loi, ne pouvait rien posséder : aussi cherchait-il un gendre noble à qui il pût donner sa fortune et sa fille. Le comte, ruiné, mal reçu à la cour, c'est-à-dire partout, se retira près de Kiew, dans l'Ukraine, dans un château dont il possédait encore l'apparente propriété. Ce fut de là qu'Eugénie m'écrivit cette dernière lettre.

— Elle est datée du 20 décembre 1831.

— Et ne m'arriva, répondit Henriette, qu'en novembre 1832.

— Je pris la lettre : elle était sale, froissée, usée aux plis ; je la lus.

III

« Château d'Agger.

»J'écris, je ne sais pourquoi ; à qui, je ne sais pas davantage : j'écris, j'ai peur, je jetterai ma lettre sur la route, un passant la ramassera. Le Ciel est secourable. Je te l'adresse à toi, ma seule amie en ce monde ; à toi, Henriette, la sœur de Charles, qui aurait pu être mon ami. Je suis dans un épouvantable séjour, triste, solitaire, désolé, avec mon mari qui ne me parle plus, avec des sauvages qui parlent une langue que je ne comprends pas. C'est effroyable d'être seule ici, avec un maître à qui ses esclaves obéissent sans comprendre, qui leur dira de tuer et qui tueront ; à vingt lieues de toute ville, de tout être à qui je puisse dire : Protégez-moi, j'ai peur. En France, on s'enfuit, ici il y a des déserts infranchissables pour un homme robuste, des centaines de lieues sans asile. Que ferais-je, moi, malheureuse femme, malade, mourante? Dans les prisons, dans les galères de France, on écrit une lettre à un ami, un geôlier qui a pitié la prend. Ici, la brute esclave rapporte tout à son maître. Une tentative de corruption? ce serait déterminer tout de suite la catastrophe, et j'ai peur. Je n'ai que vingt-deux ans... j'aime, Henriette, j'aime Charles... J'ai frissonné... Cependant ma porte est bien fermée, j'ai mis les verrous. Ici les nuits durent des jours. Si seulement il faisait clair! Le soleil protége, le soleil voit... on n'ose pas tout au soleil. C'est un effroyable despotisme que celui d'un Russe dans ses terres. Avec son knout, il fait à Saint-Pétersbourg des laquais et des femmes de chambre. Ici, il en ferait des assassins s'il voulait. Mais il ne le veut pas, mon Dieu. Je ne lui ai rien fait, je le respecte, je lui obéis quand il me jette sur son traîneau et m'emmène à travers ses steppes glacées. Je ne résiste ni ne pleure.

» Oh! Saint-Pétersbourg est un asile puissant; l'empereur est là qui voit, qui protége : c'est le soleil des Russes. Ces malheureux esclaves font bien de l'adorer. Si j'écrivais à l'empereur? par qui? comment? que lui dire? Henriette, je te parle à toi; je me confesse. Il n'y a pas ici un prêtre catholique à qui dire ma dernière pensée...

» Comme il m'a regardée ce soir, mon mari, après avoir reçu cette lettre où on lui annonce qu'il va être exproprié de sa dernière demeure!... Cependant un crime ne se commet pas si aisément : je crierai, je me débattrai, peut-être on accourra. Qui sait, mon Dieu? des esclaves sont des hommes qui voient et qui peuvent parler. Et puis! quel espoir, Henriette! on dit ici qu'il y a des Français perdus de la guerre de 1812. Si un Français m'entendait crier, il viendrait, il me défendrait. Miséricorde du Ciel, où est

Charles? Ah! béni soit Dieu qu'il ne soit pas ici : c'est l'antre de l'hyène dans le désert sans écho, la voix des victimes meurt dans l'étendue. Nous serions deux à mourir. Mourir! pourquoi cette idée? c'est impossible. Un crime? c'est impossible... C'est que c'est si facile; personne pour le voir, le dénoncer! Sais-tu bien que c'est une détestable barbarie qu'un pays sans magistrats, sans lois, sans surveillance? En France on se touche, on se voit vivre mutuellement, on ne meurt pas sans enquête. Il n'y a si petit coin qui n'ait un homme chargé de la vie des citoyens, qui n'en prenne note pour savoir comment ils meurent Ici... Mon Dieu, je suis folle!...

»—Henriette! Henriette! Henriette! je sens des douleurs horribles, les entrailles me brûlent.... Oh! je vais mourir.

» J'ai sonné, j'ai appelé, j'ai crié; personne ne m'a répondu. Henriette, que faire? dis-moi?... Oh! je suis seule, épouvantablement seule. Pourtant cela ne se peut! mourir dans cette chambre! Il faut que le monde sache... que quelqu'un sache...

» Henriette, ma porte est fermée en dehors.... Mais il ne pâlira donc devant personne, ne fût-ce que devant un chien, un animal qui m'aura vue me tordre et expirer, devant un chien qui aura hurlé sur mon cadavre!

» Enfin, je suis sauvée, Henriette, sauvée! comprends-tu sauvée? Oui, ma sœur, tu sauras tout, tu recevras cette lettre, tu sauras comment je suis morte. J'ai là un pigeon que j'ai élevé avec soin et qui vole souvent des jours entiers, loin, bien loin de ce château. Je lui attacherai ma lettre au cou, il ira la porter bien loin, quelqu'un le verra avec cet étrange message, un chasseur curieux qui le tuera... Oh! misérable, misérable et malheureuse! On tuera ce pauvre oiseau; il ira tomber et se débattre aux pieds d'un paysan brutal et stupide qui ne saura que faire de ce papier. Oh non! ma dernière pensée, mon dernier adieu ne coûtera pas une autre vie que la mienne. Pauvre oiseau! il dort. Oh! je suis atroce et parricide. Adieu, Henriette....

» J'y pense, Henriette, j'y pense, les pigeons sont sacrés en Russie : c'est l'image de l'Esprit-Saint; c'est un sacrilége que de les tuer. Oh! je confierai ma lettre à celui-ci. — Oh! que je souffre! je ne puis plus écrire. Va donc, ma suprême pensée, mon adieu à la vie. Va dans l'air, au gré du vol du saint messager. Tu passeras par les forêts, par les nuages, par le ciel, par le jour que je ne verrai plus. On te suivra de l'œil, et tu entendras sous ton vol le chant des vivants et le bruit des villes qui s'éveillent; et nul ne se dira peut-être : C'est une âme qui passe là-haut, une âme attachée à la plume de cet oiseau; car alors, Henriette, je serai morte... Je ne vivrai plus. Tu sens bien que j'ai froid, ma main s'éteint et mon cœur se serre.....

» J'ai cru que je mourrais; mais j'ai trouvé de l'eau, j'en ai bu beaucoup : cela a calmé l'incendie de mes entrailles. Je suis forte, je puis encore causer longtemps avec toi....

» Non!... Non!...

» N'est-ce pas que Charles me pleurera ? »

Henriette pleurait à chaudes larmes lorsque j'eus fini cette lettre. Je la regardais et demeurais interdit; je n'osais l'interroger sur le dénouement de cette nuit épouvantable : elle me regardait en m'accusant du fond de l'âme d'avoir légèrement parlé d'une vie close par une si grande infortune.

— Qui vous a remis cette lettre? lui dis-je après un long silence.

— Un réfugié polonais aux pieds duquel le pauvre oiseau s'est abattu, lorsque le noble proscrit parcourait les plaines de sa patrie pour mourir avec la liberté; il m'a cherchée par toute la France comme il a pu, en mendiant, en me demandant à tous ceux qu'il rencontrait, en partageant un peu de pain qu'il avait avec ce pauvre oiseau qu'il voulait me donner. Enfin, les rigueurs du pouvoir l'ont exilé dans notre province; il m'a encore demandée partout, et il a fini par me trouver. Il m'a remis ce papier et cet oiseau... Ce qui restait, tout ce qui restait de ma belle Eugénie, un être qui l'avait vue mourir, un papier qui avait reçu son dernier souffle!

— Elle est donc morte! m'écriai-je.

— Trois mois avant de recevoir cette lettre, me dit Henriette, j'avais lu dans un journal : « Le comte de Maskiew, » dont la femme est morte dans ses terres, vient d'épouser » la fille du banquier Mornef. »

— Et ce noble Polonais, m'écriai-je, cet homme qui a si bien compris ce messager de la tombe ?

— C'est mon mari, me dit Henriette ; je vous le présenterai dès qu'il sera rentré.

LES
DRAMES INVISIBLES

> .... Be this or aught
> Than this more secret now design'd I haste
> To know.
> « Que cela soit ainsi, ou qu'il y ait un secret plus
> » caché, j'irai et je le connaîtrai. »
> — MILTON, *Paradis perdu.* —
> (Paroles de Satan au Péché et à la Mort.)

Au sixième étage d'une magnifique maison de la Chaussée-d'Antin, logeait, il y a quelques années, un jeune homme du nom de Marc-Antoine Riponneau. C'était un gros garçon de vingt-cinq ans, d'une figure ronde et purpurine, aux yeux bleus et à fleur de tête, au nez légèrement retroussé et largement ouvert, aux lèvres cerise et avancées ; un vrai visage de bonheur et de contentement, si un front bas et des cheveux tellement fournis qu'ils n'étaient supportables que taillés en brosse, n'eussent prêté à sa physionomie un air sordide et envieux, et dénoté plus d'obstination que d'intelligence. Marc-Antoine était commis au ministère des finances et gagnait 1,800 francs par an. Il s'en contentait, mais il n'en était pas content. Employé au budget de l'État, il en avait appris toutes les illusions et s'en était garé pour sa vie privée. Aussi point de dette inscrite emportant intérêts payables de six mois en six mois ; point de dette flottante, qu'on ne doit jamais, parce qu'on la doit toujours (c'est-à-dire parce qu'on emprunte pour payer ce qu'on a emprunté). Ce qu'il avait surtout supprimé de ses comptes comme un des rêves les plus trompeurs de la finance, c'était le chapitre des ressources imprévues. Marc-Antoine avait 1,800 francs; il ne comptait que sur 1,800 fr. et encore comptait-il avec eux, ne les prenant que pour 1,700 francs, vu que la loi à venir sur les pensions pouvait lui imposer une retenue ou le forcer à quelque opération d'assurance. Chaque dépense était invariablement cotée, prévue et couverte. Grâce à beaucoup de sobriété, il épargnait sur ses repas pour être bien vêtu; et, grâce à beaucoup de circonspection dans tous ses mouvements, il maintenait ses habits dans un état de fraîcheur encore décente, alors que, sur les épaules d'un gesticulateur, ils eussent été déjà flétris depuis longtemps. Riponneau ne se permettait d'étendre démesurément ses bras et ses jambes, et de se tirer à son aise dans sa peau, qu'à l'heure où il était débarrassé de tout vêtement avariable par trop de liberté dans les mouvements. Mais il faut dire qu'à cette heure il s'en dédommageait amplement; et c'était par la pantomime la plus désordonnée qu'il accompagnait les exclamations suivantes :

— N'avoir que 1,800 francs, et porter en soi le germe de toutes les grandes pensées !

Le germe de toutes les grandes pensées, soit, à proprement parler, le désir de toutes les jouissances luxueuses de la vie.

— Ah! continuait Marc-Antoine, être pauvre et voir en face de soi, là, au premier de cette grande maison, un M. de Crivelin et une madame de Crivelin! Ils sont riches, et tout leur rit, le monde les flatte; ils sont heureux !

Ici maître Riponneau frappait du pied.

— Si seulement, continuait-il, j'étais comme ce M. Domen,

qui occupe tout le second de notre maison, quel autre usage je ferais de ma fortune que celui qu'il fait de la sienne! Mais qu'importe? il est heureux à sa manière, puisque pouvant vivre partout il ne vit que chez lui; tandis que moi, il faut que je me prive de tout. D'ailleurs, n'eût-il pas la fortune, il a la gloire, la considération. Tonnerre et tonnerre! il est heureux!

A ce passage de ses doléances, Riponneau trépignait.

Puis venaient de nouvelles exclamations, et sur le bonnetier qui occupait le magasin de droite de la porte cochère, et sur le confiseur qui occupait le magasin de gauche, et sur tous les locataires de la maison, les uns après les autres; car, par exception, cette maison était splendidement habitée: laquais, chiens et chevaux grouillaient dans la cour; la fumée des cheminées de cuisine sentait la truffe et le faisan; dans les escaliers qu'il descendait le matin pour aller chercher son lait, Marc-Antoine rencontrait les sveltes chambrières au tablier de neige, parfumées des essences de leurs maîtresses. Puis il se heurtait à la face rebondie des cuisiniers. Ses bottes, cirées à grand'peine, noircissaient devant l'éclat miroitant des souliers vernis des valets de chambre. Le bonheur des maîtres l'insultait par la valetaille. Puis, le soir, les voix délicieuses des concerts, les murmures et le doux fracas de la danse, et quelquefois, à travers une fenêtre ouverte, une belle tête blonde ou brune couronnée de fleurs, un corps souple et gracieux tout rayonnant des reflets de la soie, ou voilé des vapeurs de la mousseline; tantôt la douce nonchalance du bonheur inoccupé, tantôt la fièvre ardente du plaisir, tout cela entourait Marc-Antoine d'une atmosphère brûlante de désirs, dans laquelle il s'agitait ouvrant sa poitrine à cet air embaumé, ses lèvres à ces fantômes divins, sans pouvoir rien saisir, mâchant à vide, embrassant des ombres et arrivant par degrés à des transports de rage qui lui faisaient battre le sol à coups de pied et les murs à coups de poing.

Or, un soir que l'exaspération de Riponneau était arrivée à un degré terriblement turbulent, il entendit frapper à sa porte, et presque aussitôt entra dans sa chambre un homme d'à peu près soixante ans, au front chauve et vaste, enveloppé d'une robe de chambre d'indienne ouatée et piquée, comme les vieilles courtes-pointes de nos grand'mères. Cet homme avait un œil vif et perçant, une expression fine, railleuse, et cependant pleine de bonhomie.

— Mon voisin, dit-il à Riponneau d'une voix douce et posée, chacun est le maître chez soi. Je n'ai pas assisté à la prise de la Bastille ni concouru à la Révolution de Juillet pour ne pas reconnaître ce grand principe politique. Mais toute liberté a ses limites, parce que sans cela elle empiète sur la liberté des autres. Vous avez la liberté de crier, mais dans une certaine mesure, car j'ai la liberté de dormir; et, si votre liberté détruit la mienne, elle devient une tyrannie, et la mienne un esclavage, ce qui est contre les principes des deux Révolutions dont je viens de vous parler.

Marc-Antoine eut envie de se fâcher : le voisin ne lui en donna pas le temps, et reprit :

— Du reste, ce n'est pas pour moi que je réclame, je vis volontiers dans le silence ou dans le bruit; mais je vous parle pour votre petite voisine, mademoiselle Juana, la couturière, que j'ai vue rentrer ce soir bien pâle, bien souffrante, et les yeux tout rouges de larmes et de la fatigue du travail. Elle s'est couchée, la pauvre enfant, espérant dormir, m'a-t-elle dit : eh bien ! mon cher voisin, pour elle, pour cette chère petite, étudiez un peu moins fort vos rôles de mélodrame.

— Hein ! fit Marc-Antoine.

— D'ailleurs, reprit le voisin d'un air capable, j'ai vu Talma, monsieur; et croyez-moi, ce n'était point avec de grands gestes et de grands cris qu'il faisait ses plus beaux effets. Tenez, dans *Manlius*, il ne faisait que lever le pouce et regarder de côté lorsqu'il disait ces deux vers :

C'est moi qui, prévenant leur attente frivole,
Renversai les Gaulois du haut du Capitole.

Et la salle croulait sous les applaudissements. Croyez-moi, monsieur, la bonne déclamation...

— Mais, monsieur, je ne suis pas comédien.

— Ah bah ! fit le vieux voisin; vous êtes donc avocat ?

— Mais non.

— Vous êtes trop jeune pour être député ? Qu'êtes-vous donc, pour hurler ainsi à propos de rien ?

Marc-Antoine hésita et finit par répondre :

— Je suis pauvre, monsieur, je m'ennuie du bonheur des riches, et je m'amuse à ma manière.

Le voisin regarda Riponneau avec intérêt : il y eut sur le visage du vieillard une lutte entre un premier mouvement de malice et un second mouvement de bienveillance. La bienveillance l'emporta. Il prit une chaise, et, avec cette douce autorité que donnent l'âge et l'indulgence, il dit à Riponneau :

— Ah ! vous êtes pauvre, et par conséquent malheureux. Causons un peu, voisin. Vous savez que c'est surtout entre pauvres qu'on est libéral; et moi qui suis heureux, je veux vous donner un peu de ce qui vous manque, je veux vous faire part de mon bonheur.

— Et comment vous y prendrez-vous, voisin ? car, si j'ai bien observé vos habitudes, vous êtes seul chez vous.

— Oui.

— Vous travaillez du matin au soir.

— Oui.

— Vous sortez rarement.

— Oui.

— Où donc est votre bonheur, et que pouvez-vous me donner ?

— Rien, mais j'aurai beaucoup fait pour vous si je vous ôte quelque chose du cœur : c'est l'envie qui vous ronge et qui flétrit toutes les joies de votre jeunesse, comme le ver au cœur de l'arbre.

— Moi envieux ! dit Marc-Antoine en rougissant.

— Voyons, jeune homme, êtes-vous marié ?

— Non.

— Avez-vous une maîtresse ?

— Non.

— Avez-vous une famille qui...

— Je suis orphelin.

— Avez-vous des dettes ?

— Non.

— Point de femme, *ergo* point d'enfants ; point de maîtresse, *ergo* point de rivaux ; point de famille, *ergo* point de liens ; point de dettes, *ergo* point d'huisiers : en somme, vous êtes exempt de tous les fléaux de l'humanité. Donc, si vous êtes malheureux, cela ne venant point de causes extérieures et indépendantes de votre être, votre infortune vient d'une cause intérieure et inhérente à votre nature. Cette cause, c'est l'envie.

— Et quand cela serait, dit Riponneau ; quand j'envierais le bonheur de tout ce qui m'entoure, où serait le mal ?

— Le mal est à souffrir de ce qui vous est étranger, ce qui est profondément déraisonnable.

— Bah ! dit Riponneau, il n'y a point de déraison à souhaiter la fortune.

— Il y a de la déraison à souhaiter le chagrin, le désespoir, les tourments incessants, les inquiétudes perpétuelles qui l'accompagnent.

— Lieux communs que tout cela, mon cher voisin : consolations banales du pauvre à son confrère; dérision insolente du riche, quand c'est lui qui tient ce langage.

Le voisin réfléchit, et, après un assez long silence, il dit à Marc-Antoine :

— Eh bien ! répondez franchement : qui donc enviez-vous parmi ceux qui vous entourent ? à la place de qui voulez-vous être ?

— A la place de qui ? fit Marc-Antoine. Mais il n'y en a pas un seul qui ne soit plus heureux que moi; et, puisqu'en fait de désirs le champ est libre, et qu'on ne vole personne en prenant en rêve le bien des autres, pensez-vous que je n'aimerais pas mieux être dans la position des Crivelin que dans la mienne ?

— Vraiment ?

— Mais dame ! La semaine dernière, je n'ai pas dormi de la nuit, du bruit de la fête qu'ils ont donné. Les plus magnifiques équipages encombraient la rue; les noms les plus considérables étaient annoncés à voix de stentor à la porte de leurs salons. Ceux qui entraient brûlaient d'arriver, ceux qui partaient regrettaient de s'en aller ; et, sur l'escalier où j'ai passé dix fois, sortant de chez moi, y rentrant sans cesse pour fuir ce bruit de fête déchirant, j'entendais à toutes les marches :

« Quelles aimables gens ! Quelle gaieté ! Comme on voit bien qu'ils sont heureux ! »

Et d'autres disaient :

« Ils marient leur fille au comte de Formont. Un beau mariage ! Jeunesse, beauté, fortune, considération des deux côtés. Ils sont heureux, mais ils le méritent bien. »

— Ah ! fit le voisin, vous avez vu et entendu tout cela sur l'escalier ?

— Oui-da !

— Eh bien ! si vous étiez entré dans le salon, c'eût été bien mieux : partout la joie, le rire, les félicitations ; et, sur le visage des maîtres de la maison, la satisfaction du bonheur que procure le bonheur qu'on donne ; et, de tous côtés, des assurances d'amitié, et l'ivresse du comte de Formont, et la joie retenue d'Adèle de Crivelin, et leurs regards furtivement échangés, et le doux et bienveillant sourire des vieillards qui surprennent ces regards et rêvent de leur passé ; et l'orgueil du père, l'amour de la mère, triomphants et ravis du succès de leur fille... C'était un tableau charmant à minuit, à une heure du matin, à trois heures, à cinq heures encore ; mais au point du jour, le rideau était baissé, la comédie était finie et le drame commençait.

— Ah bah ! fit Marc-Antoine ; est-ce que la fortune de M. de Crivelin serait compromise, et, comme tant d'autres, cacherait-il sa ruine sous des fêtes ?

— Non.

— Est-ce que sa femme ne serait pas ce qu'elle doit être ?...

— C'est la meilleure des femmes.

— Une faute de sa fille ?

— C'est un ange de pureté.

— Mais alors, qu'est-ce donc ?

— Une bonne action, rien qu'une bonne action oubliée depuis quinze ans, et qui s'est tout à coup montrée à eux sous la forme d'un hideux gredin à figure jaune et bilieuse, d'un ignoble gueux qui a roulé la crasse de ses guenilles sur la soie de ces meubles dorés qu'effleurait, une heure avant, la gaze des jeunes et belles danseuses.

— Je ne vous comprends pas.

— Écoutez-moi donc. Cet homme, vêtu d'une livrée crasseuse, était resté toute la nuit dans l'antichambre. Dans une pareille cohue de laquais, celui-ci avait échappé aux regards des domestiques de la maison ; mais, à mesure que les salons se dépeuplaient et les antichambres à la suite, on fit attention à lui et on le regarda d'assez mauvais œil ; mais le drôle ne faisait que mieux prendre ses aises et s'étaler plus insolemment sur les banquettes. Enfin arriva le moment où partirent les derniers conviés, et le laquais crasseux resta à son poste. On finit par lui demander pourquoi il demeurait.

« — J'attends mon maître, M. Eugène Ligny.

» — Il n'y a plus personne, lui répondit-on.

» — Je vous dis qu'il est ici ; demandez-le à votre maître, il le retrouvera. »

Les domestiques voulurent se fâcher : le manant éleva la voix, et M. de Crivelin parut à la porte de l'antichambre, en demandant la cause de ce bruit.

« — C'est cet homme, répond le valet de chambre, qui refuse de sortir, sous prétexte qu'il attend son maître.

» — Et comment se nomme son maître ?

» — Celui que je cherche, dit le laquais inconnu, s'appelle Eugène Ligny, et je ne sortirai pas sans lui avoir parlé. »

» A peine avait-il prononcé ces paroles, que M. de Crivelin attache sur cet homme des yeux épouvantés ; il pâlit, il chancelle, et, contenant à peine la terreur et le trouble qu'il éprouve, il donne l'ordre à ses domestiques de se retirer, et invite cet homme à le suivre.

» D'ordinaire, les petits malheurs arrivent en aide aux grandes catastrophes. Une maison où vient de se donner un bal de cinq cents personnes est en général fort peu en ordre : les portes démontées laissent les appartements ouverts à tous les regards. M. et madame de Crivelin ne s'étaient gardé à l'abri de l'invasion que la chambre de leur fille et leur propre chambre ; tout le reste de l'appartement était percé à jour. Madame de Crivelin était dans les main de sa femme de chambre lorsque son mari vint la prier de se retirer chez sa fille et de lui laisser un moment sa chambre pour un entretien de la plus grande importance.

« — Ah ! dit-elle en riant, je parie que c'est M. de Formont qui te poursuit... Mais, en vérité, c'est bon pour les amoureux de ne pas dormir. Renvoie-le à plus tard.

» — Non, ce n'est pas cela... c'est... De grâce, retire-toi jusqu'à ce que j'aille te prévenir.

» — Mais qu'avez-vous donc ? s'écrie madame de Crivelin ; vous êtes pâle, vous avez le visage renversé... Qu'y a-t-il ?

» — Rien, ma chère amie, rien ; mais, je t'en prie, laisse-nous. »

» Madame de Crivelin céda, mais emportant avec elle une inquiétude qui gagna bientôt sa fille, car Adèle ne dormait pas encore, et, en voyant sa mère entrer chez elle, elle la questionna, et, à l'effroi de madame de Crivelin, à son inquiétude, elle se prit à trembler à son tour. Voilà donc ces deux pauvres femmes, repoussées, renfermées dans le coin le plus étroit de leur splendide appartement, attendant avec inquiétude l'issue d'une conférence si inattendue, si bizarre, et qui avait si fort troublé M. de Crivelin. Avec qui était-il ? que disait-il ? et quel intérêt assez puissant le dominait pour le forcer à donner une pareille audience à pareille heure ?

» Adèle voyait Jules de Formont mort ; madame de Crivelin s'égarait dans un dédale de suppositions impossibles.

» Pendant ce temps, voici ce qui se passait dans la chambre où M. de Crivelin s'était enfermé avec le sale laquais.

« — Tu m'as donc reconnu, Eugène? lui dit cet homme.

» — Toi ici! lui dit M. de Crivelin. Toi vivant!

» — Quand tu me croyais mort! C'est plaisant, n'est-ce pas? Que veux-tu? c'est comme ça. Fais-moi donner un verre de vin et une tranche de jambon, et tu verras que je ne suis pas un fantôme.

» — Voyons, Jules, ce n'est pas pour cela que tu es venu : parle ! parle donc, malheureux !

» — Depuis six heures que je suis dans ton antichambre, je crève de soif et de faim; je veux boire et manger.

» — Qu'est-ce à dire?

» — Je veux boire et manger. Allons, va me chercher ça toi-même, si tu as peur que ça ne salisse les mains de tes domestiques de me servir. »

» Crivelin baissa la tête et sortit. Un moment après, il rentrait avec un plateau qu'il plaçait devant l'ignoble goujat, et lui disait :

» — Maintenant, parle; que veux-tu? »

» Le nommé Jules se mit en devoir de manger et commença ainsi :

« — Écoute Eugène, voici ce que tu m'as écrit il y a dix-sept ans :

« Tu le vois, Jules, tes folies ont eu le résultat que je
» t'avais prédit. Du désordre tu es passé aux fautes, des
» fautes au crime, et maintenant une condamnation infa-
» mante pèse sur ta tête. Puisque tu as pu t'échapper de
» ta prison, profite de la liberté pour fuir, et pour fuir
» seul. N'entraîne pas un enfant, qui naît à peine à la
» vie, dans l'existence errante qu'il faut que tu ailles ca-
» cher dans un nouveau monde. Laisse-moi ta fille. A
» l'heure où la loi te frappait, le malheur me frappait
» aussi : ma fille est mourante. Si Dieu me la garde, la
» tienne lui sera une sœur ; si Dieu me la reprend, ta
» Marie prendra sa place près de nous. Voici assez d'or

» pour que tu puisses emporter dans ta fuite les moyens
» de reconquérir plus tard une fortune honorable. »

» — N'est-ce pas là ce que tu m'as écrit?

» — C'est vrai, fit M. de Crivelin.

» — Huit jours après, reprit cet homme, tu partais emmenant les deux enfants en Italie, tous deux âgés à peine de deux ans ; tu allais rejoindre ta femme, qui avait été forcée de te quitter pour aller recevoir les derniers adieux et le pardon de sa mère, qui se mourait à Naples. Tu l'avais épousée contre le vœu de sa famille, et cette famille noble t'avait défendu d'assister à cette réconciliation. Ta belle-mère étant morte, tu retournas près de ta femme. Quant à moi, pour mieux assurer ma fuite, je déposai au bord d'une rivière une lettre où je disais que je n'avais pas voulu survivre à ma honte ; et, un mois après ton départ, tu recevais la nouvelle de ma mort. A la même époque, ta fille mourait à Ancône, et tu en faisais la déclaration sous le nom que tu portais alors. Puis tu continuas ton voyage, laissant tous les étrangers que tu rencontrais appeler l'enfant qui t'accompagnait du nom de ta fille. Toi-même, charmé de sa grâce, de sa beauté, de sa tendresse pour toi, tu l'appelais du nom de ton enfant, voyageant lentement, prévoyant avec terreur le moment où il faudrait dire à ta femme que sa fille était morte. Alors, voilà tout à coup une idée qui te passe par la tête. Ta femme, emmenée par son frère M. de Crivelin, près de sa mère mourante, avait quitté ton Adèle trois mois après sa naissance, à cet âge où le visage des enfants change à chaque année qui se succède. Marie, la fille de Jules Marsilly, mort, à ce que tu pensais, ne pouvait-elle, aux yeux d'une mère, remplacer cette Adèle perdue ? Ta femme était malade à son tour ; la nouvelle de la mort de sa fille pouvait la tuer ; tu te décidas à la tromper : Marie Marsilly devint Adèle Ligny.

» — Puisque tu sais si bien le sentiment qui a dicté ma conduite, fit M. de Crivelin, peux-tu m'en faire un crime ?

» — Je ne blâme rien, répondit l'ivrogne, je raconte. »

» Il but deux verres de vin et poursuivit ainsi :

« — Ta ruse réussit à merveille, elle réussit même au delà de tes espérances ; ce ne fut pas seulement ta femme qui fut ravie de cette fille si belle et si charmante ; son oncle, M. de Crivelin, qui ne pouvait te pardonner d'être devenu son beau-frère, s'amouracha de cette enfant, et, huit ans après, il lui laissait toute sa fortune en te nommant son tuteur, à la condition que tu ajouterais son nom au tien. Voilà pourquoi tu es rentré en France sous le nom d'Eugène Ligny de Crivelin.

» — Mais je n'ai trompé personne. Je n'ai point renié mon nom.

» — Tu en es incapable. Seulement, l'habitude t'est venue de supprimer le Ligny et de t'appeler M. de Crivelin ; et comme j'avais fort peu entendu prononcer ce nom dans ma jeunesse, jamais je n'eusse pensé que le riche M. de Crivelin fût mon ancien camarade de collège Eugène Ligny, si ces jours-ci je n'avais vu, affichés à la porte de la mairie de mon arrondissement, les bans de mademoiselle Adèle Ligny de Crivelin avec le comte Bertrand de Formont. C'est à cet aspect que je me suis demandé comment Adèle, morte à Ancône, vivait à Paris.

» — C'est un mensonge, fit M. de Crivelin, qui crut voir là une espérance d'échapper à cet horrible embarras.

» — Mon bonhomme, lui dit le brigand, ne joue pas un rôle que tu ne sais pas. Je passai à Ancône le lendemain de la mort de ta fille, et tout le monde y parlait de ton désespoir. D'ailleurs, au besoin, on retrouverait les actes. Écoute-moi donc avec douceur. »

» Le drôle acheva une seconde bouteille, et reprit :

« — Tu comprends qu'une fois sur cette voie, l'histoire de ton roman a été bien facile à faire. Tu avais mis ma fille à la place de la tienne, et maintenant tu en es peut-être arrivé à te persuader de bonne foi que c'est ton enfant.

» — Oh! oui, fit M. de Crivelin; c'est mon enfant, ma fille, mon espoir, mon bonheur... Voyons, que veux-tu, que demandes-tu ?

» — Posons bien la question pour nous bien entendre, reprit le scélérat.

» D'abord, tu m'as volé mon enfant, crime prévu par la loi. Ensuite, pour recueillir l'héritage de l'oncle, tu as produit un extrait de naissance que tu as appliqué à ma fille, lorsque la preuve de la mort de ta fille est à Ancône ; *secundo*, pour faire publier les bans de la mademoiselle Ligny de Crivelin, tu as usé d'un titre également faux. Ceci est incontestable. Maintenant raisonnons :

» Pour avoir apposé une autre signature que la mienne au bas d'un papier timbré, j'ai été condamné à quinze ans de travaux forcés. Je suis misérable et déshonoré, et je ne dois de ne pas être au bagne qu'à la réputation que j'ai d'être mort. Toi, au contraire, pour t'être servi faussement d'un acte authentique, pour avoir enlevé à d'autres héritiers une immense succession au moyen de cet acte, tu es riche, honoré, tu nages dans l'opulence et les fêtes ; ce n'est pas juste.

» — Mais, que prétends-tu, malheureux ? voudrais-tu m'enlever Adèle ? Ah ! misérable ! mais sa mère, car ma pauvre femme est sa vraie mère, voudrais-tu la tuer ? Oh ! je préférerai dire la vérité, et les tribunaux me la laisseraient, j'en suis sûr.

» — C'est à savoir. Mais la question n'est pas vidée, et voici un point important : le testament de M. de Crivelin est fait en faveur de mademoiselle Adèle Ligny. Si je prouve que l'héritière n'était pas la demoiselle Ligny, je la ruine, je te ruine, je vous ruine. C'est une bêtise que je n'ai pas envie de faire. D'ailleurs, je suis trop bon père pour commettre une pareille cruauté pour rien. Mais tu sais qu'il est dit, dans la morale des honnêtes gens, qu'un bienfait n'est jamais perdu; en conséquence de cette maxime, je me fais votre bienfaiteur. Cette fortune que je puis vous ravir à tous, je vous la laisse, c'est comme si je vous la donnais; ce bonheur que je pourrais anéantir d'un mot, je le respecte, c'est comme si je le faisais; ta femme, qui mourrait de cette découverte, je la laisse vivre, c'est comme si je la sauvais de l'eau ou de l'incendie; cette fille chérie, dont je perdrais sans retour toutes les espérances, je lui permets d'épouser son amoureux. Qu'est-ce que je fais donc? je te fais riche et heureux; je sauve la vie à ta femme; je marie ma fille à un homme d'un nom honorable, d'une famille noble; en vérité, on n'est pas plus vertueux, on n'est pas plus bienfaiteur, on n'est pas plus Monthyon que ça : le bienfait déborde, et, comme il est dit qu'un bienfait n'est jamais perdu, tu me donnes un million.

» — Un million, juste ciel! s'écria M. de Crivelin.

» — Un bienfait ne peut pas être perdu, dit le misérable.

» — Mais tu oublies, reprit M. de Crivelin, que je puis t'envoyer au bagne. »

» Le scélérat se lève, l'œil sanglant, la bouche écumante.

« — Pas de menaces de ce genre, ou je te force à me demander grâce à genoux, ou je force ta femme et ma fille à venir ici baiser à plat-ventre la crotte de mes souliers. Je te donne deux heures pour me faire ta réponse; dans deux heures je serai ici. »

» Et tout aussitôt cet homme sortit.

— Voilà une triste histoire, fit Riponneau.

— Oh! dit le voisin, ce n'est là que le commencement;

car, à côté de cette chambre, étaient la mère et la fille, qu'un de ces bons domestiques dévoués, qui ne manquent jamais de vous dire ce qui vous est désagréable, avait averties que M. de Crivelin était enfermé avec un homme qui avait toute la figure d'un assassin, et que cela faisait peur aux bonnes gens de l'antichambre. Ce charitable avis, joint au trouble que madame de Crivelin avait remarqué chez son mari, la poussa à prêter l'oreille à ce qui se disait dans la chambre voisine. Au tressaillement cruel, aux cris étouffés que laissa échapper madame de Crivelin, Adèle se mit à écouter aussi, et toutes deux apprirent en même temps l'horrible secret qui les frappait toutes deux, le secret qui disait à la mère : « Ce n'est pas là ta fille ; » le secret qui disait à la fille : « Ce n'est pas là ta mère ! »

» Voilà pourquoi, lorsque M. de Crivelin rentra dans cette chambre, il les trouva toutes deux à genoux, toutes deux pleurant, sanglotant, et se tenant convulsivement embrassées, car déjà madame de Crivelin ne pleurait plus l'enfant morte qu'elle avait à peine connue, elle pleurait l'enfant qu'elle avait élevée, que, dans sa divine puissance maternelle, elle avait faite à son image, l'enfant qu'elle avait aimée avec passion, et qui l'avait aimée d'un saint amour.

» Ce fut surtout alors que commença le drame avec ses pleurs, ses déchirements, ses transports. Et, depuis huit jours que cela dure, monsieur, tout est désespoir, larmes, terreurs, dans cette maison. Et cependant, le lendemain, il fallait assister à un magnifique dîner chez la mère de M. de Formont; et, pour que le secret de ce malheur ne transpirât point au dehors, ces trois heureux qui vous font envie y sont allés. Et, comme ils étaient tous trois plus sérieux qu'à l'ordinaire et quelque peu pâles, on les a poursuivis de joyeuses félicitations sur la fatigue de leur fête splendide. On a bu à leur santé, au bonheur inaltérable des deux époux ; il leur a fallu sourire, les larmes sous les paupières, les sanglots dans la gorge, le désespoir à fleur de poitrine.

— Mais qu'ont-ils fait? que vont-ils faire? dit Riponneau.

— Une grosse somme d'argent a éloigné le scélérat. Mais il peut revenir ; mais dans quelques années, sa peine sera périmée, c'est-à-dire que, parce qu'il aura échappé au bagne pendant vingt ans, il sera aussi quitte envers la société que celui qui serait resté tout ce temps lié à sa chaîne, et alors il ne parlera plus avec la retenue d'un homme qui a peur pour lui-même, il sera le maître absolu de cette famille.

» En attendant, poussée par la fatalité de son existence précédente, elle vit le jour comme elle doit vivre pour qu'on ne soupçonne rien, mais elle pleure la nuit. C'est là, au coin du feu où ils veillent tous les trois, que se passent de longues conférences de larmes, des serments désolés de ne se jamais quitter. Ce n'est pas tout, monsieur, Adèle aime M. de Formont, elle l'aime parce qu'il est brave, généreux, plein de sentiment élevés, parce qu'elle est fière d'être aimée de lui ; et, précisément parce qu'elle l'aime de ce noble et chaste amour, elle ne veut pas le tromper, elle ne veut pas qu'un jour un homme si pur, d'une famille si honorable, puisse voir se ruer au milieu de son bonheur, ce misérable qui se dira le père de sa femme.

— Adèle ne veut plus épouser le comte de Formont.

« Mais comment faire ? mais que dire ? » se sont écriés M. et madame de Crivelin.

» Et cette enfant, admirable en tout, leur a répondu :

« — Comment, c'est pour moi que vous souffrez ainsi, c'est à moi de prendre le blâme et la douleur de cette rupture.

» Elle a tenu parole, monsieur; depuis huit jours, cette délicieuse et bonne créature s'est faite impertinente, froide, capricieuse. Elle aiguillonne de mots piquants les colères qu'elle excite par sa froideur; elle raille les larmes qu'elle fait couler, rit des tourments désespérés de son amant. Mais comme je vous l'ai dit, l'heure vient où la comédie finit et où le drame commence; et alors il n'y a pas un seul des tourments qu'elle a causés qui ne lui revienne au cœur plus amer et plus déchirant. Que de larmes douloureuses pour les pleurs qu'elle a fait répandre! que de cris désolés pour les plaintes qu'on lui a faites! Le jour, elle souffre de faire le mal; la nuit elle souffre du mal qui est fait. Et ce n'est pas tout: M. et madame de Crivelin voient leur fille perdre chaque jour ses forces dans la lutte qu'elle soutient contre elle-même, contre son amour, contre la douleur qu'elle donne et celle qu'elle éprouve. Ce matin, le médecin l'a trouvée dévorée d'une fièvre ardente, et la voilà malade. Ce n'est rien aux yeux du monde : une indisposition nerveuse qui se calmera; et la famille des Crivelin n'en est pas moins une famille d'heureux. Et vous tout le premier, vous donnez des coups de poing aux murs, parce que la joie de ces heureux vous importune et vous pèse. En voulez-vous de leur joie, jeune homme? Oh! qu'à l'heure qu'il est ils changeraient bien et leurs riches appartements, et leurs équipages, et leurs millions, pour votre mansarde, votre parapluie et vos dix-huit cents francs.

J'ai dit, je crois, que Riponneau avait le front bas et les cheveux plantés en brosse, et j'ai ajouté que cela lui donnait un air d'obstination, et l'air n'était point menteur. Ne pouvant nier le malheur, il voulait le justifier; voici comment :

— Ma foi, dit-il, s'ils sont malheureux, ils le méritent bien.

— Bah ! fit le voisin.

— Quand on fait des actes pareils et qu'on en reçoit le châtiment, cela est logique. Je les plains, voilà tout ; et, certainement, je ne voudrais pas être à leur place. D'ailleurs, leur malheur a dépendu d'un accident qui pouvait ne pas arriver ; auquel cas, rien ne venait troubler leur félicité. Tenez, par exemple, voilà M. Domen ; celui-là, certes, a fait dans sa vie plus d'une faute, et de celles que le monde ne pardonne pas d'ordinaire. Eh bien ! parce qu'il est riche, parce qu'il a un nom et du talent, tout est accepté. On l'admire, même on l'applaudit pour ce qui serait la honte et le désespoir d'un autre ; il est heureux : et je ne vois pas ce qui pourrait venir troubler son bonheur. Ce ne serait certes pas la découverte de sa fausse position, car il s'en fait gloire ; il la porte avec assez d'orgueil pour que je trouve que ce soit de l'insolence.

— Ah ! dit le voisin, vous enviez cela, et vous n'êtes pas le seul. En effet, il a cherché la gloire et la fortune dans les arts, et il a trouvé fortune et gloire. Il a aimé une femme qui était mariée, il l'a audacieusement enlevée à son mari ; et, plus audacieusement encore, il a fait taire le mari en le menaçant de démasquer toutes les hideuses saletés par lesquelles ce mari a poussé une femme bonne, noble, charmante, à se donner à un autre. Il ne s'est pas arrêté là ; il a pris cette femme sous sa protection, il a proclamé tout haut son amour, son adoration, son respect pour elle. Et cette femme, on l'a respectée du respect qu'il lui montrait ; on s'est dit qu'elle ne pouvait inspirer de pareils sentiments sans les mériter ; et, peu à peu, cette existence a été tolérée par tous, admise souvent. Et, comme la richesse l'accompagne, s'il plaît à Domen d'ouvrir sa maison, tout ce qu'il y a de grands artistes à Paris, tout ce qu'il y a de noms célèbres, se pressent dans ses salons. S'il voyage, on le reçoit comme un roi ; on le fête, on le complimente, et cette femme prend la moitié de toute cette gloire, de tout ce bonheur.

— Eh bien! monsieur, fit Riponneau, ceux-là sont heureux, j'espère; et vous venez de peindre leur bonheur en traits qui ne sont pas exagérés assurément, et contre lesquels vous n'avez probablement rien à dire.

— Leur bonheur! fit le voisin avec un accent plein d'amertume; leur bonheur! répéta-t-il. Oh! oui, la surface est riante, dorée, et fleurie et resplendissante. Mais déchirez ce voile, pénétrez au delà de ce qu'on vous montre, et vous trouverez la plaie, la plaie ardente, douloureuse, gangrenée et incurable. Cette existence vous fait envie; demandez plutôt l'enfer, la misère, la faim.

— Comment ça? comment ça? dit Riponneau d'un air important.

— Vous disiez tout à l'heure que c'était un hasard qui avait fait le malheur de M. et de madame de Crivelin, et que, si ce hasard ne fût pas arrivé, ils eussent été heureux malgré la faute; que ce hasard disparaisse, que ce Marsilly meure, et voilà tout le bonheur revenu : c'est possible. Mais dans ce bonheur que vous enviez, dans ce bonheur de M. Domen et de sa belle maîtresse, madame de Montès, le malheur est un hôte constant qui ne les a pas quittés un moment et qui ne les quittera jamais. Il est assis à leur table, il monte dans leur voiture, il veille à leur chevet. Il est de toutes les heures et de tous les moments de la vie. L'orgueil recouvre de son manteau pourpre la blessure des deux victimes, mais elle saigne toujours.

— Voyons, voyons, fit Marc-Antoine, voilà de bien belles phrases; mais sans connaître personnellement M. Domen, je vois des gens qui sont presque toujours avec lui, et qui seraient fort embarrassés de dire quel malheur il a pu lui arriver. Au contraire, c'est à chaque instant des exclamations sur les chances inouïes qui servent tout ce qu'il entreprend. En quoi est-il donc malheureux ?

— En tout ; il n'y a pas eu un malheur comme vous l'entendez, mais tout est malheur pour lui.

— Allons donc !

— Tout ; et, ce qu'il y a de plus affreux, c'est que la douleur lui vient par les portes les plus basses comme par les plus hautes.

— Ah bah !

— Écoutez : un jour il fut invité à un bal avec madame de Montès, chez des amis qui, ayant pénétré dans le secret de cette liaison, l'avaient pardonnée et s'étaient senti le courage de la protéger aux yeux du monde. Madame de Montès entre, prend place, sans que rien indique la moindre désapprobation de la part de personne. On danse ; mais, quand la contredanse est finie, les deux femmes qui se trouvaient assises chacune d'un côté de madame de Montès, ne reprennent pas leur place, et elle reste encadrée dans ce vide, exposée dans ce pilori de soie. Le bal continue, personne ne l'invite : Domen n'accepte la leçon ni pour lui ni pour madame de Montès, et la conduit lui-même à la contredanse ; personne ne s'en montre irrité ; mais le vis-à-vis qui était en face de lui fait semblant de s'être trompé de place et se glisse doucement de côté. L'insolence partait d'une femme qui avait eu trente amants, mais dont le mari était là. Enfin, si ce n'eût été un jeune homme de dix-huit ans qui menait par la main une enfant de quinze ans, tous deux ne voyant en eux qu'un danseur et une danseuse ; si ce n'eussent été ces deux innocents, Domen et madame de Montès restaient là, abandonnés et répudiés. Croyez-vous que ce bal, qui vous semble un triomphe, n'eût pas été payé cruellement cher ?

— Et c'était toujours ainsi?

— Non, assurément, voisin; et jamais ni l'un ni l'autre n'eussent supporté deux fois cet affront; mais ne suffit-il pas de l'avoir souffert pour le craindre sans cesse? Ce fut alors que madame de Montès prit pour la retraite ce goût qui n'est qu'un exil qu'elle s'impose. Domen l'aimait, et Domen voulut lui faire une maison charmante: les hommes y vinrent en foule, les femmes s'en tinrent écartées. Quelques maris eurent le courage d'y conduire leurs femmes, car ils avaient pu apprécier ce qu'il y avait de véritable honneur et de dévouement dans cette position coupable. Ils l'osèrent une fois, ils ne l'osèrent pas deux. Après l'insulte qui repousse, l'insulte qui déserte.

» Et maintenant, monsieur, une fois ce levain jeté dans cette existence, tout s'y est aigri, tout. Si, dans une promenade, un ami passe sans les voir, ce n'est pas qu'il ne les ait vus, c'est qu'il a honte de les saluer. Si, dans la maison, il se trouve un domestique insolent, il ne l'est que parce qu'il se croit le droit d'insulter à une femme qui ne porte pas le nom de son maître. Et dans ces voyages dont je vous parlais, un homme abordera M. Domen ayant madame de Montès à son bras; et il dira à M. Domen qu'il est heureux et fier de rencontrer un sculpteur aussi illustre, un rival de Torwaldsen et de Canova; et, comme cet homme ne sait de Domen que la vie d'artiste, il s'inclinera en souriant vers la femme qui est au bras du grand artiste, en la félicitant de porter un nom aussi illustre.

» Que répondront-ils? Faudra-t-il confier à cet étranger et leur position, et leur histoire, et leur vie tout entière? Faudra-t-il qu'ils se taisent? Mais, le lendemain, cet homme racontera avec vanité qu'il a rencontré M. et madame Domen; il les invitera, il les fêtera, jusqu'à ce qu'un de ces parasites qui vivent des anecdotes de la vie de chacun lui apprenne qu'il s'est trompé, ou plutôt qu'on l'a trompé. Ce sera une proscription nouvelle, avec cette accusation de plus qu'ils ont menti. Et, cependant, ils ont tout fait pour garder au moins la loyauté de leur faute, pour que personne ne s'y trompe. Croyez-vous que cela soit vivre?

— Hum! c'est ennuyeux, mais il y a des compensations; d'abord pour Domen, qui est reçu partout.

— Et qui s'exile de partout. Savez-vous qu'il a ordonné à ses domestiques de lui remettre secrètement toutes ses lettres; car il peut se trouver, dans leur nombre, une lettre d'invitation à son nom seul, et madame de Montès subira l'injure et la douleur de cette exclusion; et, si elle apprend cet ordre de son mari, si elle apprend qu'on lui cache les lettres qu'il reçoit, pensez-vous que, de prime abord, elle y découvrira l'attention dévouée qui cherche à lui épargner un chagrin? Elle y verra un mystère, une intrigue, un nouvel amour; elle sera jalouse.

» N'en a-t-elle pas le droit? non point parce que Domen est léger, inconstant, mais parce qu'elle sait qu'il souffre, qu'il est malheureux; parce qu'elle sait qu'elle l'enlève à la vie du monde, qui devrait être la sienne; parce qu'elle sait que, ne trouvant chez lui que solitude, tristesse, plaintes, il doit aller chercher ailleurs de la joie, des rires, des plaisirs, ce qui est nécessaire à la vie de celui dont le labeur est rude et incessant; car il travaille sans cesse pour couvrir au moins de luxe l'existence de misère qu'il mène.

» Après le levain qui a tout aigri dans cette existence, laissons-y pénétrer la jalousie. Ce n'est plus une douleur incessante mais calme, ce sont les cris, les désespoirs, les menaces de suicide, la haine de la vie. Ils s'aiment, monsieur, et ils se pardonnent, et ils se jurent de ne pas céder ni l'un ni l'autre à ce monde qui les écrase avec tant d'indifférence. Domen reparaîtra dans quelques soirées. Il y consent : elle le veut.

» Mais, pendant qu'on l'accueille, comme un voyageur sur lequel personne ne compte plus, lui faisant ainsi sentir ce qu'il quitte et ce qu'il vient retrouver, que fait la pauvre femme ? elle attend, elle souffre, elle va et vient dans cet appartement, d'autant plus vide qu'il est plus immense. Demandez-lui si, à pareille heure, elle n'aimerait pas mieux votre mansarde, sans un sou, mais avec une aiguille qui lui gagnerait sa vie ? Rentre-t-il de bonne heure, il la trouve dans les larmes, qu'elle n'a pas eu le temps d'essuyer; rentre-t-il tard, il la trouve dans la colère; car, dit-elle, ce n'est plus un devoir qu'il accomplit, c'est un plaisir dans lequel il s'est oublié. Je vous l'ai dit, de tous les malheurs, ce malheur est le plus terrible; celui-là n'a pas d'histoire parce qu'il n'a pas d'événements, ce n'est pas une ruine qui fait disparaître toute une fortune, ce n'est pas un enfant qui meurt, ce n'est pas un désastre qui frappe, écrase et passe : c'est une souffrance de toutes les heures, de toutes les minutes. Je ne vous raconterai pas ce qu'on appelle un malheur, c'est le malheur éternel qu'il faudrait raconter. Cette existence n'est pas troublée par une de ces maladies violentes et connues qui abattent et tuent ou se guérissent; elle est dévorée par une souffrance cachée, insaisissable, sans nom, qui échappe à tous les remèdes; je vous dis que c'est l'enfer et la damnation sur la terre.

— Eh bien ! fit Marc-Antoine, je veux bien admettre qu'ils soient malheureux; mais permettez-moi de prendre votre comparaison. Vous avez assimilé leur malheur à une de ces maladies sourdes et cruelles qui échappent à la médecine. A qui viennent ces maladies? aux gens nerveux, délicats, susceptibles; ces deux personnes ont une névralgie morale, voilà tout : mais, à mon sens, cela tient autant à leur constitution qu'à leur position. Supposez que ce soient de vigoureuses natures, rudes et froides physiquement et moralement, et tous ces coups d'épingle ne se sentiront pas. Tenez, voyez, par exemple, mademoiselle Débora. Quelle étonnante histoire que celle de cette fille ! Oui, certes, elle a été bien malheureuse, elle a souffert et elle a bien payé d'avance le bonheur qui lui est venu ; mais enfin il lui est largement venu.

» Qu'était-elle ? une pauvre fille mendiante, qui chantait au coin des rues, qui tendait la main au sou qu'on lui jetait, plus souvent pour la faire taire que pour la faire chanter ; battue quand elle rentrait le soir sans rapporter la somme demandée par le saltimbanque qui se dit son père ; la nudité, la misère, la faim, le travail excessif, la terreur constante, telle a été sa vie jusqu'au jour où un hasard lui a permis de montrer cette fière intelligence qui se révoltait en elle.

» Ce jour-là elle est montée sur le théâtre, elle y a fait entendre cette voix qu'on méprisait au coin de la borne, et qui a remué d'admiration tous ceux à qui elle a récité les magnifiques musiques de Glück, de Rossini, de Mozart. En peu d'années la gloire est venue, la fortune est venue ; et, pour que rien ne manque au triomphe de cette vanité ambitieuse, les plus beaux et les plus élégants de l'époque sont venus déposer leur amour à ses pieds ; elle a goûté avant de choisir, dit-on, et elle a choisi celui que les plus belles et les plus nobles se disputaient. Cet homme l'adore, il est son esclave, et n'est point comme M. Domen, il n'a pas peur de son amour, il s'en pare, il en fait montre ; et, comme je ne crois pas que la Débora ait appris dans son enfance les délicatesses qui font le malheur de madame de Montès ; comme, dans sa position, l'amour est presque de droit ; comme je ne lui suppose pas de remords pour ses faiblesses, je ne vois pas ce qui peut troubler un bonheur si parfait ; car c'est non-seulement le bonheur, c'est le triomphe, c'est la victoire. Madame de Montès est moins qu'elle n'eût dû être; elle en souffre, je le conçois. Mais cette Débora est plus qu'elle n'a jamais pu le rêver, et, si celle-là n'est pas heureuse, qui le sera ?

— Personne, probablement, répondit le voisin, puisque vous ne l'êtes pas vous-même; car Déborah a son enfer comme madame de Montès.

— Elle est jalouse de son amant ?

— Non.

— Elle est jalouse de ses rivales de l'Opéra?

— Non.

— Elle est peu satisfaite du public?

— Ce n'est pas cela.

— Qu'a-t-elle donc?

— Ah! fit le vieux voisin en se grattant le nez, ceci est difficile à vous faire comprendre.

Puis il continua :

— Êtes-vous artiste d'une façon quelconque?

— Non.

— Avez-vous été autre chose que commis ?

— Non.

— Avez-vous jamais fait quelques dépenses extravagantes ?

— Jamais.

— Voyons, avez-vous quelque ami qui soit riche ou qui mange de l'argent comme s'il l'était?

— Oui.

— Ah! voilà qui est bien ; peut-être vais-je trouver de ce côté la porte par laquelle je veux vous faire pénétrer dans le malheur qui ronge cette vie que vous trouvez si heureuse. Dites-moi, avez-vous jamais fait avec cet ami, qui mange de l'argent, ce qu'on appelle un dîner de grisettes ?

— Certainement, plus d'un, et d'assez bons.

— Voici mon affaire ; car il est impossible que ceci ne

vous soit point arrivé. La grisette que vous avez menée au Rocher de Cancale ou chez Douix a commandé le dîner ; elle a consulté d'abord la carte par le côté droit, c'est-à-dire par la colonne des chiffres, et elle a demandé, non pas ce qu'elle aimait, mais ce qui lui a paru devoir être le meilleur parce que c'était le plus cher ?

— Sans doute, cela m'est arrivé, et je n'oublierai jamais de ma vie un dîner de cet hiver, composé de quinze francs de radis, de soixante francs d'asperges et de quarante-cinq francs de fraises avec un faisan et un homard.

— C'était tout ?

— Ah ! ma foi, je ne me rappelle pas tous les accessoires et les vins, et les liqueurs ; enfin cela monta, pour quatre, à cent écus.

— Comment, et dans ce somptueux dîner il ne s'est pas trouvé un petit article bizarre en désaccord avec le reste ?

— Si, pardieu ! et même quelque chose d'assez plaisant. Imaginez-vous que nos deux grisettes, après avoir goûté à toutes ces excellentes choses, ont fini par demander un morceau de petit-salé avec des choux.

— Allons donc, nous y voilà ! Eh bien ! mon cher voisin, cette belle et célèbre Débora est dans la position de vos grisettes ; sa gloire, sa fortune, son amour, ce sont les asperges, les fraises et le homard de vos deux dîneuses ; avec ces mets elles mourraient de faim, avec ces avantages magnifiques elle meurt d'ennui.

— Ah bah ! fit Marc-Antoine.

Puis il ajouta, en riant par avance de l'esprit qu'il allait faire :

— Mais ne peut-elle pas, comme les grisettes, se donner son petit-salé et ses choux ?

— Ah ! c'est que c'est ici que la différence commence ; c'est ici que se trouve la nuance bizarre, étrange, insaisissable, et cependant profonde, qu'il y a entre Débora et les

9

femmes dont je vous parlais. Ce n'est pas, comme chez madame de Montès, une lutte entre elle et le monde, c'est une lutte entre l'intelligence et l'habitude, un combat entre la nature primitive et la nature acquise.

— Diable ! voilà qui est diablement subtil.

— Écoutez-moi bien : on n'arrive pas au talent, à la puissance, au succès de Débora, sans avoir en soi une intelligence large, féconde, et capable de s'assimiler à toutes les grandes idées.

— Cela est incontestable.

— Mais on n'a pas vécu dans la misère et la pauvreté, dans la mendicité surtout, sans y avoir pris des habitudes d'hypocrisie qui, lorsque le mendiant a cessé sa comédie, se changent en joies pétulantes, grossières, railleuses, et qui crachent sur le bienfaiteur qu'on a surpris par des plaintes jouées.

— Cela se peut.

— Eh bien ! mon cher ami, lorsque Débora est sur les planches, la hauteur de ses idées va de pair avec les idées qu'elle exprime ; elle se plaît à ces jeux du théâtre parce que ce sont franchement des jeux de théâtre, et elle donne au public ce que le public lui demande. Mais, lorsqu'elle a dépouillé la robe de soie et déposé la couronne de reine, elle ne retourne pas à sa liberté de saltimbanque, à ses cris, à ses rires extravagants, elle rentre, malheureusement pour elle, dans une autre comédie. Son salon est ouvert, des hommes élégants l'occupent, des femmes aux manières bien apprises s'y trouvent. La Débora est fière, la Débora vaut à elle seule toutes ces femmes, et elle veut le leur montrer. Après avoir tenu le théâtre en reine, elle tient son salon en grande dame ; elle y cause, elle y flatte, elle y raille... jusqu'au moment où, fatiguée de cette nouvelle scène, de ce nouveau public, elle s'échappe pour courir dans une petite chambre cachée, où la souveraine, qui tenaît tout le monde en respect, se met à crier à son amant qui la suit :

« — Ça m'embête ! »

Il veut faire une remontrance.

Elle se met en fureur, mais non point dans une de ces fureurs polies que l'éducation nous enseigne; elle envoie paître son amant, elle jure, elle sacre, elle casse les meubles, et, si une chambrière importune arrive, elle lui flanque un coup de pied; elle appelle l'homme le plus élégant de France cornichon, de cette même voix qui chante d'or et de diamants; il se désole, elle le met à la porte, et pour peu qu'elle soit montée, elle soupe avec son cocher et trinque avec ses femmes de chambre.

— Impossible !

— Puis vient le lendemain amenant le repentir; car elle l'aime, lui, ou plutôt la partie intelligente de Débora estime et aime l'amour de cet homme. Elle sait bien tout ce qu'il vaut, elle qui a appris, à la plus basse école, le peu que valent les autres, et elle se trouve indigne, ignoble, d'avoir ces souvenirs et ces regrets, et ces retours vers son vilain passé; elle se sent faite pour être tout ce que son amant veut qu'elle devienne; elle le rappelle, elle lui demande pardon et elle recommence sa comédie; elle se refait la femme charmante et distinguée qu'il aime, elle y met toute sa force, tout son amour; elle s'y use encore une fois, le fil casse, et alors les scènes recommencent. Alors elle se sauve; elle laisse son équipage pour monter dans un fiacre; elle erre aux environs des places, et, lorsqu'elle surprend un saltimbanque échangeant avec son compère un coup d'œil qui signale la dupe qu'il vient de faire, et qui montre la pièce blanche qu'il vient de lui escamoter et avec laquelle on boira et on rira à ses dépens; lorsque la Débora voit cela, il prend à la riche et célèbre actrice des regrets farouches; et si jamais il lui arrive de pleurer, c'est à ce moment.

Sur quoi pleure-t-elle? sur sa fortune présente? Quelquefois. Que pleure-t-elle? sa misère? Oui et non. L'ambition, l'intelligence, les désirs élevés, sont d'un côté; c'est pour les satisfaire qu'elle joue sa double comédie. Les habitudes, les turbulents souvenirs, le sang bohème, la licence de la pauvreté, les délires de la joie en haillons sont de l'autre, et c'est ce qui lui fait détester et la fortune qu'elle a acquise, et la gloire qu'elle mérite, et l'amour qu'elle éprouve.

— Vous me permettrez de vous faire observer, voisin, que ce sont là des peines tout à fait imaginaires.

— Vous me permettrez de vous faire observer, mon cher voisin, que vous venez de dire une énorme sottise. Excepté la colique, et la fièvre, et les membres cassés, et la névralgie, tout est à peine imaginaire à ce compte. Sachez donc une chose, c'est qu'on ne souffre réellement que par les idées. Mettez une drôlesse du coin de la rue à la place de madame de Montès, et elle ne souffrira d'aucune des douleurs qui tuent cette pauvre femme. Mettez une fille de portière à la place de Débora, attiédissez cette nature dévorante, et elle n'éprouvera aucun des retours soudains qui la tourmentent, ou bien abaissez la hauteur de son intelligence, et elle retournera à son passé, sans remords, sans regrets, sans jugement cruel contre elle-même. Le malheur est dans la lutte, et il y est si poignant, si actif, qu'il brûle et dessèche cette vie, qu'il la menace, qu'il la tue.

— Eh bien! reprit Riponneau, si, à mon compte, je ne comprends pas le malheur, il me semble qu'au vôtre il n'existe pas de bonheur sur la terre.

— Bien au contraire, il y a les gens qui ne sentent rien, qui n'éprouvent rien, qui n'aiment rien.....

— Et quels sont-ils ?

Le voisin prit une figure sinistre, et répondit avec un mauvais rire :

— Il y a les morts.

Marc-Antoine eut peur, et, comme il se fit un moment de silence presque solennel, ils entendirent, à travers la cloison, comme le bruit d'une chute, puis de longs gémissements étouffés.

— C'est notre voisine ! s'écria Riponneau !

— Oui, fit le voisin en haussant les épaules; elle gémit.

— Mais il se passe quelque chose d'extraordinaire, sentez-vous cette odeur de charbon ?

— Je la connais, répondit le voisin sans se déranger.

— Il y a là un malheur.

— Ce n'est pas mon avis.

— C'est un suicide.

— Vous voyez bien.

— Ah ! courons.

— Laissez-la faire, elle a sans doute, pour agir ainsi, des raisons que nous ne connaissons pas.

Riponneau jeta sur le vieux voisin un regard furieux d'indignation; le vieux voisin haussa encore les épaules et rit au nez de Riponneau. Quant à celui-ci, il courut à la porte de Juana (la voisine s'appelait Juana) et flanqua un coup de pied dans la porte; la porte, en sa qualité de porte de mansarde, se brisa du premier coup, et Riponneau entra dans une atmosphère d'asphyxie qui le suffoqua. Un corps blanc couché sur le carreau frappa ses yeux, il se baissa, le prit dans ses bras, l'emporta dans sa chambre, le déposa sur son lit.

Oh ! que Juana était belle ainsi, quoique déjà ses lèvres fussent presque violettes, quoiqu'une légère écume bordât les coins de sa bouche !

La jeune fille s'était couchée après avoir allumé le réchaud fatal, coiffée de son plus frais bonnet, couverte de son linge le plus fin et le plus blanc, sortant elle-même du bain : elle avait fait de la coquetterie avec la mort, la jolie coquette; et la mort était venue avec avidité poser sa main glacée sur le sein nu de sa belle fiancée; mais, heureusement, Marc-Antoine était arrivé à temps, et il voyait ce front pur et blanc s'animer, ces yeux aux reflets veloutés s'ouvrir et se refermer avec étonnement; il voyait ces lèvres s'agiter pour recevoir l'air pur qu'il lui prodiguait par la porte et les fenêtres; il voyait ce sein se soulever sous les longues aspirations qui ramenaient la vie.

Qu'elle était belle ! Mais, disons-le, à ce premier moment Riponneau ne pensait point à regarder tout cela, si ce n'est pour épier avec anxiété la résurrection de l'infortunée.

Enfin vint un moment où la vie fut tout à fait reprise à ce beau corps. Juana voulut parler, Juana voulut interroger, on lui imposa silence, on lui ordonna le repos; elle voulut se lever et fuir, et ce fut à ce moment qu'elle s'aperçut du désordre où elle avait été surprise, et que, d'elle-même rougissant, et plus belle encore, elle se cacha dans ce lit sur lequel elle avait été déposée.

Alors les larmes vinrent.

Les larmes, cette rosée qui tombe du cœur et qui le laisse un moment tranquille et reposé, comme les flots de pluie qui s'échappent d'un nuage chargé d'orages, et qui rendent un instant au ciel son calme et sa transparence, jusqu'au moment où le soleil reprend cette pluie pour en faire un nouvel orage, comme le cœur rappelle ses larmes pour de nouveaux désespoirs.

C'était là de la poésie du voisin pendant qu'il regardait s'endormir Juana épuisée de fatigue et de pleurs. Riponeau la regardait aussi, mais non point comme il la voyait maintenant, emmaillotée de ses draps par-dessus son bonnet, mais comme il l'avait vue au moment où il ne la regardait pas, quand elle était étendue sur son lit *dans le simple appareil*..... (vous savez l'autre vers); et ce souvenir lui revenant si vif, si charmant, si délicieux, que, malgré l'ennui qu'il avait éprouvé à écouter les histoires du voisin, il voulut l'interroger sur celle de la pauvre fille

— Vous qui connaissez tous les gens de cette maison, lui dit-il, vous devez savoir quelle est cette Juana, et vous devez savoir surtout ce qui l'a poussée à cet acte de désespoir ?

— Ce qu'elle est, fit le voisin en la regardant d'un air dédaigneux, ce qui l'a poussée à se tuer... à quoi bon vous l'apprendre ?

» Ne chantait-elle pas hier encore comme une fauvette, tirant son aiguille joyeusement, et dévalant ses six étages comme un oiseau qui descend du ciel; légère, rieuse, l'air pétillant, la lèvre retroussée, toute pimpante et heureuse? Ce qu'elle est? ce qui l'a poussée à se tuer? c'est encore un de ces drames invisibles qui s'agitent sous l'existence publique de chacun, cuisant et lancinant comme le mal de dents, qui ne se montre pas et qui vous assassine. Vous n'y croiriez pas.

— Ah! fit Riponneau, le résultat est là pour me donner la foi.

— Bah! fit le voisin, vous direz qu'elle est folle.

— Vous me prenez donc pour un imbécile, ou pour un froid égoïste tel que vous? car vous m'avez dit tout à l'heure ces paroles : « Laissez-la faire; » mais vous croyiez que c'était une plaisanterie que ces plaintes que nous entendions, n'est-ce pas?

— Pas le moins du monde, seulement j'étais sage pour elle... et peut-être pour vous.

— Pour moi! dit Riponneau, que voulez-vous dire?

L'œil du voisin s'illumina d'une flamme qui sembla traverser la chambre, le mur, et aller se perdre au loin dans l'espace, et il repartit froidement :

— L'avenir vous répondra pour moi. Maintenant, voici en peu de mots ce que vous voulez savoir :

» Cette Juana est la fille d'un ouvrier imprimeur en toiles peintes; c'est le septième enfant d'une nombreuse famille, septième enfant arrivé près de dix ans après tous les autres, septième enfant, par conséquent, fort mal accueilli des grands et des petits, du père et de la mère.

» Mon jeune ami, reprit le voisin, rien n'est saint, et sacré, et beau, et respectable comme l'amour maternel, et l'amour paternel, et l'amour fraternel ; mais c'est précisément parce que ces sentiments sont les plus puissants de la nature, que, lorsqu'on les brise, on devient tout à fait cruel et méchant. C'est le navire retenu par un triple câble en fer; quand l'effort des vents est assez violent pour que le câble casse, le navire fuit au delà de toute route suivie.

» Ce que cette enfant a eu à souffrir des duretés de sa famille vous ferait saigner le cœur : la privation de nourriture et de vêtements, le froid, la faim, on lui a tout infligé. Vous la voyez belle et grande, et de cette ample beauté qui annonce le développement de toutes les forces de la jeunesse, eh bien ! tout cela a été maigreur, marasme, dos voûté, poitrine étroite, voix haletante. Dix ans se sont ainsi passés sans qu'elle ait déchargé sa famille du fardeau inutile qui lui était venu.

» Enfin, une sœur de la mère eut pitié de cette enfant et la prit pour la nourrir. C'était la femme d'un riche boucher, corpulente, criarde, forte en gros mots. Juana gagna, à cette nouvelle existence, tout ce qu'on peut tirer du filet de bœuf et des bonnes côtelettes de mouton, c'est-à-dire le développement d'une riche nature physique; mais ce qui est l'aliment de l'âme, la nourriture de l'esprit, voilà ce qui lui a encore plus manqué que dans sa famille. Il n'y avait pour elle d'autres paroles que celles qui lui reprochaient, je ne dirai pas le pain; mais la chair qu'elle mangeait ; et remarquez, voisin, que cette fille était née avec toutes les bonnes dispositions à être reconnaissante. Mais on a fait si bien, qu'on a tué en elle ce sentiment si rare. Elle a pris en haine tout ce qui l'entoure, et elle était arrivée, à quinze ans, à n'avoir qu'un désir, c'est à savoir de se venger de tout le monde. Ce fut il y a un an, elle avait alors dix-huit ans, que la mort de sa tante lui rendit la liberté.

» Parmi les mauvaises leçons qu'elle avait reçues chez sa tante, Juana avait profité de celle que lui donnait la déplorable position de son oncle. Voulez-vous la savoir? voulez-vous savoir comment cet homme (et il y en a mille à Paris comme lui) ayant toutes les apparences de la prospérité commerciale et du bonheur intérieur, était le plus misérable des hommes? Soit imprudence, soit plutôt prodigalité pour satisfaire les désirs luxueux de sa femme, il avait compromis sa fortune. Il était à deux pas de sa ruine, lorsqu'un ami se présente, un honnête marchand de bœufs; il veut venir au secours de l'oncle de Juana; il lui propose des fonds, lui en prête sur billets garantis par une cession de bien, et tout ce que l'usure peut imaginer de bonnes précautions. Notre boucher, dont on prédisait la ruine, triomphe et peut donner un soufflet à ceux qui le dénonçaient déjà au commerce comme perdu; en conséquence, il double ses dépenses pour l'épouse adorée qui l'avait déjà si profondément entamé.

» Le prêteur applaudit. Voilà qui est bon.

» Les échéances arrivent, impossible de payer ; et, avec la certitude de cette impossibilité, une plus horrible certitude, c'est que la bouchère a acquitté de sa personne la complaisance avec laquelle le prêteur renouvelle ses libéralités usuraires.

» Jusque-là, on avait été prudent, discret, soumis. Maintenant, on parle haut, on raille, on insulte : en effet, le mari est entre la ruine imminente et la froide acceptation de son déshonneur ; il préférera la ruine, mais il a des enfants qui mourront de faim, et une fille que le déshonneur de sa mère déshonorera. D'ailleurs, s'il ose élever une plainte, la réponse est toute prête : c'est un débiteur qui calomnie son créancier. Quel rôle prendre ? celui qui, du moins, sauve à la fois la fortune et les apparences. Il se fait l'ami de son marchand de bœufs ; il le convie et joue la confiance, le bonheur, la gaieté. Et ses voisins disent :

« Il ne sait rien, donc il n'y a rien pour lui. C'est du bonheur » Oh! non, voisin, c'est d'abord un tourment muet, puis, lorsque l'outrecuidance des coupables passe toutes les bornes, il éclate dans le mystère de son ménage, il tempête, il crie. Mais la femme, implacable et sûre de son pouvoir, lui répond froidement :

« — Mais, mon Dieu! mets-le à la porte, je ne demande pas mieux. »

» Chasser l'homme qui tient son existence et son honneur dans ses mains, non pas seulement son existence, mais celle de ses enfants, il ne le peut pas, et il reprend sa chaîne honteuse, la rage au cœur. Mais qui sait cela ? Personne du dehors, car le boucher a sa vanité, il aime mieux passer pour un sot que pour un lâche. Personne ne se doute de ce qu'il souffre, excepté les siens ; et, parmi les siens, Juana.

» Que pouvait-elle rapporter de cette leçon ? ce qui devait nécessairement germer dans un esprit si mal préparé, cette idée qu'avec de l'argent on a tout, même le droit de manquer à tous les devoirs. Aussi, dès qu'elle a été libre, à quoi a-t-elle aspiré ? à être riche. Elle avait trop vécu de calcul pour ne pas bien calculer ? elle ne s'est pas pressée ; elle a attendu une bonne occasion, et elle n'a écouté de propositions que celles qu'accompagnait une grande fortune assurée par un mariage.

» A-t-elle été assez imprudente pour se fier à des promesses, et, maintenant, n'a-t-elle plus rien à donner à celui qui ne veut plus rien rendre? ou bien n'a-t-elle pas eu assez d'habileté ou assez de charmes pour pousser, par ses rigueurs, celui qui l'aime jusqu'au mariage? C'est ce que j'ignore; mais la vérité, c'est qu'il se marie dans huit jours... »

Le voisin n'avait pas achevé, qu'un vieux monsieur, vénérable d'habit, de perruque et de ruban rouge, entre et demande Juana. Quelle surprise! c'est l'un des plus riches financiers de la France administrative, un receveur général qui vaut mieux qu'un banquier, et demande mademoiselle Juana... On la lui montre dormant, après lui avoir dit ce qui s'est passé.

Le financier prie qu'on l'éveille et qu'on les laisse seuls. Le voisin se retire, et Marc-Antoine, pensant qu'il est chez lui, désire rester; il a peur que la belle Juana ne s'envole pendant son absence. Seulement il promet d'écouter le moins qu'il pourra, avec l'intention farouche de tout entendre. Le vieillard s'approche du lit, et voici au juste ce que recueille Riponneau :

« — Vous avez écrit à ma fille une lettre pour lui dire que M. de Belmont, son futur, la trompait; qu'il vous aimait, qu'il vous avait promis de vous épouser... »

La voix s'éteignit dans un murmure où les paroles échappèrent à Riponneau. Un moment après la voix reprit :

« — Vous avez failli tuer ma fille : elle est au lit, mourante, désolée, et ne veut plus entendre parler de ce mariage.

» — C'est ma vengeance, monsieur, dit Juana.

» — Mais cette vengeance frappe des gens qui ne vous ont fait aucun mal, n'est-ce pas? Je veux ce mariage, j'en ai besoin, mais ma fille n'y consentira qu'autant que la même main qui lui a écrit cette lettre infâme lui en écrira une nouvelle, en lui déclarant que c'est une invention par laquelle on a voulu nuire à M. de Belmont...

« — Jamais? » s'écrie Juana d'une voix résolue.

Le vieillard marmotta.

« — Jamais! fit Juana d'une voix plus douce... »

Le vieillard marmotta encore : puis tout à coup, et comme inspiré par une idée soudaine, il regarde Marc-Antoine: et alors le marmottage d'aller, d'aller comme un flux intarissable.

Pendant ce temps Juana laisse échapper quelques *non* de moins en moins formels ; puis elle jette un coup d'œil gracieux sur Riponneau, baisse la tête et finit par se taire. La comédie était faite ; voici comment elle fut jouée.

Le monsieur s'éloigna en disant à Riponneau :

« — Merci, monsieur, des soins que vous avez donnés à cette charmante enfant. Toute notre famille, qui prend intérêt à elle, vous saura gré de votre bonne action, et nous serions heureux de pouvoir vous récompenser en venant au secours des chagrins de Juana. »

Sur cette parole, le vénérable vieillard les laissa ensemble.

Maintenant récapitulons. La pièce avait commencé un lundi ; passons au :

MARDI.

— O Juana ! dit Marc-Antoine, voulez-vous toujours mourir ?

— Je le voulais hier encore, car je ne croyais pas aux cœurs généreux et désintéressés.

— Et vous y croyez maintenant?

— Ne m'avez-vous pas sauvée sans me connaître?

MERCREDI.

— Qu'est cela ? ce n'est rien que de vous sauver la vie ; le bonheur, pour moi, ce serait de la consoler.

JEUDI.

— Il n'y a de consolation, pour les cœurs brisés, que dans les douces affections, et je n'ai point d'amis.
— Je serai le vôtre.
— Je n'ai point de famille.
— Je vous en serai une.

VENDREDI.

— Après ce que j'ai fait pour un autre, vous devez me mépriser.
— Je vous admire et je vous vénère.
— Vous ne m'aimerez jamais.
— Je vous aime déjà comme un fou.
— Comme un fou, vous avez raison ; car où cela vous mènera-t-il ?
— A me consacrer à votre bonheur.

SAMEDI.

— Mon bonheur, il ne sera jamais que dans une union légitime, et vous ne voudrez jamais m'épouser.

DIMANCHE (*après une nuit de réflexion*).

— Quand vous voudrez, mon nom est à vous.

Ce dialogue est composé des derniers mots de huit jours de conversations chacune de quatre heures ; mais quand ce mot fatal et suprême fut dit, ce mot : *Je vous épouserai*, on apprit à Marc-Antoine qu'il aurait une riche dot et la protection du vénérable monsieur qu'il avait vu.

— A mon tour d'être heureux ! s'écrie alors Marc-Antoine, à moi la fortune, la considération, le bonheur!

Et, trois semaines après, il recevait sa nomination à la place de sous-chef, une dot de quarante mille francs et la main de Juana.

Une seule chose attrista ce beau jour : en sortant de la maison, le remise de Riponneau s'accrocha au corbillard blanc qui venait prendre le corps de mademoiselle de Crivelin; et le docteur *Funin*, qui était un des témoins de Juana, fut obligé de quitter le dîner de noces pour se rendre près de Domen, qui s'était manqué en se tirant un coup de pistolet au cœur.

Au dire des convives, Adèle était morte de la poitrine, et Domen avait voulu se tuer parce qu'il n'avait pas été nommé de l'Institut. Une seule voix s'éleva pour contredire ces explications, ce fut celle du voisin, que Riponneau avait invité à la noce, et qui se contenta de dire :

— Non, c'est tout simplement le dénoûment forcé de deux de ces drames invisibles qui fourmillent sous l'épiderme social.

— Qu'est-ce que cela veut dire? s'écria-t-on de tous côtés. Qu'est-ce que c'est qu'un drame invisible ?

— Vous voulez le savoir? dit le voisin. Eh bien, regardez : il y en a un qui commence à cet instant même à côté de nous.

Personne ne comprit, pas même Riponneau.

Mais six mois après, quand sa femme accoucha, et qu'il voulut faire quelques observations, et que sa femme l'appela méchant gratte-papier, et lui prouva que, sans elle, il serait — dans la crotte de sa mansarde ;

Huit jours après cette naissance, quand il obtint de l'avancement et qu'il vit choisir un parrain qu'il ne connaissait pas, qui était le fils du ministre qui le protégeait;

Trois mois après cet avancement, quand, après avoir quitté, soucieux et triste, le trône bureaucratique de cuir vert où ses anciens collègues venaient le saluer humblement, il vit, au détour de l'allée des Veuves, au fond d'un fiacre mal voilé, sa belle Juana et le parrain, fils du ministre ;

Quelques heures après cette rencontre, lorsque, rentré chez lui, il voulut faire du bruit, et qu'on le menaça de se jeter par la fenêtre ;

Longtemps après, lorsqu'il vit, à mesure que sa considération augmentait au dehors par l'ardeur qu'il mettait à remplir ses devoirs, diminuer sa considération dans son intérieur ;

Quelques années plus tard, lorsque sa femme, forte de la misère à laquelle elle l'avait arraché et du fol amour qu'il avait gardé pour elle, tourna contre lui les mépris de ses domestiques, le rendit ridicule à ses enfants, sacrifia les légitimes au premier-né, foula tout respect aux pieds, alors Marc-Antoine Riponneau, arrivé à trente-six ans chef de division, maître des requêtes, décoré de la Légion d'honneur, honoré pour sa probité et sa capacité, cité comme un des heureux du siècle, car il couvrait de tous ses efforts le scandale de sa maison, Riponneau, dis-je, finit par comprendre ce que le voisin avait voulu dire en parlant, le jour de son mariage, du drame invisible qui commençait.

Aux gens qui souffrent viennent les idées les plus bizarres ; il alla vers son ancienne maison, où il avait tant trépigné, tant frappé du poing le long des murs. Il monta au sixième qu'il avait habité, il s'arrêta devant la porte de cette chambre où il s'était trouvé si malheureux, et se mit à pleurer son malheur d'autrefois ; il ne regarda pas celle de Juana, et il arriva à la porte de son vieux voisin : c'était là qu'il allait.

Il frappa : une tête blonde et rose lui ouvrit :

— Que demandez-vous, monsieur ?

— Un vieux monsieur qui habitait ici il y a quelques années.

— Comment se nommait-il?

— Je ne sais pas, mais il était copiste, je crois.

Une jeune femme parut, belle et triste.

— Ah ! je sais de qui vous voulez parler, monsieur, un vieillard chauve...

Elle le dépeignit à ne pouvoir le méconnaître.

— Savez-vous où je pourrais le trouver ?

— Attendez, monsieur, je vais vous le dire, car il change souvent d'adresse, mais il a soin d'envoyer ici toujours la dernière.

Pendant que la jeune et belle femme cherchait, une voix rauque sortit de l'alcôve.

— Qu'est-ce qu'il y a, Manon?

— Un monsieur qui vient chercher l'adresse du vieux locataire...

— C'est votre mari? dit Riponneau avec dégoût.

— Oui, monsieur ; il est un peu malade.

Le gueux était ivre-mort.

— Voici cette adresse, monsieur.

— Mais, bonne dame, fit Riponneau, vous ne me semblez pas heureuse ?

Et il montra le mari de l'œil.

— Permettez-moi de vous remercier de votre complaisance.

Cela dit, il lui offrit deux louis.

— Merci, monsieur, lui dit la jeune femme, mon mari est un bon ouvrier, qui travaille beaucoup... quand il ne souffre pas... merci...

Riponneau jeta un coup d'œil dans la chambre: c'était la misère, et la hideuse misère partie de l'aisance; un lit était resté, il était d'acajou ; une table, elle était élégante ; des chaises, elles avaient appartenu à un salon.

Il laissa dix louis dans les mains de l'enfant, et s'en alla en disant :

— Encore un de ces drames invisibles sur lesquels le dévouement, la pitié, le labeur de cette noble pauvre femme jette un voile que personne que moi n'a peut-être soulevé.

MARGUERITE LAMBRUN

Les discussions des journaux sur l'amnistie de 1836 nous ont déterminé à publier le récit qui va suivre.

Si l'on veut se rappeler tout ce qui a été dit pour et contre cette mesure, si l'on veut surtout se remettre en mémoire avec quel mépris superbe certains journaux ont traité la proposition d'une grâce sans condition; si l'on n'a pas oublié que cette idée leur a paru une de ces nouveautés folles et monstrueuses que des esprits ignorants ou anarchiques ont pu seuls mettre en avant, peut-être trouvera-t-on quelque à-propos dans cette anecdote, peut-être se convaincra-t-on qu'à deux cent cinquante ans de date les mêmes circonstances ont produit les mêmes pensées, sinon les mêmes résultats.

C'était en 1587, dans une misérable maison de Church-Hill, à Londres; sur un grabat placé dans le coin d'une chambre étroite et pauvre, un homme se mourait. Au milieu des dernières convulsions de son agonie, cet homme se leva sur son séant, et, regardant au pied de son lit comme si quelque chose d'extraordinaire s'y était montré, il appela à voix basse une femme agenouillée devant un crucifix.

— Marguerite, Marguerite, dit-il, voilà les deux comtes de Shrewsbury et de Kent qui arrivent; empêche-les de pénétrer jusqu'à la reine; ils viennent lui apporter sa condamnation.

A ces paroles, Marguerite Lambrun, qui avait été l'une des suivantes de l'infortunée Marie-Stuart, s'approcha du lit où se trouvait son mari; elle remarqua l'éclat extraordinaire de ses yeux si ternes un moment auparavant, et reprit un espoir qu'elle avait perdu depuis longtemps; mais à peine fut-elle près de lui qu'il continua :

— Marguerite, tu n'as pas fait ce que je t'avais dit : les deux comtes ont vu la reine, et la voilà qui se prépare à mourir; mais puisqu'il faut qu'elle meure, ferme la porte pour que nul ne vienne troubler ses dernières prières.

Marguerite se pencha vers son mari, et, voulant lui épargner les tortures d'une si funeste vision, elle lui plaça la main devant les yeux, espérant détourner ainsi son attention; mais ce n'était pas hors de lui-même que le mourant voyait l'horrible scène, et il ajouta avec colère :

— Marguerite, Marguerite, tu n'as pas fait ce que je t'ai dit, et voilà le doyen de Peterborow et le comte de Kent qui viennent tourmenter l'âme avant que le bourreau s'empare du corps. Vois-tu le comte qui veut arracher le Christ des mains de la victime? entends-tu l'hérétique qui maudit l'âme de la sainte?

Marguerite recula, car son mari désignait du doigt les personnages dont il parlait lui comme s'il les eût vus à travers la main qui voilait les yeux. En même temps un singulier étonnement se mêla au désespoir sur le visage de la malheureuse femme.

— Ah! s'écria soudainement le moribond, personne n'a tenu parole; Babington ne vient point comme il l'avait promis; c'est le bourreau qui entre. Marguerite, il a laissé sa hache derrière la porte; va la cacher bien loin pour qu'il ne puisse la retrouver quand viendra le moment fatal.

Marguerite recula encore à cette nouvelle parole de son mari, qui reprit après un assez long silence :

— Marguerite, tu n'as pas fait ce que je t'ai dit, il a retrouvé sa hache, et la tête de la reine est sur le billot...

Il s'arrêta, et un frémissement convulsif l'ayant saisi, il s'écria :

— Sauve la reine ! sauve la reine ! il a frappé un coup, et la tête n'a pas été abattue.

Il s'arrêta de nouveau, et son regard se baissa rapidement comme s'il suivait l'instrument du supplice ; alors sa figure se contracta horriblement, ses mains s'attachèrent à la muraille et en arrachèrent une épée et des pistolets qui s'y trouvaient suspendus ; alors, les tendant à sa femme, qui les prit par un mouvement machinal, il s'écria d'une voix furieuse :

— Marguerite, tu n'as pas fait ce que je t'ai dit, et la tête est tombée. Jure-moi maintenant de faire ce que je vais t'ordonner ; tiens, prends mes armes... tue..., tue le bourreau qui a frappé le second coup ; car un autre bourreau est entré pendant que tu cachais ton visage sur la muraille ; et ce bourreau, c'est Elisabeth.

A cette parole, le malheureux serviteur de Marie Stuart retomba mort sur le lit, où il souffrait depuis un mois, si toutefois on souffre quand la raison est absente ; car, il faut le dire, ce qui avait prêté à cette scène un caractère encore plus terrible, c'est que le jour même où Marie Stuart avait été condamnée, Lambrun était tombé dans un tel état de folie, qu'il ne comprenait plus rien de ce qui arrivait autour de lui, et qu'on avait dû l'enfermer dans une chambre éloignée de l'appartement de la reine. Il n'avait donc pas été témoin de l'exécution ; il ne s'était pas même aperçu qu'on lui avait rendu la liberté ainsi qu'à sa femme, et, jusqu'à cette heure suprême, aucune parole, n'avait pu faire soupçonner qu'il eût la moindre connaissance de ce qui s'était passé.

On doit donc comprendre la stupéfaction de Marguerite en entendant son mari préciser des circonstances qu'un pourvoir surhumain avait pu seul lui révéler dans le misérable état où il se trouvait.

Cependant, entre ces circonstances réelles et l'apparition d'Elisabeth en bourreau, apparition enfantée par un mourant en délire, il y avait un ordre d'idées infranchissable ; mais si l'on considère que cette scène s'adressait à un esprit exalté à la fois par le désespoir, par la prière et par l'aspect de deux morts si extraordinaires, on peut comprendre que les faits réels et les faits imaginaires s'y confondissent facilement dans une même pensée. Non point que nous voulions dire que Marguerite crût à la réalité du rôle que son mari attribuait à Elisabeth ; mais du moment que Marguerite put supposer par une raison probable qu'une révélation divine avait appris à son mari des détails qu'il devait humainement ignorer, elle pensa que la vision céleste avait de même voulu véritablement désigner Elisabeth comme le bourreau de Marie, en la montrant au moribond frappant elle-même de la hache; et elle ne douta pas que son époux n'eût été l'organe du ciel en lui recommandant le meurtre d'Elisabeth et en lui remettant les armes avec lesquelles elle devait l'exécuter.

Ce fut là sans doute le sujet de la longue méditation de Marguerite Lambrun, après la mort de son mari, méditation si profonde qu'elle dura plusieurs heures, pendant lesquelles elle garda entre ses mains les armes qu'elle avait reçues du mourant, sans faire un mouvement ni changer de position. Ce dut être aussi la pensée que son époux lui avait légué un fatal devoir à remplir qui la sauva du désespoir plein de larmes qui éclate au moment où arrive une mort, qu'on a quelquefois prévue, mais dont l'aspect n'en est pas moins déchirant.

Ainsi Marguerite Lambrun enveloppa elle-même et d'une main ferme le cadavre de son époux dans le suaire des morts; elle présida à ses funérailles, et abandonna la misérable maison qu'elle occupait après avoir fait argent des meubles et des bijoux qu'elle possédait, sans qu'aucun signe eût trahi la douleur qu'on eût dû lui supposer.

A partir de ce jour, personne ne put dire ce qu'était devenue Marguerite Lambrun, car personne ne la reconnut sous l'habit d'homme qu'elle portait et sous le nom d'Antoine Sparch qu'elle avait pris. En effet, Antoine Sparch, depuis quelques mois qu'il habitait les abords de Saint-James, passait pour un jeune gentilhomme écossais venu à Londres pour tenter la fortune, et l'assiduité avec laquelle il cherchait à s'approcher d'Elisabeth toutes les fois qu'elle sortait, donnait lieu de croire qu'il espérait attirer les regards de la reine sur son beau visage et sur sa taille élégante. Mais, disait-on, le temps était passé où la reine aimait à récompenser par une faveur royale l'admiration amoureuse qu'on semblait éprouver pour sa personne, et on conseillait à Antoine Sparch de chercher d'autres moyens de réussir.

— Non, non, répondait Sparch, si jamais je puis approcher la reine d'assez près pour que personne ne se trouve entre elle et moi, je suis sûr d'avoir d'elle ce que je veux.

Plusieurs mois se passèrent ainsi, lorsqu'un matin, la reine étant descendue d'assez bonne heure dans le parc pour que la foule n'exigeât pas une surveillance très-active, Antoine Sparch put franchir la ligne de soldats qui accompagnait la promenade royale. Un garde se prêta même au passage de Sparch, en disant à l'un de ses camarades :

— Tiens ! voilà ce petit gentilhomme écossais qui suit la

reine depuis si longtemps sans pouvoir lui demander la faveur qu'il en espère. Détourne-toi un peu, fais semblant de ne pas le voir, pour que le pauvre diable lui remette le placet qui commence probablement à moisir dans sa poche.

En disant ces paroles, il suivit du regard ce jeune homme qui avançait rapidement vers Elisabeth ; mais au moment où il pensait que l'obstiné solliciteur cherchait quelques papiers sous son manteau, il vit avec épouvante tomber un pistolet à ses pieds, et entendit une violente détonation.

Le second pistolet était parti dans la main tremblante du meurtrier pendant qu'il cherchait à l'armer.

On se précipita sur lui au moment où il ramassait celle de ses armes qu'il avait laissée tomber, et on la lui arracha.

— C'est inutile, dit Antoine Sparch, celui-ci était pour moi.

Cependant Elisabeth était rentrée dans son palais sans qu'aucune altération se fût montrée sur son visage. Elle adressa quelques questions à ses officiers sur l'assassin, sur son nom, sur sa personne ; et ayant appris que c'était un jeune homme d'un visage doux et d'une stature frêle, elle fut curieuse de le voir. Elle le fit donc venir devant elle, malgré les représentations de Walsingham, son plus habile ministre. Dès que le meurtrier fut en présence de la reine, celle-ci lui dit :

— Tu as déclaré à nos officiers être un gentilhomme écossais et te nommer Antoine Sparch ?

— Madame, répondit le coupable, je ne suis pas un gentilhomme écossais ; je suis une femme. Je ne me nomme point Antoine Sparch ; je m'appelle Marguerite Lambrun.

— Bonté divine ! s'écria Elisabeth, une femme ! une femme assassin !

— C'est extraordinaire, en effet, repartit Marguerite ; mais sans doute Dieu l'a voulu ainsi : le bourreau a été une femme, la victime une femme et le vengeur devait être une femme.

Elisabeth demeura fort étonnée de cette réponse; mais lorsque Marguerite Lambrun lui eut expliqué qu'elle avait été longtemps au service de Marie Stuart; lorsqu'elle lui eut rappelé la mort de son infortunée maîtresse et qu'elle eut raconté la terrible agonie de son mari, le front d'Elisabeth devint plus pensif qu'irité; elle s'approcha de Marguerite et lui dit, avec un accent de tristesse :

— Ainsi, en m'assassinant, vous avez cru faire votre devoir envers votre reine et votre mari. Mais, dites-moi, que pensez-vous que soit aujourd'hui le mien à votre égard?

Marguerite demeura un instant silencieuse, puis elle ajouta :

— Pour que je vous réponde, il faut que je sache à quel titre vous m'interrogez : est-ce en qualité de reine ou de juge?

— C'est en qualité de reine, répliqua fièrement Elisabeth.

— En ce cas, répondit froidement Marguerite, votre majesté doit me faire grâce.

Les courtisans qui entouraient Elisabeth sourirent de mépris et d'indignation, et Walsingham voulut faire emmener la coupable; mais un geste de la reine prévint cet ordre, et Elisabeth, s'adressant de nouveau à Marguerite Lambrun, lui dit avec une douceur extraordinaire en un pareil moment :

— Mais si je vous fais grâce, quelle assurance me donnerez-vous que vous n'en abuserez pas et que vous n'entreprendrez pas une seconde fois une action semblable, dans quelque autre occasion?

— Madame, repartit Marguerite avec fierté, la grâce qu'on veut accorder avec tant de précaution n'est plus une grâce; et ainsi vous pouvez agir envers moi comme juge.

Tous les courtisans et quelques ministres, accourus

près de la reine, firent éclater leurs murmures à cette imprudente réponse, disant qu'il fallait envoyer au supplice la misérable qui, non contente de son crime, osait encore braver la reine. Mais Elisabeth se retourna de leur côté, en leur jetant un de ces regards hautains qui imposaient silence aux plus hardis, et s'écria avec un accent d'ironie très-marqué :

— Il y a trente ans que je suis reine, messieurs, mais je ne me souviens pas d'avoir trouvé jamais un ministre qui m'ait donné une pareille leçon, ni dit une si rude vérité.

Puis, sans vouloir entendre les remontrances de ses ministres et particulièrement les observations du président de son conseil, qui voulaient absolument faire punir Marguerite Lambrun, elle lui accorda sa grâce entière et sans condition. Il lui fallut aller plus loin, et protéger la coupable contre le zèle de ses ministres, en la faisant conduire, sur sa demande, hors du territoire du royaume, et en ne l'abandonnant que lorsqu'elle fut en sûreté.

Après ce que nous avons dit plus haut, si l'on pensait que cette histoire a été imaginée à plaisir, si l'on venait à supposer que les réponses de Marguerite Lambrun ont été arrangées pour servir de leçon aux circonstances actuelles, si le refus de cette grâce conditionnelle était révoqué en doute, si l'on ne voulait pas croire à l'opposition que la reine trouva particulièrement dans le président de son conseil, enfin si l'on s'étonnait de cette expression de *grâce entière et sans condition*, nous pourrions prouver à qui le voudrait que nous avons raconté la vérité et rapporté fidèlement les faits et les paroles, et nous montrerions ainsi que, depuis longtemps, les grands caractères et les esprits élevés comprenaient le droit de grâce et la générosité autrement qu'on ne les exercerait en France, si toutefois on les exerçait.

L'ART DE DIRE NON

On fait d'énormes traités sur une foule de graves questions, sur l'immortalité de l'âme et sur la dentition des poules, sur la perfectibilité humaine et sur l'amélioration des coquelicots; il n'est point de science, d'art ou de métier qui n'ait sa bibliothèque de traités spéciaux; depuis l'astronomie qui mesure presque l'infini, jusqu'aux comptes d'intérêts, autre espèce d'infini tout à fait incommensurable; depuis l'art de prendre les villes jusqu'à l'art de pêcher les goujons; depuis le métier de diplomate jusqu'à celui de taupier; il y a des traités sur la meilleure manière de gouverner les peuples et de tondre les moutons; des traités qui enseignent à faire de grands hommes avec des petits enfants, et des anguilles avec de la farine; des traités qui démontrent jusqu'à l'évidence la nécessité du numéraire dans un État, et des traités qui prouvent invinciblement son inutilité; nous avons des traités sur la poésie épique et sur les chansons, sur l'histoire et sur les contes de revenants, sur le style et sur l'écriture, sur la joie que procure le travail et sur le bonheur que donne la paresse; il existe enfin des traités sur toutes choses au monde, excepté sur la chose du monde la plus usuelle et par conséquent la plus importante.

Cette chose si usuelle, et par conséquent si importante, ne tient pourtant pas essentiellement aux règles générales par lesquelles les moralistes prétendent régenter la vie humaine. Ainsi, l'on peut faire un sage emploi de sa fortune et de son temps, cette seconde fortune; on peut être bon citoyen, ce qui est facile ; bon mari, ce qui est si malaisé; bon fils, ce qui est si rare ; bon père, ce qui est si commun; on peut avoir toutes les vertus que la mort fait pousser sur la tombe, et dont les héritiers font inscrire sur la pierre tumulaire une nomenclature en proportion assez exacte avec les rôles de l'inventaire estimatif de l'héritage ; on peut, dis-je, être doué par le ciel de toutes les qualités estimables, et cependant éprouver tous les insuccès et toutes les infortunes possibles.

Je vais plus loin, et je dis qu'on peut être encore mieux partagé par le sort pour réussir, c'est-à-dire qu'on peut avoir toutes les mauvaises passions et tous les vices aimables, et cependant n'arriver à rien. Que manque-t-il donc à ces existences pour être complètes? Il leur manque : 1º l'art de dire non ; 2º l'art de dire oui; 3º l'art de ne dire ni oui ni non, ce qui est bien différent de dire oui et non, car ne dire ni oui ni non, c'est de l'adresse, de la prudence, de la fermeté ; dire oui et non, c'est de la gaucherie, de l'imprévoyance, de la faiblesse. Richelieu ne disait ni oui ni non à personne ; Louis XIII disait oui et non à tout le monde.

Cette distinction entre le *ni oui ni non* et le *oui et non* étant bien établie, je reprends et je pose en principe absolu que savoir dire non, savoir dire oui, et savoir ne dire ni oui ni non, est la science la plus nécessaire à l'homme, et la seule cependant sur laquelle on n'ait point fait encore de traité complet.

En effet, qu'est-ce que la vie? Pour quelques êtres privilégiés, pour les hommes de génie et les voleurs, c'est prendre; pour la masse, c'est accepter, refuser et temporiser. Comme je n'ai aucun droit à écrire pour le génie, ni aucune prétention à écrire pour les voleurs, j'adresse donc à la masse seulement ces observations succinctes, en attendant qu'un plus habile en fasse un véritable code.

DE L'ART DE DIRE NON.

Si l'art de dire non est utile au petit, il est à peu près indispensable au puissant, car c'est celui qui a le plus d'occasions de refuser. J'appelle puissant tout homme qui tient dans ses mains l'objet des désirs d'un autre homme. A ce compte, les ministres et les usuriers sont les agents les plus puissants du monde. Assurément rien n'est plus facile que de refuser à un homme une place ou de l'argent, en se faisant un ennemi de cet homme; mais le refuser en le laissant persuadé de sa bonne volonté, voilà où l'art commence, où l'homme habile se montre.

Cependant cet art, comme tout autre, a ses vulgarités et ses adresses de premier ordre.

Ainsi, un ministre étant donné (remarquez que je ne spécifie aucun temps ni aucun pays, et que je ne restreins point l'application de ma théorie à une situation particulière), ainsi donc un ministre étant donné, et une place dépendante de lui se trouvant vacante, il résulte immédiatement de ce fait cinquante, cent ou deux cents prétendants à ladite place. Admettons une moyenne de cent, pour ne pas épouvanter les hommes d'État à qui prendrait la fantaisie de suivre nos leçons. Cette liste de candidats se divise naturellement en trois catégories : la première et la plus nombreuse est celle des mendiants d'un ministère; la seconde est celle des gens recommandés par des hommes influents; la troisième, celle des gens qui se recommandent par eux-mêmes. La première est une race d'hommes pour qui toute place vacante est une occasion de tendre la main. On peut fort bien ne pas répondre à la pétition inamovible qu'ils envoient au ministre ; mais il nous semble convenable qu'un expéditionnaire leur distribue l'aumône suivante, qui consiste en une lettre sous enveloppe, portant le timbre ministériel, et dans laquelle il est dit :

« Monsieur,

» J'ai fait prendre note de la demande que vous m'avez adressée ; je me la ferai représenter, s'il y a lieu. »

Cette lettre et son enveloppe deviennent, dans les mains du solliciteur, un titre qu'il montre avec orgueil, et auquel il croit. Lorsqu'à force d'importunité il en a réuni deux douzaines, cet homme les enferme dans un portefeuille crasseux qu'il porte toujours dans la poche de côté de son habit ; il arrive qu'au bout d'un certain temps, le solliciteur se fait victime, et dit solennellement à sa portière, en montrant la liasse de lettres et d'enveloppes dont il a été gratifié :

— C'est avec de pareils titres qu'on me refuse une place. Hélas ! hélas ! il n'y a que l'intrigue qui réussisse.

Le plus souvent on mène ainsi le malheureux d'espérances en espérances, et d'enveloppe en enveloppe, jusqu'à la tombe où il descend en murmurant sur la couche fatale :

— Je crois que le ministère aurait fini par me rendre justice.

Cette manière de procéder est pauvre ; elle ravale à un usage infime le grand art de ne dire ni oui ni non ; elle joue sans pitié avec des existences misérables qui doivent nécessairement périr à la peine. Et, dans ce cas, je conseillerais le non dans toute sa crudité et dans toute son étendue, si je n'avais découvert, dans mes nombreuses recherches, une manière de procéder qui, en raison de la qualité des solliciteurs, ne manque point d'une certaine adresse, et qui, du moins, a le mérite d'être polie. C'est encore une lettre qui en fait les frais. Voici comment elle est conçue :

« Monsieur, par une décision à laquelle je dois me conformer, il a été arrêté qu'à l'avenir il ne serait accordé d'emploi salarié qu'aux personnes qui font déjà partie de l'administration. C'est donc avec regret que je me vois forcé de vous renvoyer votre demande, etc. »

Tout l'esprit de ce refus est dans le mot *il*, qui ne désigne personne, et dans les mots *emploi salarié*, qui vous débarrassent de cinquante solliciteurs, sur soixante qui composent la catégorie du mendiant ministériel.

La seconde catégorie renferme, comme nous l'avons dit, celle des gens puissamment recommandés. Nous ne parlons pas ici des recommandations par apostille, espèce de fausse lettre de change signée de noms honorables qui savent cependant qu'elle ne sera point acquittée, et au moyen de laquelle on paye quelquefois un service rendu; nous voulons parler de la recommandation chaude, pressante, personnelle ; dans ce cas, et s'il peut y avoir danger à refuser les protecteurs, il n'y a pas à hésiter, il est nécessaire que le protégé soit sacrifié. Il faut alors mettre en avant les questions mystérieuses et les réticences obstinées.

— Connaissez-vous votre protégé depuis longtemps ?
— Depuis très-longtemps.
— Mais vous l'avez perdu de vue quelquefois ?
— Rarement.
— J'en étais sûr.
— Qu'est-ce à dire !
— Sauriez-vous ?

— Écoutez, je n'ai rien à vous refuser; mais vous me permettrez de dire que c'est à votre sollicitation expresse que j'ai nommé cet homme.

— J'oserais en répondre.

— C'est tout ce que je vous demande, quoique également parlant je sois seul responsable de mes actes... Mais enfin pour vous, et si vous en acceptez la garantie morale...

— Expliquez-vous plus clairement.

— Je n'en ai pas le droit, et je ne voudrais pas...

Voici une suspension embarrassée, et, si le protecteur insiste, alors une offre bien directe et bien impossible.

— Voulez-vous cette place pour votre fils, votre gendre, votre neveu?

— Non, certes; ce n'est pas là ce qu'ils ambitionnent.

— Je sais bien; mais je voudrais vous montrer ma bonne volonté; je voudrais que vous eussiez à me demander autre chose... quelque chose de sérieux... de digne de vous.

— Cela pourra venir.

— J'y compte, et alors nous nous entendrons tout à fait.

— Ainsi, vous ne pouvez rien pour mon protégé d'aujourd'hui?

— Non, vraiment, non; vous en seriez fâché vous-même plus tard; tenez, je crois que j'ai déjà commencé à vous rendre un bon office en vous refusant.

— Adieu.

— Adieu.

Mettez à cette conversation un peu de bonhomie, d'air souriant, et le protecteur se retire ravi, et vous proclame l'homme le plus serviable de France.

La troisième catégorie est celle des gens qui se recommandent par eux-mêmes : c'est ici que l'art de dire non a besoin de toute sa finesse et de toute sa présence d'esprit, car il y a des droits si incontestables, qu'il est impossible de les nier. Je conseille, en cette occasion, les étonnements et les regrets profonds.

— Que me dites-vous là ? vous auriez désiré cette position, vous ? Je vous l'avoue, je n'en avais aucune espèce d'idée ; sans cela c'était une affaire faite.

— N'est-il plus temps ?

— Est-ce que je serais désolé comme je le suis, si la chose était encore possible ? mais j'ai pris des engagements... vous me voyez dans un chagrin que je ne saurais vous dire..: avoir eu sous la main l'occasion de récompenser un homme de talent, chose bien rare, je vous jure, et l'avoir manquée : c'est du malheur. Aussi, que voulez-vous ? vous venez si tard !

— La place est vacante de ce matin.

— Elle est donnée depuis hier ; vous ne savez pas comme nous sommes obsédés, tout ce qu'on nous fait faire par surprise ; mais c'est une maladresse que je ne recommencerai pas, et, à l'avenir, je veillerai pour vous, car je vous connais, et ce qui se passe aujourd'hui en est la preuve, vous, vous n'êtes pas solliciteur ; les gens de talent ne le sont pas.

— Vous êtes bien bon.

— Non, je suis juste, voilà tout.

— Allons, j'espère qu'une autre fois...

— N'espérez pas, soyez certain que votre tour viendra.

Le ministre marche vers la porte qu'un huissier, sonné à propos, vient d'entr'ouvrir ; il pousse doucement le solliciteur dehors en le saluant, et celui-ci passe, radieux et fier de l'accueil qu'il a reçu, à côté de celui qui vient recevoir le brevet de la place qui lui était due.

On comprend aisément que je ne puis indiquer au hasard que quelques applications usuelles de l'art de dire non; il me faudrait des milliers de volumes pour épuiser un pareil sujet. Ainsi, après la manière de refuser les places, viendrait la manière de refuser de l'argent. Nous recommandons, comme assez heureux, le moyen suivant : Au premier soupçon de la demande, prendre un air sinistre, et puis répondre en haussant les épaules : — De l'argent? en avez-vous à me prêter?

— A vous?

— A moi... Je suis ruiné, mon cher, je suis ruiné ! Je ne sais pas comment vont les affaires : les fermiers ne payent pas, et je suis obligé de faire poursuivre sept de mes locataires. J'avais pris des engagements, comptant sur des rentrées, et moi-même me voilà forcé d'emprunter pour tenir ma parole.

— C'est fâcheux.

— D'autant que je ne connais personne; qu'il faut que je laisse prendre des hypothèques; et que sais-je?... Tenez, mon cher, il n'y a rien au monde de plus pauvre que ce qu'on appelle un riche propriétaire.

Sur la fin de cet aphorisme, l'emprunteur, qui plaint le propriétaire, va chez le banquier. Le banquier, comme le propriétaire, n'a aucune envie de prêter son argent à l'homme qui le lui demande, et cependant mille raisons peuvent le forcer de ménager cet homme. Le métier d'un banquier est d'avoir de l'argent. Il ne peut pas décemment répondre que sa caisse est vide, et il n'a pas toujours sous la main une crise commerciale qui ne lui permet pas de se dégarnir d'un sou. Il lui faut donc une excuse tout au moins présentable. En ce cas, il n'a guère qu'une voie pour sortir convenablement de ce mauvais pas. C'est l'improvisation d'un système d'affaires. Cela se pratique de la manière suivante. Le banquier écoute d'un air bienveillant et répond :

— Vous avez besoin de vingt mille francs; mais tout le

monde vous prêtera cela : c'est la moindre des choses.

— J'avais compté sur vous.

— Sur moi (avec un étonnement bonhomme) ! ça n'est pas possible ; vous savez bien que je ne puis pas.

— Vous ne pouvez pas ?

— Mais non (il faut presque chanter ces deux syllabes, puis prendre un air de confiance) ; vous n'ignorez pas que tous mes capitaux sont employés dans ma maison de commerce, et que je n'y suis pas seul. Le cercle de mes opérations est tracé d'avance. Je ne puis pas faire sortir un sou de la caisse sans y mettre une contre-valeur. Si vous aviez des rentes ou des effets négociables, je pourrais vous donner de l'argent sur dépôt ou escompter vos billets. Mais que dirais-je à mes associés, si je disposais, en dehors de nos affaires habituelles, d'une somme si minime qu'elle fût ? Ce que je ferais aujourd'hui, un autre voudrait le faire demain, et alors, mon cher, où en seraient les choses ? C'est un lien que nous nous sommes imposé entre nous, et que nul de nous ne peut rompre. Ce n'est pas pour la somme, qui est très-peu de chose en elle-même, mais pour l'exemple ; d'ailleurs, cela m'est expressément défendu par notre acte de société. Du reste, si vous voulez venir dîner avec moi, je crois que vous trouverez ici un homme qui fait de ces affaires-là, un original, mais un brave homme.

L'emprunteur vient dîner ; le monsieur ne paraît pas et, le lendemain, on apprend qu'il est parti tout à coup pour l'Italie, tant il est original. On peut ne pas en vouloir au banquier.

Tout cela demande une grande variété d'inflexions, un jeu de physionomie plein de sourires avenants, et cependant ce n'est pas dans ces circonstances que le grand art de dire non est le plus nécessaire.

Rien n'est plus aisé que de tromper des intérêts ; mais

ce qui est d'une difficulté contre laquelle se brisent les plus grands talents, c'est de tromper les vanités. J'ose penser que si un homme pouvait trouver une formule satisfaisante pour refuser une pièce de théâtre, un livre ou un article de journal sans blesser l'auteur, cet homme rendrait aux directeurs de journaux un service qu'ils payeraient d'un prix inestimable. Mais le refus obligeant en littérature nous semble devoir être mis au rang de la quadrature du cercle en mathématiques : on peut approcher infiniment près de la solution, mais il est impossible de l'atteindre. Un des hommes de Paris qui a été le plus exposé au danger d'un refus maladroit, me disait avec un air de satisfaction inouïe :

— J'ai refusé cinq cents pièces dans ma vie, et je me porte encore bien.

Il était directeur d'un petit théâtre, et c'est à lui qu'on doit l'invention du procédé suivant :

Après la lecture, il s'approchait de l'auteur d'un air de triomphe. Celui-ci, ravi, lui disait :

— Eh bien ! vous jouez ma pièce ?

Le directeur, l'œil pétillant de joie, le sourire sur les lèvres, lui répondait : — Non ! non ! non !

— Comment, non ?

— Ce n'est pas que je ne vous remercie de l'avoir lue, c'est un plaisir que vous nous avez donné par anticipation. Mais vous vous êtes trompé de porte, mon bon ami ; nous ne sommes pas ici rue Richelieu : c'est au Théâtre-Français qu'appartient votre œuvre.

— Vous croyez ?

— Je vous le dis, moi, et je m'y connais. C'est un service éminent que vous allez lui rendre. Vous avez un rôle de femme qui semble fait tout exprès pour mademoiselle B...

— Au fait, c'est vrai.

— B..., dans votre premier rôle, sera parfait.

— Je le crois.

— La pièce se distribue d'elle-même au Théâtre-Français, tandis que chez nous il nous faut de petites pièces à la taille de nos petits acteurs, car, à moins de vouloir nous ruiner, nous ne pouvons pas les écraser par des rôles de beaucoup au-dessus d'eux.

— Mais je ne connais personne au Théâtre-Français.

— Je vous donnerai une lettre pour le comité.

Quoique très-connu, ce procédé réussit encore assez souvent. Il en est de ceci comme du vol à la *tire* : il y a toujours des niais pour s'y laisser prendre, ou plutôt il y aura toujours à faire fonds sur la cupidité et la vanité des hommes.

Une autre difficulté de l'art de dire non, difficulté qui embrasse une catégorie immense des applications, c'est le refus du petit au grand, du faible au puissant. Les esprits les plus subtils y ont échoué, et les esprits les plus résolus n'ont pu en sortir que par des moyens violents. Ces moyens ont été jusqu'à la mutilation et jusqu'au suicide. Tel musicien s'est coupé le pouce pour ne pas jouer du violon, des généraux se sont tués pour ne pas obéir à certains ordres. C'est que, dans ces cas, dire non est un acte de courage bien au-dessus du sacrifice de sa gloire et de sa vie. Quel service immense ne serait-ce donc pas pour l'humanité, que d'enseigner aux faibles à refuser, sans y périr, les ordres des puissants.

Une anecdote assez inconnue, et qui m'a été racontée par M. de Tur..., Russe fort distingué, vient à l'appui de mon opinion. Quand Pierre le Grand ordonna le jugement de son fils Alexis, il reçut d'un de ceux qu'il avait désignés pour le juger, un placet qui lui demandait une pension pour sa veuve ; l'empereur fit venir cet homme, et lui demanda ce que voulait dire une pareille pétition.

— Sire, lui répondit le juge, je vous obéirai parce que c'est mon devoir ; mais je ne survivrai pas à mon honneur parce que c'est mon droit.

Pierre le Grand réfléchit assez longtemps, et finit par lui répondre brusquement : — Allez vous mettre au lit.

Explique qui voudra ce courage et cette faiblesse, cet honneur qui consent à se salir et qui espère en la mort pour se laver, ne comprenant pas que la mort était la pire punition qu'on pût infliger à un honneur intact ; ceci tient à la puissance des idées apprises.

Il y a encore nécessité pour les maris de savoir souvent dire non, après avoir dit une fois le oui éternel. Refuser directement sa femme est un malheur auquel on est sans cesse en proie, et qu'il faut savoir éviter sous peine de la plus grande peine. C'est vis-à-vis d'elle principalement que tous les ménagements imaginables, toutes les circonlocutions de la parole et tous les détours de la vie sont nécessaires ; car on sait que le premier droit d'une chose à être désirée par une femme, c'est de lui être refusée par son mari.

En pareille matière, comme disent les agronomes à propos de la culture du magnolia en pleine terre, il est difficile de donner des conseils précis ; il faut étudier le terrain et le préparer, s'assurer de l'état de l'atmosphère, voir d'où vient le vent, prévenir les orages ; puis, quand on a pris toutes ces précautions, agir avec adresse, prudence et rapidité. Cependant, disent encore les agronomes, sur cent magnolias ainsi plantés, il y en a quatre-vingt-dix-neuf qui périssent.

LE BAS-BLEU

I

DU BAS-BLEU EN GÉNÉRAL

Molière les appelait des *femmes savantes*; nous les avons nommées Bas-Bleus. Pourquoi? Je n'en sais rien et je ne m'en occupe guère. Mais j'aime ce nom, qui ne signifie absolument rien, par cela seul qu'il dénonce cette espèce féminine par un mot du genre masculin. Tant que la femme reste blanchisseuse, actrice, couturière, danseuse, cantatrice, reine, on peut écrire, grammaticalement parlant : elle est jolie, elle est fine, elle est adroite, elle est bien tournée, elle a une grâce ravissante, elle est d'une beauté parfaite. Mais, du moment qu'une femme est *Bas-Bleu*, il faut absolument dire d'elle : il est malpropre, il est prétentieux, il est malfaisant, il est une peste. Cependant le Bas-Bleu est femme; il l'est même plus qu'une autre; et comme il joint à cela un esprit professoral, il est d'ordinaire très-empressé d'en donner les preuves à qui les lui demande — les preuves de la féminité. Quelques philosophes prétendent qu'on peut aussi considérer cette démonstration comme une preuve d'esprit. A ce compte, il n'y aurait plus de femmes bêtes. Revenons aux Bas-Bleus.

Il y a des Bas-Bleus de tous les âges, de tous les rangs, de toutes les fortunes, de toutes les couleurs, de toutes les opinions; cependant ils se produisent d'ordinaire sous deux aspects invariables, quoique très-opposés. Ou le Bas-Bleu a la désinvolture inélégante, prétentieuse, froissée, mal blanchie, des Dugazons de province; ou il est rigidement tiré, pincé et repassé comme une quakeresse. Quant à ce milieu parfait qui est l'élégance, le Bas-Bleu n'y a jamais pu atteindre. Quand les femmes Bas-Bleus sont belles, le dramatique de leur costume les trahit : elles ont des chevelures pleines de tragédie et de pensées mélancoliques; lorsqu'elles ont été belles, l'audace des échancrures du corsage les décèle, et le turban couronne ces sultanes d'un public idolâtre; quand elles sont vieilles, elles caparaçonnent leurs bonnets comme des chevaux de porteur d'eau à la mi-carême; elles nagent dans des flots de ruban. A aucun âge le Bas-Bleu n'a su choisir un chapeau; il n'a su le mettre, quand, par hasard, on le lui avait choisi : c'est toujours par la tête que le ridicule perce.

Indépendamment de ces signes extérieurs, le Bas-Bleu a des habitudes qui le font aisément reconnaître, soit chez lui, soit au dehors. La chambre du Bas-Bleu est d'ordinaire assombrie par une foule de rideaux; que ce soit un magnifique d'Aubusson ou un jaspé du dernier ordre, il y a toujours un tapis dans la chambre du Bas-Bleu : des portraits et des médaillons pendent à son mur; il place sur son bureau le buste de quelque grand homme dont il fait son Apollon. Une foule de livres disséminés errent sur une chaise, sur la cheminée, sur les étagères ; mais aucun n'a le moindre rapport avec l'ordre d'idées auquel s'adonne le Bas-Bleu : tel qui écrit sur les étoffes de madame Gagelin, les chapeaux de mademoiselle Alexandrine, oublie à son chevet un Milton ou un Chateaubriand. L'un des meubles les plus précieux du Bas-Bleu est son cachet. Le cachet, c'est la pointe du couplet de vaudeville, c'est l'épigraphe qui révèle toute la pensée mystérieuse d'une lettre, c'est souvent tout l'esprit du Bas-Bleu gravé d'avance sur argent doré. En voici quelques exemples. Un œil de chat avec ces mots alentour : *Je vois dans l'ombre;* un enfant tenant une branche de laurier s'écriant : *Je grandirai;* une colombe seule roucoulant, *J'attends qu'il vienne.*

Un Bas-Bleu qui possédait autant de devises que M. Lablache possède de tabatières, ayant permis à un jeune Normand de rechercher sa main et son cœur, lui avait écrit un tendre aveu cacheté de l'allégorie suivante : une plume dans une main qui écrit; ce petit tableau était accompagné de ces mots : *légère, mais prise.* Le jeune Normand ne voulut pas demeurer en reste avec le jeune Bas-Bleu, et sa lettre était cachetée d'un énorme pavé avec cette légende : *une demoiselle l'a fixé.*

Hors de chez lui, le Bas-Bleu a aussi des habitudes qui le désignent aisément à tout œil exercé. Lorsqu'il marche dans la rue, ou bien il va les yeux baissés, et d'un pas lent et mélancolique, et alors il médite ou compose; ou bien il va la tête haute, l'œil haletant et agité, la lèvre entr'ouverte, et alors il s'impressionne, il s'inspire, il prépare : dans ces occasions, le regard est quelquefois doux et incertain, d'autres fois fixe et ardent : c'est selon que l'élégie préoccupe sa tête rêveuse, ou que l'ode fait bouillonner la lave de son génie. Le Bas-Bleu a ses jours de colombe et ses jours d'aigle.

Le Bas-Bleu fait rarement ce qu'on appelle des visites, si ce n'est lorsque, jeune encore (je parle de la jeunesse du Bas-Bleu comme Bas-Bleu, et, en ce cas, elle peut commencer indifféremment à vingt ans ou à cinquante), lorsque jeune encore, dis-je, il sollicite le placement d'un manuscrit qui est, selon les circonstances, sa première espérance ou sa dernière ressource.

Nous n'aborderons pas ici les allures du Bas-Bleu dans le monde, parce que, comme celles de certains animaux, elles diffèrent essentiellement selon les régions où il vit. Je vais les parcourir en détail, depuis le sommet le plus aristocratique jusqu'au plus bas échelon.

II

BAS-BLEU ARISTOCRATE

C'est le premier qui ait paru en France.

Comme ces fleurs exotiques qui ont besoin de la serre pour donner quelques pâles fleurs, il a vécu pendant longtemps dans une atmosphère factice, chauffée à la bougie des salons. Mademoiselle de Scudéri, madame de Sévigné, madame Lafayette, madame Duchâtelet, ont été les premières graines de ces fleurs si rares, qui depuis se sont vulgarisées, comme la pomme de terre ou l'œillet d'Inde.

Il en est arrivé que les salons où elles ont pris naissance les ont dédaignées comme tout ce qui tombe dans le domaine public, et qu'on rencontre maintenant fort peu de grandes dames Bas-Bleus. C'est ici l'occasion d'établir une division importante et applicable à toutes les classes de Bas-Bleu : c'est la distinction qui existe entre le Bas-Bleu militant et le Bas-Bleu pensant, entre celui qui porte la plume de l'écrivain et celui qui porte le bonnet de docteur, entre celui qui combat et celui qui professe. Madame de Staël a été le grand dernier Bas-Bleu armé qui soit descendu dans la lice ; madame la duchesse de Broglie, sa fille, ne sera pas la dernière grande dame Bas-Bleu qui présidera des assises d'esprit. Tout le monde peut avoir une idée approximative du Bas-Bleu qui se produit par ses œuvres ; mais il faut avoir pénétré dans les cénacles prétentieux du faubourg Saint-Germain pour s'imaginer jusqu'à quel point la suffisance, le rayonnement de soi, les fureurs d'admiration peuvent être poussés. C'est dans ce monde que se font encore des lectures présidées par des femmes passées de mode, et suivies par de jeunes génies qui ne seront jamais à la mode. Jamais M. de Talleyrand, malgré tout son esprit, n'eût pu prêter autant d'expression aux *ah! ah!* et aux *oh! oh!* qu'on leur en donne dans ce monde ; il y en a de doux, de tendres et de languissants ; il y en a d'étonnés, de pathétiques, de furieux. Les sourires intelligents, les fines extases, les regards noyés, les attentions haletantes accompagnent les lectures : puis, quand la parole est libre, c'est une langue à part pour dire les choses les plus inouïes ; on y entend des mots comme ceux-ci : *C'est abuser du génie que d'en mettre tant en quelques lignes ;* autres : *C'est toujours plus beau que ce que vous avez fait, mais c'est moins beau que ce que vous ferez ;* autres : *Qui vous a donc si bien appris l'âme des femmes?—L'amour que j'ai pour elles. — Votre génie a de la fatuité.* J'ai entendu celui-ci, et tout le monde le trouvait admirable, et il me fallut cinq semaines pour comprendre que cela voulait dire : —Ce n'est pas l'amour que vous avez pour elles, c'est l'amour qu'elles ont eu pour vous. —Du reste, tous ces braves gens vivent à l'aise et se conduisent facilement dans cette atmosphère parfumée et nébuleuse, où suffoquerait et trébucherait à chaque pas un esprit accoutumé à l'air libre et à la lumière du soleil.

Les Bas-Bleus de ce monde prétendent avoir été ravagés

par beaucoup de passions, mais il y a très-peu d'exemples que ces passions si douloureuses et si exaltées aient conduit ces grandes dames à autre chose qu'à une jeunesse prolongée au delà de soixante ans. Quoi qu'ils en disent, ils méprisent souverainement l'amour platonique, et ils ont inventé ce qu'on pourrait appeler l'amour littéraire. Il y a du style académique dans leurs aveux, de la grâce grammaticale dans leur résistance, de la pédanterie historique dans leur défaite; ce qui faisait dire à un homme d'esprit, fort étonné d'en trouver jusque dans les moments où la raison s'égare : — Je ne savais pas que le bas bleu de madame de... lui montât au-dessus du genou.

Comme je le disais, le Bas-Bleu militant est à peu près complétement disparu du monde aristocratique; si quelques-uns tiennent encore la plume, ce n'est que pour leurs amis, et lorsqu'ils daignent initier le public aux mystères de leurs pensées, c'est presque toujours sous le pseudonyme de quelque célébrité masculine. Et cependant on dit que les femmes ont le privilége du dévouement; reste à savoir si les Bas-Bleus sont des femmes.

C'est, du reste, près de ceux-là que s'est établi le philosophisme divinitaire, humanitaire, sociétaire, toutes ces billevesées nuageuses où ces grandes dames sont parvenues à égarer l'esprit droit de quelques hommes d'élite. Ce sont des Bas-Bleus qui embaument M. de Chateaubriand avant sa mort, et lui imposent le mutisme de la tombe. La muse qui a inspiré à M. de Lamartine la *Marseillaise de la paix*, doit avoir des bas bleu-de-ciel, et y il a de par le monde un malheureux homme d'esprit qu'on a noyé jadis dans l'Académie, enfermé dans un bas bleu, comme les chrétiens que le sultan précipite dans le Bosphore enfermés dans un sac : la Méditerranée les reçoit, et on n'en entend plus parler; l'Académie l'a englouti, et il n'a jamais plus rien dit.

Le Bas-Bleu aristocratique se livre beaucoup en ce moment à l'abolition de l'esclavage; il fait la traite des blancs pour détruire celle des noirs, et j'en connais qui ont tyranniquement enrégimenté sous leurs drapeaux de pauvres hommes, qui n'en savaient rien, à qui ils ont mis la corde au cou, la croix à la main, la souscription à la poche, en leur disant : — Tu seras abolitionniste. — Il a fallu obéir, car, si l'esclave s'était révolté, on l'eût perdu de réputation.

Nous ne quitterons pas cette espèce de Bas-Bleu sans raconter à son sujet un mot dont je puis garantir l'authenticité.

Un Bas-Bleu de la plus haute distinction (c'était une duchesse), avait pour habitude d'avoir toutes les nuits, entre deux et trois heures du matin, une attaque de nerfs mêlée de cris qui attiraient d'ordinaire près d'elle un magnifique valet de chambre dont le devoir était de veiller seul dans l'antichambre de la duchesse. Après beaucoup d'essais inutiles par l'éther, le vinaigre et des sels de toutes sortes, il paraît que le valet de chambre trouva un moyen supérieur pour calmer ces attaques; il en résulta malheureusement que la duchesse, dont le mari était absent, fut obligée de faire à son médecin la confidence de ce moyen, qui pouvait la compromettre au bout d'un temps donné. Durant cette confidence, le docteur, oubliant à qui il parlait, dit à la duchesse :

— Vous avez été bien imprudente de céder à un pareil homme!

— Moi, s'écria le Bas-Bleu de toute la hauteur de son blason, moi lui céder? Jamais! jamais! le misérable me viole!

Je ne saurais rien ajouter à ce dernier trait, et je vais passer à un autre ordre de Bas-Bleus.

11.

III

BAS-BLEU IMPÉRIAL.

Il est bon de dire, avant d'aborder cette nouvelle espèce de Bas-Bleus, que je n'entends nullement parler de ce qu'on a pu appeler depuis quelque temps la femme de lettres ; il y en a quelques-unes, mais c'est le très-petit nombre, qui se sont livrées à la confection du roman avec beaucoup moins de prétentions que M. Lamy-Housset à la confection des chemises. Pour elles, ce n'est pas un art, mais un métier ; c'est moins la gloire que l'existence qu'elles lui demandent ; elles tiennent la plume comme elles tiendraient l'aiguille, et écrivent comme elles raccommoderaient des culottes.

Paix et respect à ces honnêtes femmes, joie à leurs époux, prospérité à leurs enfants ; mais, comme je vous le disais, celles-là, il y en a si peu, qu'à vrai dire il n'y en a pas du tout. Si elles commencent le métier dans cette simplicité de leurs âmes, si elles sont modestes envers le critique, le public et l'éditeur, elles se trouvent bientôt converties ; et, à la moindre réclame rédigée par elles-mêmes et insérée, moyennant deux francs la ligne, dans un journal quelconque, leur naïveté primitive s'enfuit, elles se plaignent de l'éditeur qui est un rustre, incapable de comprendre la valeur de ce qu'il vend ; du critique, eunuque qui calomnie avec tout le fiel de l'impuissance ; du public, dont le goût est perverti par la lecture des vaudevilles, et un beau matin elles chaussent le bas-bleu, qu'elles laissent passer sous le tablier de cuisine. Mais avant de nous mettre en présence des véritables Bas-Bleus, du Bas-Bleu de la révolution de Juillet, du Bas-Bleu bourgeois, du Bas-Bleu qui règne dans les salons comme M. Ganneron, marchand de chandelles, est mon colonel, il faut parler du Bas-Bleu impérial et du Bas-Bleu de la Restauration.

Du temps de l'Empire, il y a eu quelques célébrités féminines; mais l'époque n'était pas pédante, et en général le Bas-Bleu a manqué à la grande nation. Ces grands-officiers, ces grands-maréchaux savaient tout au plus lire, et comme le dirait un couplet de vaudeville,

> Ils moissonnaient tant de lauriers
> Qu'il n'en reste plus pour personne.

On en a cependant compté deux ou trois, prêchant et pratiquant les sentiments les plus tendres, et donnant l'exemple du progrès par la mise en œuvre des institutions nouvelles, telles que le divorce et autres bagatelles. Le Bas-Bleu qui nous est resté de ce temps-là est devenu horriblement insupportable, grâce à ses souvenirs. Il est, à son dire, du bon temps où l'on causait, où la conversation était un art, où l'on était invité dans un cercle à faire de l'esprit comme aujourd'hui à prendre du thé. En vertu de ce passé, le Bas-Bleu impérial est devenu la machine la plus bavarde qui existe. Malheur à vous si le hasard vous jette à côté de l'un de ces effroyables *memento*. Il arrivera un moment où votre oreille, sans cesse frappée par une voix glapissante, perdra le vrai sens des paroles qu'on vous dit (si tant est qu'il y en ait); une sorte d'étourdissement douloureux vous gagnera la tête, et, au bout d'une demi-heure, vous serez dans l'état d'un homme ivre poursuivi par un cauchemar au milieu duquel danseront fantastiquement des phrases comme celles-ci : *Un soir que* j'étais avec Lucien Bonaparte et la princesse de Chimay..., c'est Fouché qui m'a raconté l'anecdote... M. de Talleyrand me l'a montré... Bernadotte et la reine Hortense étaient de la partie... j'en donnai avis à l'Empereur... Cette nuit-là il ne pouvait venir chez moi. Vous avez, en confidences parlées, la monnaie des confidences écrites de la Contemporaine. Du reste, cette époque est celle des anecdotes. J'extrais de ce long catalogue les deux suivantes, que je recommande à l'intelligence de nos lecteurs et qui sont de nature bien différente.

Au moment où la palingénésie fut à la mode, quand on voulut réduire en principes d'hygiène la procréation des esprits supérieurs, de nombreuses expériences furent tentées ; il y avait à cette époque à Paris un savant, d'un esprit profond, droit, lumineux, investigateur tenace et hardi de tous les secrets de la nature, une des plus belles organisations enfin dont la science puisse s'honorer. Il y avait en même temps un Bas-Bleu de joli visage, d'un esprit fin, gracieux, coquet, d'une intelligence facile et élégante. Les savants de l'époque jugèrent que ces deux êtres possédaient à peu près à eux deux toutes les qualités de l'esprit, chacun ayant ce qui manquait à l'autre. Que serait donc l'enfant qui pourrait naître d'une pareille union ! Les princes de Perrault, dotés par les fées, ne seraient que de misérables mendiants à côté de lui. Il faut donc tenter la procréation de ce phénomène, qui sera probablement à la fois Voltaire et Newton. La délibération fut longue entre les expérimentateurs, pour savoir si on confierait l'accomplissement de cette œuvre à un rapprochement fortuit ou à une grave et solennelle jonction de ces deux astres.

Grâce au système de la puissance de la volonté, que M. Deleuze commençait déjà à prêcher dans les salons, il fut arrêté que l'expérience serait solennelle et de consentement mutuel. Les préparatifs furent faits dans un souper splendide ; les convives avaient fait provision d'esprit et de théorèmes mathématiques; les bons mots les plus étincelants étaient lancés d'un bout de la table à l'autre, et mille calculs ingénieux établissaient la courbe de la parabole qu'ils avaient tracée en l'air. On caustiquait, on mathématiquait, avec une verve incessante. Chaque truffe était accompagnée d'un trait d'esprit, chaque verre de champagne d'une démonstration algébrique. Enfin, lorsqu'on jugea que le cerveau et les sens des néophytes se trouvaient surexcités au dernier degré, on les laissa procéder à l'œuvre de Dieu. Ils y procédèrent; la nature fut fidèle, neuf mois après un enfant naquit : c'était un crétin.

Pour comprendre l'autre anecdote, il est nécessaire de savoir qu'entre autres défauts le Bas-Bleu de l'Empire a celui d'être très-joueur et celui surtout de tricher au jeu. Il advint qu'à une table de bouillotte, où naissaient les uns après les autres une foule de brelans soupçonnés d'illégitimité, une vive contestation s'établit entre un munitionnaire qui comprenait le vol par millions, et un Bas-Bleu qui l'entendait très-bien par louis. Du reste, on a dû remarquer qu'en général il n'y a rien de plus implacable que le voleur qui est volé. C'est une question d'amour-propre sur laquelle on ne transige pas. Le gros voleur ne pardonne donc point à la friponne. La discussion s'aigrit au point que, dans un violent mouvement de colère, le Bas-Bleu fut près de suffoquer, et, comme il y avait un asthme de strangulation et d'asphyxie, on s'aperçut que c'était une fausse dent qui s'était arrêtée à la gorge, mais que le Bas-Bleu parvint à avaler complétement, grâce à un verre d'eau sucrée habilement administré par un des plus fameux médecins de ce temps. Voilà donc la société en possession de savoir que le Bas-Bleu avait une fausse dent. Voilà donc toutes les femmes autorisées à regarder au premier sourire du Bas-Bleu la fameuse solution de continuité. Mais cette attente fut trompée : à la première rencontre et au premier sourire nulle brèche n'existait plus, si bien qu'une amie intime du Bas-Bleu, ne voulant pas perdre l'occasion de lui dire une cruauté, s'écria en montrant les plus vraies et les plus belles dents du monde :

— Ah! ma chère, vous vous êtes donc fait mettre une nouvelle dent ?

A quoi le Bas-Bleu répondit d'un ton supérieur et dédaigneux :

— Non, ma chère ; c'est la même.

IV

BAS-BLEUS DE LA RESTAURATION

La Restauration a été plus féconde que l'Empire en toutes sortes de Bas-Bleus. Il y a eu d'abord tous ceux qui avaient sourdement miné dans leurs prétendus salons la tyrannie du caporal parvenu. Chaque Bas-Bleu se croyait à ce moment le complice de madame de Staël, et se faisait victime comme elle de la grossièreté de l'Empereur. C'est surtout dans la Restauration qu'est né le Bas-Bleu poëte. A ce moment, la lyre a pris un développement effroyable, et, Corinne vivante, en chair et en os, s'est promenée dans les rues de Paris, a posé dans les fauteuils académiques, a jeté des cris de poésie du sommet des Alpes, et a baigné les longues tresses de ses cheveux noirs dans les eaux amoureuses de Vaucluse et dans les flots guerriers du Rhin. Oh! qu'est devenu ce temps! Comme alors la gloire était douce au Bas-Bleu! On l'écoutait à genoux; des cassolettes d'encens brûlaient au pied de l'autel où posait la Sibylle inspirée. Chacun de ses vers éveillait un écho de poésie qui lui répondait par des strophes de douze au paquet; on inventait pour elle des mots, et les peintres de portraits se faisaient une enseigne de son visage. Toute cette nation, fatiguée du fracas des armes et du canon, frémissait d'une douce émotion à sa moindre parole: les fleurs s'épandaient sous ses pas; les rois baisaient le pan de sa robe, et sa cuisinière elle-même prétendait qu'il avait une flamme dans les yeux. C'était là une belle conquête; le jour où une cuisinière peut croire à la supériorité de sa maîtresse est un jour plus glorieux pour le Bas-Bleu que le jour où on la couronne au Capitole. Ce fut aussi dans ce temps-là que naquit le Bas-Bleu politique dont nous avons parlé au commencement; c'est même à dater de cette époque que la dénomination de Bas-Bleu s'introduisit en France. Ce fut dès lors une secte puritaine, malveillante, correcte, sèche de forme, de style et de corps; ce fut l'hypocrisie établie à l'état de congrégation. Nous eûmes la contrefaçon des Bas-Bleus anglais qui avaient conspué Byron et qui l'ont forcé à mourir en exil. Presque en même temps naquit le Bas-Bleu dévot; c'est à son influence que l'Académie a dû ses évêques; c'est lui qui patrona la Société des bonnes lettres, qui changea en conversions méritoires les trahisons et les lâchetés de certains écrivains de l'Empire. Ce fut un Bas-Bleu qui commença la croisade contre Voltaire et contre Rousseau. Le Bas-Bleu régna partout, jusque sur le monarque, qui avait, comme on le sait, l'estomac à la place du cœur. Le Sacré-Cœur est une institution de Bas-Bleus, et les ordonnances concernant l'Opéra et la longueur des jupes des danseuses ont été rédigées par un Bas-Bleu jaloux des bas couleur de chair; c'est le même Bas-Bleu dont on cite les deux traits suivants:

Le roi dont nous venons de parler aimait infiniment la causerie d'une belle dame qui n'était pas une grande dame; cette belle dame avait un esprit comptant qui charmait son maître, mais dont il ne lui eût su aucun gré s'il avait su que tout cet esprit ne reposait pas sur un fond grammatical. Or, le Bas-Bleu ci-dessus non nommé s'indigna, à bon droit, que le prince fût si odieusement trompé, et, pour renverser par un coup de maître cette influence de l'esprit, il ne demanda à sa rivale qu'une faute d'orthographe. La chose fut difficile à obtenir, car la belle dame savait son propre faible, et avait un secrétaire qui ne quittait pas sa correspondance d'une minute. Enfin, un jour que la belle dame était chez son souverain, elle reçoit une lettre de la grande dame Bas-Bleu, qui lui annonce que, dans une assemblée composée de tout ce que la France a de plus aristocratique, on désire la nommer présidente d'une haute institution; seulement on veut être assuré qu'elle ne refusera pas cet honneur, et on attend son consentement; l'assemblée est au complet, le scrutin est suspendu; un mot, un seul mot, et la voilà la patronne de toutes les illustrations nobiliaires! Le vertige prend à la belle dame; elle hésite d'abord, mais enfin elle se risque; un mot, un seul mot, il faudrait avoir bien du malheur pour ne pas le réussir! Hélas, la malheureuse était tant soit peu Gasconne; elle prononçait : *j'acepte*, elle écrivit: J'ACEPTE. Toute sa fortune, toute son autorité, tout son pouvoir, s'envolèrent sur ce c absent. Le Bas-Bleu triompha, il disait un jour amoureusement à Sa Majesté: Le règne de tous les usurpateurs a cessé (cc).

Nous ne quitterons pas cet intéressant Bas-Bleu sans raconter encore de lui deux mots qui disent la pureté de ses mœurs et l'exquise sensibilité de sa personne.

Au jeu du roi, ledit Bas-Bleu avait l'habitude d'être placé à côté de lui, et Sa Majesté, qui savait combien la couronne prête de grâces aux moindres attentions, poussait à chaque instant des rouleaux de louis dans le giron du Bas-Bleu, qui relevait beaucoup les *genoux* pour les empêcher de rouler sous la table. Rentré chez lui, et assis sur les *genoux* d'un beau jeune homme, le Bas-Bleu défaisait les rouleaux pour en faire disparaître le papier marqué du sceau royal qui les enveloppait, et en ayant compté quelques-uns auxquels il manquait le nombre voulu, elle appuya un long et douloureux baiser sur le front de son bel ami, et cria d'une voix monarchique et attristée cette phrase célèbre :

— Ces pauvres rois, comme on les trompe !

V

BAS-BLEUS CONTEMPORAINS. BAS-BLEU MARIÉ, PREMIÈRE ESPÈCE

Nous voici enfin arrivés au Bas-Bleu actuel ; et maintenant, après avoir fait son histoire, nous allons pouvoir le suivre dans ses diverses variétés. En général, le Bas-Bleu actuel est d'une teinte beaucoup plus foncée que le Bas-Bleu impérial ; il a presque toujours été plongé dans une sorte d'indigo philosophique qui lui donne une couleur à la fois lourde et crue.

Nous nous occuperons d'abord du Bas-Bleu marié.

Le Bas-Bleu marié vit avec son mari, ou il ne vit pas avec son mari, ou, vivant avec son mari, ne le compte pas comme mari.

Commençons par le dernier. Dans ces sortes de ménages, dans ceux surtout de la dernière espèce, il se passe une chose assez semblable à ce qui a lieu en ce moment en Angleterre pour S. A. R. le prince Albert, avec cette différence que c'est tout au plus si le mari garde un peu du nom qu'il a donné à sa femme. Ce nom n'est plus le sien; il appartient en propre à celle qui l'a illustré, et jamais on ne le lui donne directement; ainsi, M. B.... n'est pas M. B...., il est le mari de madame B....; M. C.... n'est pas M. C...., il est le mari de madame C....; et M. T.... n'est pas M. T. .., mais le mari de madame T....

Il est curieux d'observer jusqu'à quel point l'absorption du chef de la famille est poussée dans ces étranges ménages. Madame décachette les journaux; madame ouvre toutes les lettres; madame a sa chambre; madame a son salon, son cabinet et sa chambre; madame sort le soir, et madame a un rendez-vous le matin; madame est avec son libraire; madame est avec son imprimeur; madame vient d'envoyer chez son banquier; madame est à la campagne; madame couche en ville; quant à monsieur, personne ne le connaît, à moins que si un ami s'informe des enfants de madame, on ne réponde que monsieur est allé les promener au Luxembourg.

Au spectacle, cet homme qui est relégué derrière tout le monde, qui se tord le cou pour voir le bord de la rampe, qui ouvre la porte à tous ceux qui entrent et sortent sans se donner la peine de le saluer, et qui est chargé du soin des manteaux et de tous les dépens de la soirée, c'est le mari du Bas-Bleu.

Quelques-uns s'accommodent merveilleusement de cette annulation, et se réduisent volontiers à la rédaction du livre de cuisine et aux comptes de blanchissage : à dîner ils servent le potage, et madame commande les vins fins. Au salon ils offrent le café, et madame accepte de la liqueur.

Ceux-là sont les maris-modèles ; ceux-là sont dans une constante admiration pour leur épouse adorée. Quand elle leur fait l'honneur de sortir avec eux, si c'est à pied, ils marchent derrière elle, portent le parapluie, et, en cas d'emplettes, entassent sur leur bras gauche une statuette, un panier de fraises et un morceau de fromage ; si c'est en voiture, ils se mettent sur le devant et doivent savoir le nom de toutes les rues. Dans un salon, il faut voir le rayon anxieux et timide, mais toujours admiratif, avec lequel ils observent leur souveraine maîtresse. Ils ont toujours tout prêt, ou un sourire approbateur, ou une exclamation ravie pour chaque parole qui va sortir de sa bouche, et, au moindre mot, ils relèvent la conversation par cette phrase qu'ils varient de mille façons différentes :

— Avez-vous entendu ce que vient de dire ma femme ? — Écoutez donc ce que ma femme vient de dire. — Je répète ce que ma femme a dit... C'est un rude métier, je vous jure ; et comme la femme Bas-Bleu est toujours sous l'incessante menace de voir attribuer à un *teinturier* ses œuvres les plus personnelles, elle prend les précautions les plus infinies pour prouver au monde que son mari n'est pour rien du tout dans ce qu'elle fait. C'est un véritable Cendrillon à qui l'on dit à chaque instant : Taisez-vous donc — vous ne savez ce que vous dites — vous parlez de choses au-dessus de votre portée. A ces bénéfices il joint les courses à l'imprimerie : une lieue et demie à faire quelquefois pour corriger un *q* retourné. — Pauvre mari ! qui ne sait pas que ses épreuves de ménage fourmillent de pareilles fautes. C'est à lui que reviennent de droit les visites aux journaux. O les malheureux ! à quoi donc sont-ils exposés qu'ils descendent à de pareilles sollicitations. Faut-il vous le dire, j'en connais un qui avait les deux joues enflées de toutes les critiques que subissaient les œuvres de son épouse. Aussi disait-on de lui qu'il était tout bouffi des chutes de sa femme.

Mais le plus grand de tous ses malheurs n'est pas encore celui qui accompagne l'heure de la mise au jour. C'est le travail de l'enfantement qui est son supplice le plus effroyable. Croyez ce que je vais vous dire : je l'ai vu, de mes propres yeux vu : ce qu'on appelle vu !...

On raconte sur je ne sais plus quel peintre une anecdote qu'on a aussi appliquée à David, à l'époque où il était de mode de supposer tous les crimes à un homme qui avait fait partie de la Convention. On raconte, dis-je, que ce peintre, voulant peindre un Christ mourant, fit venir un modèle, lui persuada de se laisser mettre en croix. Comme le modèle, malgré les exhortations du peintre, ne donnait qu'une expression d'ennui à l'éternelle douleur, le peintre, dans un mouvement d'enthousiasme artistique, s'empare d'une pique et la lui flanque dans le flanc. Le modèle en mourut et le peintre fit un chef-d'œuvre immortel. Eh bien, cette épreuve peut-être vraie, peut-être inventée, le Bas-Bleu la fait tous les jours moralement sur son époux. S'il lui faut une scène de désespoir, elle le taquine, l'irrite, l'insulte, l'agonise, l'exaspère, et, malgré la longanimité de la victime, finit par lui arracher un moment de révolte, de rage, de désespoir ; puis, au moment où il va se jeter par la fenêtre, elle l'arrête d'un air inspiré en lui disant :

— C'est très-beau, monsieur ; je tiens ma scène, je vais l'écrire : vous ne ferez servir qu'à six heures.

Puis elle s'éloigne et s'arrête encore sur le seuil, d'où elle contemple la stupéfaction, le désordre, l'anéantissement du modèle ; et elle rentre dans son atelier en lui disant :

— Faites-moi faire du café ; je travaillerai toute la nuit :

Mais le mari-domestique n'est pas le partage de tous les

Bas-Bleus; et je connais des femmes qui ne sont pour leurs époux que des marmites autoclaves à poésie, qu'ils font bouillir à leur gré.

Je la connais, vous la connaissez, nous la connaissons tous, cette adorable femme Bas-Bleu, un tant soit peu pédante, un tant soit peu académique, mais bonne et douce, et qui n'a jamais pu garder pour elle les prémices d'une inspiration. Elle avait un sot pour mari ; il lui volait les feuillets de ses moindres manuscrits, les apprenait par cœur, et s'en allait de par le monde, répondant à ceux qui lui parlaient de sa femme :

— Elle s'occupe de ceci, ou de cela ; je l'ai engagée à traiter ce sujet comme ceci, ou comme cela, — je lui ai donné les idées que voici et que voilà. —

Le livre paraissait, et le mari recevait tous les compliments. O noble et unique exception ! tu es sans doute l'hostie qui rachètes les fautes de tes sœurs. Que tu dois souffrir !

Le Bas-Bleu marié a quelquefois pour conjoint un sot libre. Il est butor, grossier, insolent ; il vend des grosses ou des gueuses selon qu'il est notaire ou marchand de fer. C'est lui qui, un jour qu'on s'informait à lui de sa femme, répondit :

— Bah ! elle fait toujours un tas de petites foutaises.

Un mari analogue, mais d'un esprit plus réservé quoique aussi véridique, et dont la femme avait dramatisé plusieurs de ses sentiments sous un même nom, répondait à quelqu'un qui, la voyant rêveuse, demandait ce qu'elle avait :

— Sans doute elle se promène dans son bois d'oliviers.

Le fait suivant m'est personnel. J'allais chez un Bas-Bleu pour je ne sais quelle affaire ; je rencontre le mari qui rentrait en même temps que moi ; je veux me faire annoncer : il s'offre à me précéder pour savoir si le Bas-Bleu est visible ; puis il revient et me dit :

— Vous ne pouvez la voir; elle est enfermée avec M.., ils sont en collaboration.

Je connais l'œuvre qui s'en est suivie. C'est la seule fois de ma vie que j'aie été parrain.

VI

BAS-BLEU MARIÉ, DEUXIÈME ESPÈCE

Nous avons maintenant le Bas-Bleu marié qui laisse à son mari la dignité publique d'homme, sous réserve de la lui faire expier en particulier. Ce Bas-Bleu n'a pas la même distraction que l'autre; il parle peu, écrit rarement, mais dogmatise sans cesse. C'est sans contredit la variété la plus assommante, la plus cruelle, la plus méchante de toutes : c'est le Bas-Bleu ambitieux. Je me le suis toujours représenté sous la forme d'une furie, à l'état de squelette habillé de soie noire, poussant devant elle un malheureux auquel elle pique le derrière avec une fourche rouge.

Quand ce Bas-Bleu a un mari qui possède une contribution de plus de cinq cents francs, elle lui montre du doigt la députation, et le pique en lui criant: va! S'il ne possède aucune contribution, elle lui désigne une sous-préfecture, et lui dit : va! et un coup de fourche appuie la motion.

On ne peut se faire d'idée du respect, de la considération que ce Bas-Bleu témoigne à son mari; comme il en est fier, comme il se tait devant lui, comme il le comble d'éloges, comme il le vénère.

Misérable, trois fois misérable celui qui obtient ces marques apparentes de respect. Secrétaire intime des passions de sa femme, agent de ses haines, flatteur de ses préférences, il faut qu'il salue ses propres ennemis, trahisse ses propres parents, renie sa propre famille, pour satisfaire la fourche, qui le pousse lui-même. Il voudrait être à la campagne ; il y planterait grassement ses choux et y dormirait à l'ombre. Non point, non point : il demeurera à Paris, il se plantera lui-même dans les antichambres, il vivra dans les salons ministériels.

Quant au Bas-Bleu, il a ses petites entrées dans les cabinets, il trafique des faveurs données et reçues. Voici une scène d'un drame que la censure a dernièrement proscrit, sous prétexte qu'il était défendu de mettre en scène des personnages vivants. La pièce est intitulée :

UN MINISTRE RESPONSABLE

La scène est extraite du cinquième acte, et le théâtre représente le cabinet du ministre.

L'huissier annonce :

— Madame Daricourt !

Le ministre se lève, salue respectueusement, offre un siége à madame Daricourt, qui le prend gravement en baissant les yeux ; le ministre a le temps de voir qu'elle est blanche et rose ; et comme elle se mord alternativement la lèvre supérieure et la lèvre inférieure pour comprimer leur tremblement, il voit aussi qu'elle a la dent bonne, luisante et perlée. Cependant le ministre garde le silence ; il attend : elle commence.

MADAME DARICOURT. — Mon mari avait sollicité de vous une audience ; mais se trouvant empêché de venir par une fort grave indisposition: il m'a priée de venir à sa place. Veuillez m'excuser.

LE MINISTRE. — Comment, M. Daricourt est malade! il m'a semblé le voir hier à l'Opéra.

— C'est là qu'il a appris, monsieur le ministre, que M. D..., le conseiller d'État, était très-dangereusement malade, et cela lui a porté un tel coup, qu'il a failli succomber dans la nuit.

— Mais le danger est passé, je l'espère; nous ne perdrons pas à la fois un de nos plus anciens conseillers et notre plus jeune maître des requêtes.

— Nos médecins m'ont rassurée; mais M. Daricourt n'en est pas moins fort malheureux de cette maladie; il en a souffert comme ami, et il aura probablement à en souffrir comme magistrat.

— Veuillez m'expliquer cela.

— L'audience que mon mari avait sollicitée de vous, monsieur le ministre, avait pour but de vous rappeler l'assiduité, et j'ose dire la supériorité de ses travaux; il a droit d'attendre, et j'osais espérer pour lui un avancement prochain; mais aujourd'hui venir la solliciter, ce serait avoir l'air de spéculer sur la mort prochaine et certaine d'un ami, et cette pensée est aussi éloignée de son cœur que du mien.

LE MINISTRE. — Je conçois ce scrupule, madame; il honore M. Daricourt et vous honore également, et nous verrons plus tard...

Premier jeu de scène. Madame Daricourt interrompt tout à coup le ministre par un regard ardent accompagné d'une ondoyante émotion de sein.

MADAME DARICOURT. — Vous me jugez trop favorablement, monsieur le ministre; mon mari peut renoncer à ses espérances, mais moi je ne peux les abandonner. Je suis ici à son insu. Je n'ai pas l'honneur de vous connaître, monsieur le ministre; mais je sais que vous avez une intelligence profonde des sentiments secrets qui agitent le cœur d'une femme. Je suis ambitieuse, monsieur le ministre, et il n'est rien que je ne fasse pour obtenir cette place, qui sera vacante dans quelques jours.

Deuxième jeu de scène. Regard provoquant et interrogateur, pied furtivement avancé, langueur générale.

LE MINISTRE. — J'ai l'honneur de vous connaître aussi, madame, et je sais que vous avez l'habitude de réussir; mais cette fois l'impossibilité est trop grande.

MADAME DARICOURT. — Si je vous en priais bien?

LE MINISTRE. — Je ne le pourrais pas.

MADAME DARICOURT. — Vous pouvez ce que vous voulez.

LE MINISTRE. — Je voudrais pouvoir faire quelque chose qui vous plaise.

MADAME DARICOURT, *avec un sourire étrange.* — Moi aussi.

Le ministre la regarde d'un air stupéfait; elle lui rit au nez d'une manière ravissante, elle prend un air d'enfant boudeur.

— Tenez, monseigneur, je veux que mon mari soit conseiller d'État, j'en ai envie; s'il ne l'est pas, j'en mourrai.

LE MINISTRE, *moitié riant, moitié fâché.* — Sans doute, madame, vous êtes fort jolie, fort aimable, fort gracieuse; mais que dirait-on si je vous accordais cette faveur?

— On dirait ce qui n'est pas vrai, c'est que vous avez été assez peu aimable pour me la faire payer.

— Et vous ne craignez pas de pareils propos?

— Ah, mon Dieu! que ce soit ou non, on le dira toujours.

— Mais votre mari?

— Il y est habitué et il a trop d'esprit pour s'occuper de ces sottises.

Jeu de scène avec profondes aspirations et menées adorables.

— Je vous en prie, monsieur le ministre, c'est un caprice, une folie; mais je vous l'ai dit, si je n'ai pas cette place, j'en mourrai.

— Vous ne l'aurez pas et vous n'en mourrez pas.

Le Bas-Bleu est désarçonné; il regarde autour de lui avec un regard de femme dédaignée, c'est-à-dire avec tout ce que la haine peut enfanter de plus farouche; puis elle reporte ce regard sur le ministre sans en adoucir l'expression.

MADAME DARICOURT. — Adieu, monsieur le ministre; l'un de mes amis intimes est fort lié avec madame de B***, je la ferai prier d'intercéder pour moi.

LE MINISTRE, *se levant avec hauteur*. — Madame!

MADAME DARICOURT. — Elle commence à vieillir, je le sais; mais le cœur ne vieillit pas.

LE MINISTRE, *furieux*. — Madame!!

MADAME DARICOURT. — Du reste, ce sentiment se conçoit; on prétend qu'elle vous a élevé.

LE MINISTRE, *exaspéré*. — Madame!!

MADAME DARICOURT. — Adieu. (*Elle sort.*)

Cinq minutes après, l'huissier remet un billet en papier de bureau au ministre; voici une copie conforme :

« Dans une heure je serai chez vous. J'ai à vous mon-
» trer quelques lettres qui vous intéressent particulière-
» ment. » Le ministre fait la grimace : quel ministre n'a des lettres qui l'intéressent? — Cette femme ne m'eût pas parlé comme cela si elle n'avait rien su; quelles sont ces lettres? Il réfléchit.

L'HUISSIER. — Faudra-t-il laisser entrer?

LE MINISTRE, *vivement*. — Oui... oui...

Une heure se passe ; madame Daricourt revient. Elle est pincée, hautaine, sévère, les yeux légèrement rouges; elle tient à la main un paquet sous cachet rouge; elle s'assied, et commence d'une voix ferme :

— Monsieur le ministre, avant d'aborder le sujet de cette visite, il faut que je m'explique sur un mot qui, je le crois, a été la première cause de la contestation de ce matin. Lorsque vous m'avez dit que vous désiriez faire quelque chose qui pût me plaire, je vous ai répondu : moi aussi.

Le Bas-Bleu rougit.

— Vous vous êtes mépris au sens de ce mot : il avait trait à ces lettres que je tiens, et qui, remises dans vos mains, vous auraient sauvé peut-être bien des ennuis.

Le Bas-Bleu rougit excessivement.

— Vous avez prêté à cette parole une intention que je ne mérite pas, que je n'accepte pas. Voilà tout ce que j'avais à vous dire.

— Mais ces lettres, madame?

— Vous comprenez qu'après la scène de ce matin, elles sont devenues une garantie. Le sort de M. Daricourt dépend de vous... Il est probable qu'il n'avancera pas... mais il n'est pas juste qu'il puisse être destitué.

LE MINISTRE. — Ah! madame; me supposer une intention que je n'ai pas, que je n'ai pu avoir! Quant à ces lettres...

— Je les garde...

— Si je vous priais bien!...

— Je vous dirais que c'est impossible...

— Vous êtes réellement aussi méchante que jolie, madame.

Il avance la main pour prendre les lettres; le Bas-Bleu se relève, et met le petit paquet dans son sein.

LE MINISTRE, *gracieusement*. — Vous êtes donc sans pitié ?

— Comme vous...

Il lui prend la main, qu'elle lui laisse.

— Soyez charitable ; c'est le droit de la beauté.

— Que voulez-vous de moi ?

— Ces lettres.

Il regarde l'asile... l'asile est attrayant... Le Bas Bleu se met à sourire... et lui dit tout à coup :

— Si je vous disais, comme Léonidas : Venez les prendre ?

— J'irais...

Il y va : le Bas-Bleu se défend mal.

La femme est un engrenage : quand on y prend les manches de sa veste, on y passe tout entier. Le ministre met les mains dans l'engrenage : on n'abandonne pas une femme dont la poitrine est haletante, dont la tête se penche, dont le regard se noie, dont la tête s'abandonne, et qui finit par murmurer : — Je vous aimais !

LE MINISTRE. — Voyons ces lettres maintenant.

MADAME DARICOURT. — Vous êtes fou, ami ; des lettres ? de qui ? il n'y en a pas.

LE MINISTRE. — Ainsi je suis...

MADAME DARICOURT. — Dupé... pas trop, n'est-ce pas ?

LE MINISTRE, *après un silence occupé*. — Où nous reverrons-nous ?

MADAME DARICOURT. — Je vous l'écrirai en réponse à l'envoi de l'ordonnance royale qui nomme M. Daricourt conseiller d'État.

LE MINISTRE, *faisant de l'esprit*. — Vous êtes capable d'en faire un ministre !

MADAME DARICOURT, *de même*. — La chambre est trop bavarde !

LE MINISTRE, *faisant beaucoup plus d'esprit.* — Vous voulez dire trop indiscrète.

MADAME DARICOURT, *de même.* — Oui, dans ses demandes.

LE MINISTRE, *ravi de tant d'esprit.* — Vous êtes un ange!...

VII

LE BAS-BLEU LIBÉRÉ

Le mariage est une chaîne pour toutes les femmes, c'est un bagne pour certains Bas-Bleus ; aussi n'y entrent-ils jamais qu'armés d'un bec de plume, qu'ils cachent je ne sais où, comme font les voleurs de ressorts de montres, et avec lesquels ils finissent par scier leurs fers ; c'est alors qu'on peut l'appeler véritablement le Bas-Bleu libéré. Celui-ci a les mœurs les plus diverses et les plus excentriques ; il serait presque impossible de le définir. Tantôt il se montre sous l'image de la femme libre : alors il veut être député, électeur, avocat ; il fume, il se promène les mains derrière le dos, il serre la main à ses collègues les hommes et les tutoie fraternellement. Ce Bas-Bleu est très-commun : il fait des articles de journaux pour des journaux qui ont existé ou qui existeront. On pourrait appeler ce Bas-Bleu la femelle du communiste. Dans un ordre plus élevé, nous avons le Bas-Bleu socialiste, fouriériste ; c'est l'aristocratie du Bas-Bleu philosophe. C'est là qu'on rencontre les collerettes plates, les manchettes de batiste unies, les robes d'étoffe de laine gris-perle, les chapeaux de paille cousue correctement bordés de velours. Les physiologistes peu accoutumés à cette variété l'ont souvent confondue avec les gouvernantes anglaises. Cette espèce, très-particulière, boit de l'eau, mange du pain de gruau, et ne tutoie pas ses enfants. Il a des rapports très-fréquents avec les membres de l'Académie des sciences morales et politiques, mais ces rapports sont toujours très-cérémonieux ; aucune passion ne peut et ne doit chiffonner leurs collerettes; leur parler est pesé, correct, sec, retenu ; leurs gestes rares, pointus, étriqués; ils se tiennent très-droits sur leur chaise, la poitrine effacée et les pieds prudemment serrés l'un contre l'autre ; ils ont l'apparence de l'une de ces statues assises d'Égypte, à laquelle on aurait mis une robe qui manque d'ampleur ; ils se lèvent mécaniquement et aiment mécaniquement : tout est réglé, compassé, précisé. Du reste, j'avoue mon impuissance à comprendre le régime auquel ces Bas-Bleus se soumettent personnellement ou entre eux; mais ils sont tous très-maigres, tandis que tous les hommes qui les approchent engraissent prodigieusement et prennent du ventre comme s'ils étaient enceintes. Ces Bas-Bleus feraient-ils donc métier d'hommes ?

Je crois avoir dit quelque part que je n'appelais point Bas-Bleu la femme qui demande à sa plume son existence de chaque jour. Je n'appelle pas non plus Bas-Bleu celle qui écrit comme l'oiseau chante, parce qu'elle a le cœur et l'esprit pleins de vifs sentiments et de hautes idées, comme l'oiseau a le gosier plein de chansons. Cette femme est une femme d'esprit, une femme de talent, une femme de génie; mais cette femme n'est pas un Bas-Bleu.

Cette réserve étant faite, je retourne au Bas-Bleu véritable. En voici un que je vous recommande particulièrement : un corps maigre, qui flotte entre quarante-cinq et cinquante-cinq ans; des mains diaphanes, des pieds bossués, des cheveux noirs artistement négligés, des yeux caves rongés de larmes, la tête penchée, le sourire douloureux, la voix émue ; une croix à la Jeannette pendant par un ruban noir d'un cou décharné sur une poitrine décharnée. Quelque âge que vous ayez, quelque position sociale que vous occupiez, n'abordez ce Bas-Bleu sous aucun prétexte ; l'araignée à longues pattes, qui tend sa toile au coin d'un mur, guette le moucheron avec moins de patience et d'anxiété que cet horrible Bas-Bleu. Si vous vous mettiez seulement à portée de son regard, il commence sur vous sa vilaine fascination ; il vous suit, il vous persécute, et fait si bien qu'il appelle votre attention, ne fût-ce que par cela seul qu'il vous importune. Malheur à vous si, dans ce regard fixe et vague en même temps, vous ne devinez pas immédiatement le danger auquel vous êtes exposé, et si, lorsque cette femme passe près de vous et qu'elle laisse par hasard tomber son éventail ou son mouchoir, vous avez l'imprudence de le ramasser ! Du bout de son regard vous allez passer au bout de sa patte, et, maintenant qu'elle vous tient, Dieu seul peut savoir en quel état vous en sortirez.

Hélas, que j'en ai vu y passer de pauvres jeunes gens ! Au remerciement ému que le Bas-Bleu leur adresse, ils répondent par un mot quelconque ou ils ne répondent pas. L'imprudent est assurément quelque chose : ou il est avocat, ou clerc d'huissier, ou peintre, ou poëte, ou commerçant ou rien du tout ; le Bas-Bleu ne s'en inquiète pas ; le Bas-Bleu appuie un long regard sur le front du jeune homme, il appuie cette main que vous savez sur son propre cœur, et murmure d'une voix quasi éteinte : — C'est étrange !

Le jeune homme relève la tête, et voit alors ce regard profond, ce sourire douloureux, ce spasme contracté qui frissonne dans tout le corps du Bas-Bleu. J'admets qu'il soit assez adroit pour ne rien dire, le Bas-Bleu recommence alors d'une voix déchirée sa fatale interjection avec la variante suivante :

— Oh! oui, mon Dieu, c'est étrange!

Cette fois, il est difficile que le jeune homme ne réponde pas par une question. Je lui donne toutes les chances d'échapper à sa destinée : précaution inutile, hasard qui ne le protégera pas; le Bas-Bleu le tient, il le retient, le malheureux lui appartient.

— Oh! un mot, je vous prie; qui êtes-vous? d'où venez-vous? s'écrie le Bas-Bleu en entraînant le jeune homme, la voix vibrante, le corps vibrant, le regard légèrement éperdu. Le jeune homme y va. Où va-t-il? dans un coin du salon, où, après avoir répondu qu'il est de Montivilliers, et que son père et sa mère font en gros le commerce du beurre et des œufs, il écoute là la lamentable explication du trouble soudain et profond qu'il a jeté dans le cœur d'une pauvre femme.

C'est un tout jeune frère qu'elle a perdu, enfant que le génie a dévoré de bonne heure, et qu'elle a cru voir descendre du ciel (qui est assurément sa demeure) sous la figure du jeune imprudent; si ce n'est pas un frère, c'est un fils qui aurait son âge; si ce n'est pas un fils, c'est un cousin; si ce n'est pas un cousin, c'est tout ce que vous voudrez; mais assurément c'est toujours quelque chose de beau, de céleste, d'aimable, de noble, d'aimant, de distingué, de supérieur, à quoi le jeune homme ressemble d'une manière admirable. Qui diable y résisterait? tous les hommes sont Basiles en ce point; on ne peut que répondre les plus aimables choses, les remerciements les plus modestes, à ce flot d'éloges qui vous inonde de si supérieures qualités. A ce moment, vous êtes lié; il ne vous reste plus qu'à être grugé. En un tour de main, le Bas-Bleu a su quel était votre nom, quelles étaient vos habitudes et vos mœurs, vos heures de travail et vos heures de loisir, si vous aviez la prétention d'être peintre ou poëte, magistrat ou épicier en gros. Quel que soit votre choix, rien ne le gêne; de même que le Bas-Bleu a perdu un frère ou un cousin beau comme vous, il a gardé un frère ou un cousin chantre, magistrat ou épicier comme vous. Celui-ci vous ouvrira la carrière; celui-là vous rendra l'avenir facile : « et moi, monsieur, je serai heureuse en vous voyant heureux; vous serez pour moi l'image de ce qu'aurait dû être celui que j'ai perdu; mes yeux, fatigués à le chercher vainement au ciel, croiront le retrouver sur la terre. » Et là-dessus vous êtes engagé dans un rendez-vous à heure et à jour fixes, qu'on vous laisse choisir, pour que vous ne puissiez arguer d'aucune impossibilité. Le jour venu, vous vous rendez, le cœur content, dans une rue à peu près déserte; vous pénétrez dans une maison mystérieuse; vous montez jusqu'à un quatrième étage dont la hauteur commence à vous alarmer, mais vous entrez dans un appartement dont l'arrangement vous rassure : portes rembourrées, tapis sourds, fenêtres doublées; chambrière discrète, et qui vous prie d'attendre dans un petit salon.

— Madame sort du bain, madame a passé une nuit agitée de fièvre; madame souffre tant! madame pleure tant! mais madame attendait monsieur, et n'a pas voulu le déranger inutilement. Un moment après, elle paraît toute vêtue de mousseline blanche; elle tient à la main une lettre et un livre; elle les jette négligemment sur un bureau, et vient tomber, tout affaissée par la douleur, sur un canapé où elle vous fait asseoir auprès d'elle; car, tout en marchant, elle a pris votre main pour s'appuyer, et, cette main, elle la serre en vous disant : — Merci d'être venu, et mettez-vous là.

Sacredieu! fichtre! ces Bas-Bleus-là ont raison! Je ne peux pas vous dire comment ils s'y prennent, je ne peux pas vous figurer comment ils arrivent, dans l'ombre mystérieuse où ils s'enveloppent, à donner à leur maigreur l'apparence d'une taille svelte, à leur regard creux l'expression d'une douce langueur. Il y a dans ces créatures desséchées des mystères d'impressions qui échappent à l'analyse; il règne dans l'atmosphère où elles vivent une vapeur aphrodisiaque qui vous monte au cerveau, qui vous rend ivre, furieux, et qui leur donne le droit de dire :

— Tu le veux? soit, dussé-je en devenir folle!

Alors l'immense araignée enveloppe l'imprudent de ses pattes; liens de fers, étreintes corrodantes où elle ne laisse échapper la victime que lorsqu'elle tombe haletante et épuisée à ses pieds. Ne médisons de rien, mon Dieu! une fois cela passé, on ne sait si on en voudrait à ce féroce Bas-Bleu, car enfin tout homme a rêvé une fois dans sa vie, les convulsionnaires de Loudun ou autres; et beaucoup d'hommes qui ne tenteraient pas de pareilles expériences se souviennent avec curiosité qu'ils les ont faites. Mais tout n'est pas fini; et si vous saviez comment cela se recommence! Quand le malheureux retrouve un peu de respiration, il entend gémir et pleurer à côté de lui; les sanglots, les soupirs, les suffocations ébranlent ce corps inépuisable; ce n'est plus

... Vénus tout entière à sa proie attachée,

c'est une vierge perdue, désolée; c'est un ange souillé, une âme blanche flétrie. Oh! tout votre avenir n'est pas assez pour réparer le crime que vous venez de commettre; vous êtes l'homme fatal, l'homme prédestiné qui serez son désespoir...

— Si tu ne veux pas être mon orgueil et ma joie!

Vous vous dépétrez tant bien que mal de toutes ces entraves osseuses, et vous vous sauvez pour n'y plus revenir. C'est alors que le Bas-Bleu se révèle (la prudente amoureuse ne l'avait pas mis en sortant du bain); alors commence l'épreuve des lettres : c'est une par heure; il y en a quatre

pages pour chaque émotion; en quel style. Mon Dieu!
quelles phrases! on dirait que cette femme écrit en trempant sa plume dans un nuage avec de l'encre rose et délayée dans de l'éther.

Vous auriez abusé d'une de ces blanches fées du ciel d'Odin, d'une de ces vaporeuses péris du ciel de Wischnou, vous ne seriez pas enveloppé de plus de ravissement, de plus d'harmonie.

Mais malheur à vous, une fois encore, si vous ne répondez pas convenablement; alors les horribles torsions de l'amour se renouvellent dans la colère; les menaces, la haine, la malédiction, deviennent aussi haletantes et aussi furieuses que les caresses de la veille. Puis aux lettres succèdent les visites, puis aux visites les attentes à votre porte dans un horrible fiacre, puis aux attentes à votre portes la poursuite dans tous les cafés ou restaurants où vous avez la prétention de dîner; puis aux poursuites, la violation de domicile en votre absence; lorsque enfin, soit en quittant Paris, soit en vous pendant de désespoir, vous avez échappé à cette hyène, elle recommence son rôle d'araignée, et, après une foule de désespoirs et de désastres comme celui-là, elle confie au public les tortures de sa vie et de son âme dans un volume de poésies, avec une couverture de papier rose, et qui a pour titre le nom de quelques fleurs mystiques, et pour épigraphe ces mots : *J'ai souffert.*

VIII

LE BAS-BLEU ASSOCIÉ

Cette variété du Bas-Bleu est assez rare, comme toutes les choses curieuses ; du reste il présente, par son association même, un des plus grands mystères de l'esprit humain. Jamais on n'a vu deux hommes de lettres vivre de bon accord dans la même maison, jamais deux peintres : la rivalité est le plus puissant dissolvant de toutes les affections ; d'un autre côté, le mariage est un dissolvant encore plus puissant : comment se fait-il donc que ces deux dissolvants combinés ensemble produisent des unions très-calmes et qui paraissent fort heureuses ? M. Orfila n'est pas sans avoir découvert que deux grands poisons mêlés ensemble se neutralisent, et qu'il en résulte quelquefois un mélange inoffensif, sinon bienfaisant. Il explique comment les funestes propriétés de l'un absorbent les funestes propriétés de l'autre ; il analyse ces principes qui se détruisent mutuellement.

Il doit en être problablement de même dans cette union du Bas-Bleu et de l'homme de lettres. Le mariage tue les aigreurs de la rivalité littéraire, et la rivalité littéraire tue les aigreurs du mariage ; ce qu'on ne concéderait pas comme homme, comme mari, on ne s'en aperçoit pas comme homme d'esprit ; ce qu'on ne supporterait pas comme épouse, on l'accepte comme femme supérieure ; le succès qu'on contesterait comme rival, on en profite comme mari ; la gloire et le profit littéraires dont on se moquerait comme Bas-Bleu, où les apprécie comme femme de ménage ; et il en résulte, comme je le disais plus haut, qu'une association calme naît de tous ces germes de discorde. Mais s'il est vrai que ces deux poisons mêlés ensemble perdent de leur violence pour les relations intérieures des associés, ils arrivent à la combinaison la plus malfaisante contre tout ce qui leur est étranger. Si le Bas-Bleu et son époux sont faux, impertinents, ils deviennent cent fois plus faux et plus impertinents : comme dix multipliés par dix donnent cent, ils élèvent tous leurs ridicules, tous leurs vices, toutes leurs petites passions à la puissance carrée de leur nombre primitif.

A cela ils ajoutent de se faire le manteau l'un de l'autre ; ils inventent à ce sujet, et en qualité de gens d'esprit, les plus jolis petits romans pour se présenter mutuellement sous le jour le plus favorable : le mari a des petits contes charmants pour expliquer les amants de sa femme ; la femme a les combinaisons les plus exquises pour donner un sens moral et élégant aux turpitudes de son époux.

Comme rien ne fait si bien comprendre les principes que des exemples habilement mis sous les yeux du lecteur, je vais lui en soumettre deux qui lui donneront une idée plus exacte de ce petit manége.

Un de ces Bas-Bleus dont je parle et un de ces maris dont je parle, vivaient dans une parfaite union, au grand étonnement du public. Cet étonnement venait de ce que certain monsieur venait à toute heure chez le Bas-Bleu, très-matin et très-tard, particulièrement quand le mari n'y était pas ; et si par hasard le mari s'y trouvait ou rentrait pendant que le monsieur était là, on avait toujours un prétexte pour qu'il allât s'enfermer tout seul dans son cabinet. Quelques amis du mari (des gens qui font les choses que nous allons dire s'appellent des amis ! qu'y faire ? nous vivons dans un siècle d'usurpations) ; donc ces amis trouvèrent convenable d'avertir le mari de ce qui se passait chez lui ; et comme il répondit qu'il le savait parfaitement, ils lui expliquèrent alors quelle conclusion le public en pouvait tirer.

A ces mots, le mari prit un air élégiaque qui ne lui était pas habituel, et, le mêlant à un ton de dignité tragique qui lui allait beaucoup mieux, il répondit :

— Je suis trop haut placé pour que de pareils propos puissent m'atteindre, et je porte en moi des sentiments trop purs et trop généreux pour qu'aucune calomnie puisse me faire dévier de la sainte conduite que je me suis imposée.

Les amis du mari ouvrirent de grands yeux, ce à quoi il sourit avec une douce supériorité ; puis il reprit d'une voix confidentielle et attendrie :

— Vous ne me comprenez pas, n'est-ce pas ?

Les amis balancèrent la tête silencieusement en signe de négation. Le mari reprit avec un haut-le-corps tant soit peu théâtral et une voix où il y avait de l'apostrophe académique :

— Vous ne me comprenez pas, et vous accusez un homme comme moi d'une lâche complaisance, et un ange comme elle d'une odieuse immoralité ! Ah ! vous mériteriez que je vous laissasse dans votre aveuglement ; mais vous êtes mes amis, et je ne veux pas que vous fassiez contre d'autres ce que vous avez fait contre moi ; je ne veux pas que vous portiez des jugements téméraires et malveillants contre des cœurs qui n'auraient pas le même stoïcisme ; je veux vous prémunir contre la légèreté de vos suppositions, et je veux bien vous expliquer à vous seuls cette intimité, contre laquelle vous avez conçu une alarme si indigne.

Les amis se recueillirent en silence, et le mari commença ainsi son récit :

— Ma femme, cette femme que vous venez d'accuser, cette femme a une mère. Cette mère, que vous ne connaissez pas, elle a été belle et malheureuse ; et parce qu'elle a été belle, elle a été aimée ; et, parce qu'elle a été malheureuse, elle a aimé ; cette mère qui a été belle et malheureuse, elle a été jeune et mariée, et, parce qu'elle a été jeune, elle a été tyrannisée ; parce qu'elle a été mariée, elle a été la femme de celui qu'elle n'aimait pas. Commencez-vous à deviner ce terrible secret ? Mariée à celui qu'elle n'aimait pas, elle l'a trompé pour celui qu'elle aimait... pauvre femme !!!

A ce moment, le mari essuie quelques larmes, étouffe quelques sanglots qui sont au milieu de son récit comme ces lignes muettes de points qui disent si éloquemment au lecteur ce qu'il doit comprendre sans qu'on le lui raconte. Puis, après cette suspension peut-être un peu romantique, le mari reprit :

— Dans ce temps-là nos troubles politiques, nos guerres furieuses rompirent violemment les liens les plus sacrés ; il fut obligé de partir, et lorsqu'il revint, près de vingt ans après, le cœur dévasté, isolé dans sa vie, n'ayant gardé au cœur qu'une espérance, il ne retrouva qu'une tombe et une blanche jeune fille qui lui remit un billet tracé d'une main mourante, et où il y avait écrit avec des larmes : « Celle-là est ton enfant. »

A ce moment le mari éclate en larmes et en sanglots, ses amis pleurent aussi et lui serrent silencieusement la main : le repentir, l'attendrissement, le respect éclatent sur leurs visages ; alors le mari se lève comme le dieu vainqueur du serpent Python, il s'écrie d'une voix tonnante :

— Oui, celle-là est l'enfant de ce père! oui, celui-là est le père de cette enfant! et c'est elle, c'est lui, c'est moi que vous avez accusés... ah!... AH!!... AH!!! A ces trois *ah*, les amis, exaspérés de repentir et d'admiration, se lèvent en sursaut, embrassent le mari, le tordent dans leurs étreintes, l'enlèvent dans leurs bras, et, marchant à genoux, le portent en triomphe jusque dans la chambre de sa femme, où ils trouvèrent le père et l'enfant qui se comportaient bien. Mais il y a des gens bien méchants; il y a surtout des hommes de lettres qui épluchent ligne à ligne les meilleures histoires, et il y en a qui prétendent avoir découvert que l'extrait de naissance du père était de 1780, et celui de la fille de 1790. Du reste, cette histoire a du malheur; on a essayé plusieurs fois de la mettre en drame et en roman, mais elle n'a jamais obtenu le moindre succès.

Je vous ai promis deux exemples; voici *la seconde*, comme disent les Bas-Bleus qui tirent le cordon.

Comme la femme a un père, c'est-à-dire une sainte et tendre affection, le mari en veut avoir une pour son compte; et pour cela il cherche une fille... publique. Les amis de la femme, car chacun a les siens, l'avertissent de ce méfait et lui insinuent qu'une femme de sa hauteur et de son esprit ne devrait permettre à son mari que des fantaisies d'un meilleur monde et d'un meilleur goût.

— Que voulez-vous! dit-elle, c'est une ambition que je conçois et que je ne puis qu'approuver: des hommes qui ne le comprennent pas ont reproché à mon mari la légèreté toute littéraire de son esprit, et lui ont dit mille fois que dans une époque grave comme la nôtre ce n'était que par des travaux graves qu'on obtenait enfin la place qu'on mérite. Ces paroles ont fait naître dans l'esprit de mon mari une pensée vaste et profonde, morale et philosophique : il veut étudier les principes corrupteurs de la société, depuis le plus infime jusqu'au plus élevé; il a déjà pénétré dans les bagnes, dans les prisons, dans les maisons de jeu (il y avait des maisons de jeu dans ce temps-là); maintenant il va... où vous me dites. Il veut faire pour toute la société ce que Parent-Duchâtelet n'a fait que pour une minime partie. Attendez donc l'œuvre, et elle fera taire toutes les calomnies qui tentent de l'arrêter dans ses sublimes expériences.

L'œuvre arriva plus tôt que les amis ne l'avaient pensé, et il paraît que ce fut une consultation à l'usage du mari, signée par deux de nos plus fameux médecins.

Mais la vie du Bas-Bleu si vilainement associé n'est pas toujours commise dans des questions de cette importance : il a son monde, sa cour et son salon; il y a des petits jeunes gens qui le flattent en tout sens, les uns d'ici, les autres de là. Ce serait l'existence la plus douce, la plus voluptueuse, la plus molle, s'il n'arrivait quelquefois que le sifflet du critique ou du public ne l'éveillât de ces douces extases d'admiration mutuelle et de cultes réciproques. Quand cela arrive, le Bas-Bleu pâlit; il entre dans des fureurs excessives, écrit des lettres furibondes, et châtie les insolents qui l'ont blessé, en ordonnant à son mari d'être en colère contre eux. Quand, au contraire, c'est le mari que l'on attaque, le Bas-Bleu sourit à l'ennemi, soi-disant pour l'apaiser, mais disant à cet ennemi, quand il peut l'atteindre : — On n'attaque que ceux qui en valent la peine; vous auriez dû laisser ce pauvre homme tranquille.

IX

LE BAS-BLEU NON MARIÉ — BAS-BLEU VIERGE

Dans le Bas-Bleu vierge, il y a deux espèces : le Bas-Bleu de famille et le Bas-Bleu public. Le Bas-Bleu de famille a quelque chose de l'enfant prodige à un âge plus avancé, c'est-à-dire qu'il a tous les vices monstrueux de ces petits êtres sur une plus large échelle. S'il a un père ou une mère, sa mère est sa femme de chambre et son père est son domestique ; s'il a des frères ou des sœurs, les sœurs portent sa défroque et les frères copient ses manuscrits. C'est une chose curieuse que d'assister à la présentation d'un étranger dans une maison où il y a un pareil Bas-Bleu : l'impertinence avec laquelle il interrompt à tout propos monsieur son père, madame sa mère ; le sourire prétentieux qui commence ses interruptions, et qui veut dire indubitablement : — mon père est un âne et ma mère une sotte ; ne faites pas attention à ces gens-là, — mériteraient qu'on lui donnât des soufflets là où on les donne aux petits enfants ; mais le père et la mère pourraient seuls avoir décemment ce droit, et, comme je l'ai dit, ce sont eux qui reçoivent ce qu'ils devraient donner. Ce petit tyranneau-femelle a en outre tous les bénéfices dont on sèvre pour lui tous les membres de la famille : la meilleure chambre, le meilleur lit, les jolis petits meubles, les meilleurs morceaux ; j'en connais un qui ne vivait que d'ailes de poulet, et qui même, dans les jours de maladie où il ne les mangeait pas, exigeait qu'on les lui servit, seulement pour mettre la dent dessus et empêcher les autres de les manger. Celui-là se fait mener au bal pendant que ses sœurs font des reprises à ses bas. Dans le monde, il se pose immobile et les yeux levés au ciel dans l'endroit le plus apparent du salon; ou bien, s'il lui arrive de le traverser, il s'arrête tout à coup en portant sa main à son front, et reste abîmé dans l'idée lumineuse qui vient de le surprendre. D'autres fois ce sont des rires d'enfant de douze ans, des joies folles, des courses vagabondes et inspirées à travers des groupes de danseurs; d'autres fois, ce sont des conversations debout et les mains derrière le dos avec des hommes retirés dans le coin d'un salon; et, au bout de tout cela, ce sont des pièces de vers récitées solennellement, et assez souvent terminées par un évanouissement, résultat des émotions du génie. Cela dure ainsi depuis seize jusqu'à vingt-huit ou trente ans, au bout desquels le Bas-Bleu vierge épouse un contrôleur des douanes ou un fabricant de clysoirs perfectionnés, dont elle fait ce que vous savez (je parle du mari et non pas des clysoirs).

L'Empire avait inventé la fille-mère; nous avons le Bas-Bleu fille, mère, et qui n'est plus fille sans être mère. Celui que nous appellerons le Bas-Bleu émancipé est, quoi qu'on en puisse dire, infiniment rare; il y a dans tout Bas-Bleu une certaine prudence qui ne lui permet guère que les fautes qui ne lui nuisent pas. D'ordinaire, au début de sa vie, la vanité dévore ses autres passions, et, il faut le reconnaître, il y a beaucoup plus de jeunes filles niaises qui abandonnent leurs familles, qu'il n'y a de Bas-Bleus naissants qui perdent leur position. Ce n'est que beaucoup plus tard, lorsqu'ils ont acquis une vraie position de Bas-Bleu, qu'ils jettent leur bonnet par-dessus les moulins, attendu qu'il est inutile à un front qui porte une couronne. Je ne le signale donc ici que comme une exception. Quand le Bas-Bleu devient fille-mère, son existence est toute tracée d'avance : c'est la permanente immolation de sa personne en faveur de la jeune créature que le ciel lui a infligée comme une espérance et un remords, comme une joie et un supplice. Avec cette antithèse, il fait cent soixante élégies, quarante-deux volumes de romans, et mène, au milieu des larmes, une vie fanée qu'elle arrose de temps en temps de vin de Champagne quand elle a un bon éditeur, et de petits verres de rogomme quand elle n'en trouve pas. De tous les Bas-Bleus, c'est celui qui fréquente le plus les ministères; il n'y a guère de régime parlementaire sous lequel il n'obtienne les petits secours qui se distribuent dans les bureaux de bienfaisance des deux hôtels de la rue de Grenelle. Tantôt c'est pour la mère, tantôt c'est pour l'enfant : ils vont ainsi, l'un nourrissant l'autre, jusqu'à ce que la petite créature, si c'est un garçon, devienne le secrétaire intime de quelque homme puissant, et, si c'est une fille, remporte un grand prix au Conservatoire et devienne pensonnaire du budget dans quelque théâtre subventionné.

X

LE BAS-BLEU ARTISTIQUE.

Nous ne pouvons terminer cette longue suite de Bas-Bleus sans en signaler un de nouvelle production et qui n'a pas son analogue dans les temps passés.

Nos lecteurs savent trop bien toutes les sciences humaines pour ignorer que les créations de l'industrie humaine ont produit des animaux qui n'ont aucune espèce de semblables dans la nature. Ainsi le carton engendre des petits animalcules qui sont dans des conditions d'existence tout à fait exceptionnelles à celles des autres vers qui rongent toutes choses, depuis le dernier cataclysme terrestre. Ces petits animalcules n'ont aucun rapport ni avec le charançon ni avec le critique, misérables petites bêtes qui font tant de mal.

De même le Bas-Bleu artistique est quelque chose qui tient à la combinaison nouvelle qu'ont subie les arts du crayon, du pinceau et du ciseau.

Pour bien comprendre ce nouveau Bas-Bleu, il faut, selon la philosophie allemande, reconnaître l'existence du *moi* dominant toujours et partout l'existence du *non-moi*.

Quand M. Cousin, le pair de France, nous citait, l'œil frénétiquement inspiré, les cheveux en désordre, la main en crasse, le corps en dégingandage, les aimables folies de la métaphysique allemande, voici à peu près comment il parlait :

« Messieurs,

» Si l'homme n'est que par ce qui n'est pas lui, l'homme n'est pas : or il est; puisqu'il est, il est par autre chose que par ce qui n'est pas lui; et, par conséquent, il est par lui-même, car il n'y a que lui-même qui soit ce qui n'est pas lui. (*Applaudissements.*)

» Donc, si l'homme est par lui-même, c'est qu'il porte en soi le principe de son être intelligent, c'est-à-dire la conception *à priori,* qui est bien différente de la sensation, de la perception et de la comparaison, d'où naissent les idées acquises et le savoir, résultat de ces idées extérieures, c'est-à-dire le *non-moi.*

13.

» La conception *à priori* est un enfantement des idées propres et qui existent indépendamment de l'extérieur ; ce sont ces idées innées, idées propres, idées de don divin, qui constituent le *moi*. »

Vous avez compris, je l'espère, et vous comprenez tout de suite ce que cette philosophie, si clairement enseignée, a dû produire.

J'aurais bien pu vous dire tout de suite qu'il y a des gens qui s'imaginent avoir la science infuse, c'est-à-dire qui croient savoir sans avoir étudié ; mais je ne vous aurais pas donné la moindre idée des individus dont je veux vous parler. Les gens qui se croient la science infuse sont tout simplement des paresseux impertinents ; mais ceux dont je cause sont d'une nature bien autrement relevée. Ils sont des *moi* (le moi est indéclinable) ; ces *moi*, en vertu de la philosophie allemande de M. Cousin, n'ont jamais rien appris, rien étudié, et sont nés tout savants, tout habiles, tout inspirés ; ils savent par instinct, comme les chiens et les ânes ; Dieu les a doués, comme les castors et les fourmis ; ils n'ont pas, à proprement parler, de nom, mais on les désigne par la périphrase suivante : — Cet homme, ou cette femme, a le sentiment de l'art.

Qu'est-ce que c'est que l'art? où commence-t-il? où finit-il? comme disait l'abbé Grégoire de la légitimité ; qu'est-ce qui est dans l'art ; et qu'est-ce qui est hors de l'art? Vous ne me le direz pas, vous ne me l'expliquerez pas ; cela ne se définit pas, cela se sent ; demandez plutôt à ceux qui ont le sentiment de l'art.

Cette école du sentiment de l'art s'est prodigieusement propagée depuis une dizaine d'années, et je connais une foule de Limousins qui sont partis du pied gauche avec le dessein prémédité d'avoir le sentiment de l'art : celui-ci de l'art musical, celui-là de l'art architectural, celui-ci de l'art de la peinture et de la sculpture. Ces grandes divisions une fois établies, il s'est formé des subdivisions de ce sentiment. En voici qui ont le sentiment de l'art italien; ceux-là, de l'art flamand; ceux-ci, de l'art étrusque; ces autres, de l'art gothique; ces derniers, de l'art rococo, ou même de l'art *rocaille*, qui est une nuance de l'art Louis XV bien éloignée de l'art renaissance.

Il y eut dans les commencements de cette superbe doctrine, qui criait, jugeait, parlait et écrivait par intuition, une foule de barbes et de chapeaux pointus (le chapeau coiffant la barbe) qui en semèrent le grain dans le monde. Il germa parmi tous ceux qui, ne sachant rien et ne voulant rien apprendre, étaient bien aises d'être prodigieusement instruits. Pas mal de jeunes filles et une assez grande quantité de femmes mariées, incapables de tout, même de plaire à un collégien, se livrèrent à cette nouvelle philosophie. Comme les dents du dragon de Cadmus, qui firent pousser des bataillons tout armés, avec le sabre et la giberne (je compte prouver, dans mon nouveau traité d'archéologie nomade, que les Grecs des temps héroïques connaissaient la giberne), il poussa tout à coup une moisson de femmes tout armées d'appréciations, d'émotions, de palpitations, de convulsions, et surtout de conversations artistiques.

Malheureusement, nées comme les bataillons des dents du dragon, elles ne s'entre-tuèrent pas comme ceux-ci, et, à l'heure où je vous parle par écrit, il y en a des myriades qui encombrent le monde et les salons. C'est, à proprement parler, ce que nous appelons le Bas-Bleu artistique.

Je fais toujours une énorme différence entre la femme qui gratte du papier pour faire bouillir son pot et la femme Bas-Bleu littéraire; de même je laisse un abîme entre celle qui peinturlure de la toile pour faire cuire son rôt et le Bas-Bleu artistique.

Ce dernier a beaucoup des allures du premier, si ce n'est que l'art ou les arts dont il s'occupe étant d'une matérialité visible, il y a en ce Bas-Bleu quelque chose de plus étrangement saugrenu que dans le premier.

L'œil fixé sur un tableau ou une statue, le Bas-Bleu artistique se permet des phrases comme celles-ci :

« Ce gladiateur manque d'harmonie et de proportions. Voyez cette distance de l'aine au genou (la démonstration digitale accompagne la parole) ; c'est impossible, un homme n'est pas fait comme ça. »

Autre : « Qu'est-ce que c'est que ce prétendu tableau du sac de Rome ? il n'y a pas une idée d'art là-dedans : ces Barbares qui boivent sous un platane et qui se font servir par des dames romaines sont stupides, et les femmes qui les servent sont encore plus stupides. Il n'y a pas dans cet acte brutal la moindre pensée d'avenir. C'était le cas de montrer le mélange des races blondes avec les races brunes, qui a produit les populations modernes. »

JE L'AI ENTENDU. C'était une grande fille de dix-huit ans qui l'a dit.

Cependant il faut dire que le Bas-Bleu de cette force est rare, et que la nuance la plus nombreuse est la nuance mystique et chrétienne. Celui-là a un amour prodigieux pour tout ce qui est long, maigre et effilé comme une colonnette gothique ; et presque tous possèdent sur leur cheminée un long morceau de plâtre plissé, ayant des ailes de perdrix et une tête de poitrinaire ; c'est un chef-d'œuvre de l'art dont elles ont le sentiment.

Du reste, ces malheureuses sont punies par où elles pèchent ; elles se font toutes peindre par des gaillards d'artistes qui ont aussi le sentiment de l'art, d'où il résulte qu'elles ont le bonheur de se voir sous la figure d'intéressants cadavres à qui on a ouvert les yeux et qu'on n'a pas encore déshabillés. Cette école a singulièrement fait renchérir dans le commerce le bistre et le bleu de cobalt. Demandez plutôt à mon éditeur.

Vous savez que j'aime assez l'anecdote; il faut que je vous en raconte une qui m'est personnelle et qui a rapport à un de ces sublimes Bas-Bleus artistiques.

Il y a un an je rencontrai, sur un bateau à vapeur, une femme dont le mari était avoué. Il était Français, j'étais Français, nous étions Français, et comme nous voyagions sur le Rhin allemand, nous nous parlâmes sans nous connaître. Le mari était un fort aimable homme, sans prétention, qui demandait tout simplement à son voyage de lui montrer du pays; trouvant ceci bien, ceci mal, cela indifférent, et appréciant particulièrement le vin du Rhin. Cette sympathie nous rapprocha, et nous dînâmes ensemble. Quant à madame son épouse, elle ne quitta pas le pont du bateau à vapeur, attendu que, par sentiment de l'art, elle ne voulait pas perdre une seule des admirables ruines qui bordent ledit Rhin très-allemand. En apprenant que j'étais un homme de lettres et que j'avais eu l'infamie de dîner avec son mari, cette dame me projeta un regard de mépris si profond, que je me retirai tandis qu'elle trépignait du derrière sur son banc comme s'il avait joué à « trois petits pâtés, ma chemise brûle ! » en s'écriant : « Voyez ce rocher, comme il se mire dans les flots bleus! (*nota bene* : le Rhin est vert comme une huître), et les *déchirements* de la roche, comme ils sont désolés et furieux. Voilà l'art comme je le conçois ! »

Je me réfugiai à l'autre extrémité du bateau et me garai dudit Bas-Bleu artistique.

Je perdis la crainte de ce cauchemar à Mayence, où je crus qu'il s'arrêtait pour écouter les valses de la musique autrichienne. Je n'y pensais plus, lorsque j'arrivai à Cologne. Comme tout curieux le doit, j'allai visiter les curiosités de cette ville fort curieuse, et entre autres le célèbre tableau de Rubens, représentant le supplice de saint Pierre. Nous arrivâmes dans le chœur. J'étais avec une dame qui mettait comme moi toute la bonne foi possible dans ses émotions, admirant à son goût et craignant de blâmer de peur d'ignorance. Nous arrivâmes devant l'illustre tableau avec quelques curieux comme nous, et nous voyons une grosse peinture, lisse, plate, sotte. Nous nous regardâmes la dame et moi; mais ni l'un ni l'autre nous n'osâmes parler. Ce silence voulait dire : Nous sommes des ignorants en peinture, et qui plus est nous n'avons pas le sentiment divin de l'art; ceci est un tableau de Rubens, ceci est un tableau immortel, c'est nous qui sommes des ânes : taisons-nous et regardons mieux.

Nous voilà donc tournant autour du tableau, cherchant du jour, nous approchant, nous éloignant et nous regardant en dessous d'un air confus. Tout à coup nous entendons pousser un cri.

— Haaaaah! ah!... que c'est beau!

Je me retourne et je vois le Bas-Bleu qui se contorsionne, qui crie, qui parle, qui empile les éloges sur les éloges : expression, dessin, couleur, magnificence, émotion, sublimité, vie, hardiesse, perfection, rayonnement de la sainteté, cri de la chair, résignation du martyre! elle voyait tout cela sur cette toile. Nous regardions de nos yeux bourgeois sans rien voir. Le féroce Bas-Bleu nous aperçoit alors, et indignée, de la tranquillité de notre non-admiration, elle se rue en un torrent d'épigrammes sur les gens qui croient voir et ne voient pas. C'était à fuir; et nous allions fuir, lorsqu'un monsieur en bas de soie noirs et en habit noir vient à nous et nous dit d'un air discret :

— Foulez voir l'atmiraple dableau de Rupens?

— Ya... lui dis-je à tout hasard.

— C'est teux thalers.

— Soit, sept francs cinquante.

J'exhibe deux thalers. Alors le monsieur passe derrière le maître-autel, et voilà que l'immense toile devant laquelle le Bas-Bleu continuait ses exclamations furibondes se met à tourner sur un pivot, et voilà un autre tableau, le tableau de Rubens, le vrai tableau, qui se présente à nous. L'autre n'est qu'une copie détestable, qu'on voit pour rien, et qui est faite pour les pauvres et les Bas-Bleus.

J'allais confondre le mien, mais il s'était enfui emportant son sentiment éclairé de l'art.

Du reste, celui-ci est d'une espèce assez vulgaire. Le plus distingué est le Bas-Bleu artistique qui s'éprend d'une note et d'une manière : et dans cette catégorie le Bas-Bleu de l'art chrétien est assez curieux. Selon lui, les portraits de M. Dubuffe sont immoraux. Il n'estime que la grâce artistique des peintres au jaune et au maigre. Le laid est son culte, il y met toute la passion de l'amour-propre.

D'un autre côté, il y a le Bas-Bleu artistique attaché à la spécialité des vieux bijoux, des vieux meubles, des vieilles tentures, de toutes les vieilleries qui coûtent beaucoup d'argent. Ceux-là ont un autre vocabulaire que les premiers : pour eux les choses ont du style, du caractère, de l'époque, de l'accent ; c'est à eux qu'on doit ces horribles petites collections de bric-à-brac qu'on voit dans certains boudoirs de la Chaussée-d'Antin. Ils y font passer la fortune présente de leur mari et la dot future de leurs enfants, et j'en ai vu qui étaient aussi jaloux d'un flacon d'émail du XVIe siècle que d'autres le seraient de leur amant.

Je ne crois pas qu'il y ait encore de Bas-Bleu artistique écrivant ; cette espèce de Bas-Bleu n'en est encore qu'au professorat ; mais il s'en dédommage par la cruauté et l'absolutisme de ses doctrines. En général, il a une passion pour tout peintre qui est ce qu'on appelle excentrique, et ce mot représente toujours pour lui l'absence de certaines qualités. Ainsi, jamais un Bas-Bleu ne se passionnera pour un peintre qui réunira à la fois la couleur et le dessin ; mais il y a des Bas-Bleus qui se donneraient corps et biens à M. Delacroix ou à M. Ingres, par cela seul que M. Delacroix dessine à côté de ses tableaux et que M. Ingres se garderait bien de peindre les siens d'une couleur possible. Il faut dire aussi que cette espèce de Bas-Bleu fraternise volontiers avec le Bas-Bleu littéraire, et qu'on en a vu qui avaient l'air de se comprendre les uns les autres. Et puis qu'on dise que nous ne vivons plus dans un siècle de mérite !

Pour clore cette longue liste, je dois dire que le Bas-Bleu, tel que nous l'avons dépeint dans ses diverses natures, existe à toutes les hauteurs de l'échelle sociale, depuis l'échoppe du savetier jusqu'au salon de la duchesse. Changez les habits, brodez les robes, dorez les cuivres, mettez des diamants en place d'oripeaux, agrandissez le cadre, élevez le piédestal, partout et en tout lieu, marié ou non marié, affranchi ou émancipé, vierge ou martyr, le Bas-Bleu est toujours le même — un être froid, sec, égoïste, personnel, envieux, vaniteux, méchant, à de très-rares exceptions ; il a ou il n'a pas de talent, c'est une question tout à fait indépendante de ses qualités morales.

L'AME MÉCONNUE

Voici un état tout à fait nouveau, une existence qui n'a pas d'antécédents, comme la plupart de celles dont on s'occupe dans ce livre. L'écolier de la Sorbonne du quinzième siècle est l'ancêtre pittoresque de l'étudiant; l'avoué descend en ligne directe du procureur et a recueilli exactement tout l'héritage; le dandy n'est qu'une transformation du raffiné, du muguet, du roué, de l'homme à la mode, de l'incroyable et du merveilleux; et l'académicien de nos jours n'est qu'un dérivé très-altéré des grands écrivains du dix-septième siècle. Mais l'âme méconnue ne se trouve pas au delà de notre époque, j'ose même dire, au delà de notre littérature. Ce n'est pas non plus une importation comme le lion, le touriste, l'amateur de course; c'est un produit indigène de notre industrie littéraire : l'âme méconnue appartient à la France; elle appartient au peuple le plus gai et le plus spirituel de la terre, à ce qu'il dit.

Peut-être que si les Anglais étaient moins occupés à nous souffler nos plus petites inventions mécaniques pour en faire des moteurs colossaux de fortune; peut-être que s'ils n'avaient pas à nous enlever notre commerce des lins, notre fabrique de soies, et que s'ils n'étaient pas en quête de quelque lentille monstrueuse pour donner aux rayons de leur mauvais soleil borgne une chaleur qui pût mûrir la vigne, et transplanter dans les marécages d'Écosse les récoltes de Bordeaux ; peut-être, dis-je, que, s'ils n'étaient pas occupés à tout cela, ils pourraient encore nous disputer la vocation de l'âme méconnue. En effet, le premier germe de cet être réel et fantastique tout à la fois, se trouve peut-être dans les œuvres de leur grand Byron. Mais, il faut le reconnaître, c'est la graine d'une fleur poétique que nous avons seuls recueillie ; et, tandis que ces pauvres gens, tout préoccupés d'intérêts vulgaires et matériels, ramassaient à nos pieds les inventions de toute sorte de M. Brunel, que nous y avons laissées dédaigneusement, nous enlevions à leur barbe cette admirable semence pour la répandre et la propager sur notre sol.

Il faut le reconnaître, la culture a été bonne ; il y a eu de profonds sillons tracés à bec de plume, il y a eu engrais de poésies mélancoliques, fumiers de romans : aussi, comme elle a grandi, prospéré, multiplié ! L'ivraie le dispute au bon grain, et l'étouffera bientôt. Qu'est-ce donc que l'âme méconnue ? Je vais tâcher de vous l'expliquer.

Ce n'est pas sans intention que je l'ai comparée à une fleur (il y a des fleurs très-laides et qui sentent mauvais). En effet, comme la fleur, elle est des deux sexes : il y a l'âme méconnue homme et l'âme méconnue femme.

L'âme méconnue homme est assez rare, et ne pousse guère que dans la zone littéraire. On la qualifierait mieux peut-être en l'appelant génie méconnu, attendu que les individus de cette espèce appellent *génie* tout ce qu'ils pensent, tout ce qu'ils sentent, tout ce qu'ils disent. Cependant ce nom n'est pas généralement adopté. Les pères de famille les appellent des fainéants ; les gens d'affaires des imbéciles, et les marchands de modes les confondent quelquefois avec les poëtes. Donc, si nous en avons parlé, c'est pour prier nos confrères en botanique morale de vouloir bien diriger leurs observations sur ce genre de végétaux, si par hasard il en tombe quelque individu sous leur loupe.

Je ne m'occuperai donc que de l'âme méconnue femme, dont la multiplication mérite de fixer les regards du philosophe.

L'âme méconnue femme est, en général, d'un aspect plutôt bizarre qu'agréable. Elle affecte des formes insolites et cependant très-diverses. Toutefois, la plus commune se reconnaît aux signes extérieurs suivants : des robes d'un taffetas bistre passé, ou de mousseline laine noire et rouge, un chapeau de paille cousue orné de velours tranchant, des gants de filets, très-peu ou point de cols ou de collerettes : tout ce qui est linge blanc lui est antipathique ; un lorgnon d'écaille suspendu au cou par un petit cordon de cheveux, une broche avec dessus de cristal où il y a des cheveux, bague où il y a des cheveux, bracelets tissus de cheveux, avec fermoir enfermant d'autres cheveux : l'âme méconnue a énormément de cheveux, excepté sur la tête. Le peu que les profondes rêveries lui en ont laissé pend à l'anglaise le long de joues creuses et d'un cou remarquablement long et fibreux. L'auréole des yeux est d'un jaune sentimental et terreux, que les larmes ne lavent pas toujours suffisamment ; la main est blanche, tachetée d'encre à l'index et au médius, et légèrement bordée de noir à l'extrémité des ongles. Quant à ce parfum de femme que don Juan percevait de si loin, il nous a paru sensiblement altéré en elle par l'absence de toute espèce de parfums.

En général, l'âme méconnue ne prend tout son développement que fort tard, entre trente-six et quarante ans. C'est une fleur d'automne qui souvent passe l'hiver et résiste aux frimas qui blanchissent sa corolle. On cite cependant quelques exemples d'âmes méconnues qui ont fleuri au printemps, de dix-huit à vingt ans. Mais ce n'a pu être qu'à l'aide d'une chaleur factice, d'une culture forcée, chauffée de romans dévorés en cachette, qu'on a pu obtenir de pareils résultats; et encore, le plus souvent, avortent-ils complétement à la moindre invitation de bal, et il suffit de les transporter à cet âge dans le terrain solide du mariage pour les transformer complétement.

Il n'en est pas de même de l'âme méconnue qui s'est développée à son terme; et celle-ci a cela de particulier, que, lorsque au lieu d'être transportée dans ce terrain légitime dont nous parlions tout à l'heure, elle y vient d'elle-même, elle est d'autant plus vivace et plus dévorante.

Toutefois, avant d'aborder la partie philosophique de cette analyse, il convient de dire quelque chose des lieux où se plaît l'âme méconnue. Elle aime les chambres closes où les bruits de l'extérieur arrivent difficilement et d'où les soupirs intérieurs ne peuvent être entendus. La vivacité du jour lui est insupportable comme aux belles-de-nuit, et elle se ferme comme elles sous un voile vert, si par hasard elle s'y trouve exposée; mais elle s'arrange pour vivre presque toujours dans un clair-obscur profond : elle se le procure au moyen de jalousies constamment baissées, de rideaux de mousseline d'autant plus *propres* à cet usage qu'ils le sont moins. Pardonnez-moi ce calembour : c'est Odry qui me l'a prêté.

Dans ces mystérieux réduits, il y a une foule de petits

objets inutiles et précieux, et dont l'âme méconnue pourrait seule expliquer la valeur. Quelquefois un crucifix, souvent une pipe culottée, de ci de là un bouquet flétri, une boucle de pantalon, une image de la Vierge, un nécessaire de travail dont on a enlevé la partie utile pour en faire une cassette à correspondance, des éventails ébréchés et un poignard en guise de coupoir, quoiqu'elle ne lise jamais de livres neufs et qu'elle les loue tout crasseux et tout déchirés au cabinet de lecture, ni plus ni moins que si elle était portière ou duchesse.

Maintenant que je crois avoir établi quelques-uns des éléments physiques de l'existence matérielle de l'âme méconnue, je crois pouvoir aborder les intimes secrets de son existence morale. Ici le champ est immense, par son étendue et par ses détails. La pensée de l'âme méconnue vole des régions les plus basses des affections illégales aux régions les plus éthérées des rêves d'amour mystique ; et dans ce vol à perte de vue, chaque mouvement est un mystère, chaque effort une douleur, chaque mot un problème, chaque aspiration un désir illimité, chaque soupir une confidence. Qui pourrait dire en effet tout ce qu'il y a dans les paroles ou les gestes d'une âme méconnue, dans sa pantomime éloquente ? Qui pourrait surtout comprendre les mystères et la sublimité de son immobilité et de son silence ? C'est alors qu'elle ne remue pas et qu'elle ne dit rien, que tout ce volcan qu'elle porte en elle gémit, brûle, se roule, s'embrase, la dévore, bondit, et finit par éclater par un regard jeté au ciel, comme une colonne de lave qui emporte avec elle les cendres de mille sentiments consumés dans cette lutte intérieure. Heureusement que l'âme méconnue en a tellement à consumer, que la matière ne manque jamais à l'incendie.

Quant à l'histoire de l'âme méconnue, avant d'arriver à sa perfection, elle est toujours un abîme où l'œil cherche vainement à pénétrer ; dans sa bouche, elle se résume toujours en ces mots : J'AI SOUFFERT ! ! ! Mais quant à la nature de ces souffrances, c'est un mystère qu'on ne peut guère apprendre que de quelque sage-femme indiscrète, ou de la *Gazette des Tribunaux*. L'âme méconnue est indifféremment fille, femme ou veuve.

Mais quel que soit celui de ces états auquel elle appartienne, il y a toujours, dans son passé, un, souvent deux, quelquefois quatre ou cinq de ces grands malheurs qui pèsent sur son existence.

A l'état de fille, l'âme méconnue est le châtiment des vieux célibataires qui ont été libertins. Quand l'âge a usé leurs forces, trop vieux pour chercher un refuge assuré dans le mariage, ils demandent du moins le repos à une association où ils mettront la fortune et où elle apportera les soins. Leur vieille expérience croit avoir trouvé une compagne convenable en choisissant une fille plus que mûre, mais dont la modestie languissante a encore un certain attrait : ils savent ce qui en est de ses retours plaintifs sur le passé. Mais eux, dont la vie s'est passée à faire faillir les plus pures et les plus jeunes consciences, ne pensent pas devoir se montrer trop sévères pour des fautes dont ils auraient pu être les complices. Ils s'imaginent follement que ces pauvres filles vieillies ne demandent qu'à se reposer de leurs malheurs comme eux de leurs plaisirs, et, sur la foi d'une résignation admirablement jouée, ils leur ouvrent leur maison.

A partir de ce jour commence entre le vieillard cacochyme et la fille valide une lutte où le misérable subira toutes les tortures avant de succomber.

Et d'abord, avec une persévérance et une effronterie

que rien ne peut troubler, elle insinue peu à peu que sa vie a été pure comme celle d'une vestale, et que la calomnie seule l'a flétrie. Le vieux bonhomme, qui n'a plus même la force de discuter, la laisse dire et lui accorde cette satisfaction, car elle est prévenante, bonne, empressée. Peu à peu, la vertu angélique de la sainte personne devient un fait établi, incontestable, reconnu par tout le monde, même par quelques amis qui ne veulent pas contrarier un pauvre fou. Alors les soins, sans cesser d'être empressés, deviennent impérieux; on règle la vie du vieux libertin. Peut-on refuser cet empire à la femme qui a si bien réglé la sienne ? Bientôt, ces soins, toujours offerts, sont cependant marchandés : les exigences paraissent, le vieillard cède une fois, deux; mais enfin, un jour arrive où il tente une observation : alors l'âme méconnue éclate, comme ce cactus fantastique qui s'épanouit en une seconde avec un bruit pareil à celui d'un coup de canon : « Un noble cœur qui s'est sacrifié à un pieux devoir et qui n'en recueille qu'ingratitude. Ah ! sa vie a commencé par le malheur, et elle doit finir de même. » Que si le vieillard trop irascible veut discuter ces prétendues infortunes, c'est alors que l'âme méconnue triomphe. « Ce n'est pas ainsi qu'il parlait naguère : il appréciait alors cette âme candide et fière qui s'était donnée à lui; ou plutôt elle s'était trompée, il n'avait jamais compris quel trésor de vertu Dieu avait placé près de lui. Eh ! comment pouvait-il en être autrement, lui qui n'a jamais vécu qu'avec des femmes de mœurs perdues, qu'avec des malheureuses dont elle rougirait de prononcer le nom ? » Que si le vieillard, blessé dans son orgueil, veut défendre quelques-uns de ses bons souvenirs d'autrefois et réplique, alors, oh ! alors, elle se tait ; et c'est une dignité froide, implacable, silencieuse, un abandon fermement calculé, qui répondent pour elle.

Le vieillard déjeune mal, dîne mal; tout lui manque : sa tisane, sa potion, son journal, son tabouret pour mettre son pied goutteux, son auditeur de tous les jours pour l'écouter. Il lutte, il veut être fort et se suffire; mais il ne peut pas; alors il se résigne, il rappelle celle qui lui fait mal et lui demande pardon : il l'a *méconnue*. Elle est proclamée âme méconnue. A partir de ce moment, ce malheureux appartient à cette femme, comme sa proie au vautour. Dès ce moment elle peut avoir un amant, qui boit le vin du vieillard, dîne avec lui, prend du tabac dans sa tabatière, s'il ne prend pas la tabatière. C'est un beau-frère, un cousin, un neveu, tout ce qu'il vous plaira ; mais c'est un membre de cette vertueuse famille dont l'âme méconnue est le plus bel ornement. La famille se trouve introduite. Elle est nombreuse, la famille; les cousins se succèdent et ils viennent quelquefois avec les cousines : alors on chasse la vraie famille du vieillard, devenu de plus en plus caduc et imbécile, pour recevoir cette famille ignoble qui n'a d'autre parenté que le vice. Du lit de souffrance où on laisse le malheureux, il entend quelquefois venir jusqu'à lui, du fond de son appartement, le bruit des verres et de l'orgie. Il tempête, il sonne; elle paraît, sévère, terrible. « Qu'a-t-il? que veut-il? — J'ai cru entendre... il m'a semblé. — Quoi? » — Il balbutie ses griefs; s'il est assez fort pour se lever et aller vérifier ses soupçons, on pleure, on se lamente, on s'indigne; s'il est trop malade pour bouger, on menace de le quitter et on ne veut pas être plus longtemps méconnue. Méconnue! toujours le mot tout-puissant! et le malheureux cède : qu'il soit dit, avec des pleurs ou avec des menaces, c'est un talisman. Cela dure jusqu'à la mort du vieillard et à l'héritage que recueille l'âme méconnue, auquel cas elle se fait dévote et épouse un marguillier, ou prend un établissement orthopédique, ou un cabinet de lecture. Celle-ci est de l'espèce la plus commune.

Passons à une espèce plus distinguée. A l'état de veuve, l'âme méconnue est la chenille vorace des petits jeunes gens. Les plus tendres, les plus naïfs, les plus gracieux, sont sa proie habituelle. L'âme méconnue veuve a presque toujours une espèce de petite existence assurée, quelque mille livres de rente accrochées à son mariage défunt. C'est cette variété surtout qui entend admirablement le romantique de l'intérieur et du clair-obscur. J'en pourrais citer qui ont des veilleuses en plein midi dans des lampes de porcelaine. C'est une de ces femmes qui a répondu à une de ses amies qui la trouva étendue sur une causeuse avec ce faible luminaire à l'heure de midi :

— Est-ce que vous êtes malade ?
— Non, je l'attends.

Quel pouvait être l'infortuné ? Malheureux enfant ! que Dieu te fasse l'amant d'une marchande de pommes plutôt que d'une âme méconnue ! Du moment qu'un malheureux bon jeune homme qui entre dans le monde a été aperçu par un de ces vampires dans le coin du salon où on le laisse, voilà le boa qui le guigne, qui s'approche doucement de lui, qui le couve des yeux, se l'assimile et l'absorbe par la pensée. C'est un incident de rien qui commence la conversation ; un mouchoir qu'on laisse tomber et que le maladroit ramasse avec politesse. Alors on s'informe de lui ; en moins de rien, on sait ses habitudes, ses allures, sa façon d'être. Le jeune homme, quel qu'il soit, a bien du goût, une préférence. Il est bien sorti du collège, où l'on apprend tout, en sachant un peu de quelque chose, ou il a touché du piano, ou dessiné des yeux, ou fait des vers qui n'avaient pas la mesure. Quoi que ce soit dont il parle, l'âme méconnue ne rêve pas autre chose : la musique est sa vie, ou bien elle a un album pour lequel il lui faut un dessin, ou des vers. Le jeune homme ne peut lui refuser cela. Qu'il vienne un moment dans le modeste ermitage de la recluse, et on lui montrera tous les trésors de poésie qu'elle possède ; il doit aimer et approuver cela, lui ! car son visage a le cachet des nobles sentiments, des goûts élevés. Pauvre petit ! il se sent flatté, il croit qu'il est fait pour aimer hors du collége ce qu'il y détestait cordialement. Il promet et ira ; il y va.

L'antre s'ouvre et se referme : c'est toujours le fameux clair-obscur, plus une tablette du sérail ; c'est une femme dans un long peignoir blanc avec des bracelets de jais et un collier de même, avec une croix qui se perd dans la ceinture. Elle souffre, elle est languissante ; l'enfant inexpérimenté s'attendrit et la plaint.

— Oh ! vous êtes bon, mais vous me faites bien au cœur.

Et on lui serre la main.

De deux choses l'une : ou le patient est tout à fait novice, et alors c'est lui qui devient entreprenant, c'est la belle qui succombe et qui menace d'en mourir ; ou il a quelque instinct du danger dont il est menacé, et il cherche à battre en retraite ; et alors il est pris au collet de la façon la plus irrésistible. Il arrive qu'on se trouve mal, qu'on a une attaque de nerfs ; l'urgence demande des secours, mais une femme sait-elle ce qu'elle fait dans son attaque de nerfs ; sait-elle où elle s'accroche ? c'est quelquefois au cou du visiteur, et comme cette femme n'est pas absolument affreuse, les dix-huit ans du jeune homme font le reste.

A partir de ce moment, l'infortuné est perdu, il appartient corps et âme à cette femme, pour qui le ciel vient de s'ouvrir après tant d'années ténébreuses de douleur, et qui croit, à ces transports soudains et invincibles qui l'ont dominée, qu'elle a enfin trouvé celui qu'elle rêvait dans sa souffrance intime, dans son âme brisée. Le jeune homme croit à tout cela ; il se sent adoré, et la vanité lui tient lieu d'amour pendant une semaine ou deux. Mais bientôt la scène change, ce n'est plus lui qui a été violé, c'est cette femme qui a été indignement séduite ; et, à ce titre, elle est exigeante, elle est jalouse ; elle veut toute sa vie. Il veut essayer de secouer le joug, et demande un peu de liberté : ici l'âme méconnue se révèle. Il est bien difficile que le premier jour il ne soit pas échappé à l'imprudent quelques-unes de ces phrases que la politesse fait dire à toute femme qui se tord de désespoir dans vos bras de la faute qu'elle vient de commettre. On l'a rassurée, on lui a promis de l'aimer toujours. Voilà le point de départ de toutes les déclamations, le piédestal de l'âme méconnue ; elle se pose en victime.

L'infortuné, qui n'a pas encore le féroce courage des ruptures ouvertes, écrit une lettre où il croit avoir inventé un prétexte irrésistible ; il l'envoie le soir par son portier, se couche et s'endort. Le lendemain matin, quand il s'éveille avec le vague sentiment de sa liberté rachetée, il voit au pied de son lit un visage en pleurs qui lui dit douloureusement : « Vous dormez, et moi je veille ! » Le portier du petit jeune homme a donné la clef de son petit appartement à la femme qui s'est présentée le matin. Ce n'est pas que ce ne soit un homme de mœurs très-rigides ; mais l'âme méconnue a si bien l'air d'une tante, qu'il croit faire acte de père de famille en introduisant près de son jeune locataire une personne raisonnable qui le tancera ; car il commence à se déranger un peu.

Surpris au lit, le malheureux fait presque toujours tourner l'explication à son désavantage ; il a été éga   par de faux amis, et il retombe dans l'abîme auquel il aurait voulu s'arracher. C'est alors que la vie devient un affreux supplice : ce sont des lettres tous les matins, des rendez-vous tous les soirs ; il ne répond pas, il y manque ; il va bien gaiement au café Douix près d'une fenêtre ; il rit, il parle, il boit. Tout à coup sa gaieté se ternit, son visage devient sombre : c'est que l'âme méconnue vient de lui apparaître au fond d'une citadine à un cheval ; elle est folle, exaspérée, elle peut monter, faire une scène et le perdre ; oui, le perdre, car elle le rendra ridicule. Alors il prend un prétexte pour sortir, il descend, et, pour se débarrasser de cette funeste apparition, il promet tout ce qu'on veut. Il remonte, mais il n'a plus d'appétit : son dîner tourne, il a une indigestion ; et quand il rentre chez lui où on l'attend, il faut qu'il remercie encore l'âme méconnue du thé qu'elle lui donne : horreur ! En être réduit à avoir une indigestion devant une femme. Il y a de quoi l'étrangler.

Mais vouloir écrire tous les accidents d'une pareille histoire, ce serait entreprendre un livre de dix volumes : et les menaces de suicide, et l'honneur perdu pour lui seul, et les suppositions de grossesse impossible, et toute la fantasmagorie des sentiments faux, exagérés. Cela peut durer six mois, au bout desquels le malheureux déménage ou part pour les Iles. Ce sont les âmes méconnues qui lèguent aux autres femmes ces cœurs d'hommes secs et impitoyables qui ne croient à rien, qui brutalisent les sentiments les plus délicats, ricanent des affections les plus tendres, et qui ont créé cette phrase : « Elle est morte d'amour et d'une fluxion de poitrine. »

Quelque ignoble que soit l'âme méconnue à l'état de fille, quelque féroce qu'elle soit à l'état de veuve, ce n'est rien encore auprès de ce qu'elle est à l'état de femme. Elle parvient à cet état par des voies bien différentes : quelquefois elle y apporte les germes de cette espèce d'affection cérébrale chronique qui constitue l'âme méconnue ; c'est alors quelque sous-maîtresse de pension qui épouse un marchand de vin veuf, et qui veut donner une seconde mère à ses filles. Le gros gaillard continue à boire, à manger, à rire fort, tandis que la femme se renferme dans le dédaigneux silence de la supériorité, mangeant du bout des lèvres, parlant de même, rendant de même à son époux ses caresses et ses bons baisers d'affection. Il joue le piquet, tandis qu'elle lit Lamartine, et il ronfle dans son lit, tandis qu'elle rêve éveillée à côté de lui. Il est inutile de dire où doit aboutir une pareille union. D'autres fois l'âme méconnue est entrée en ménage avec toute l'envie sincère d'être une bonne femme : alors il peut arriver que l'affection la gagne par les livres ou par contact avec une personne gangrenée. Dans ces cas-là, comme nous l'avons dit plus haut, le développement de l'âme méconnue est énorme ; car c'est tout son passé sacrifié et perdu dont il faut qu'elle se venge ; et le mari lui doit, en souffrances qu'elle lui inflige, toutes les joies ineffables d'un amour céleste qu'il ne lui a pas procurées. L'employé dans les administrations, qui laisse sa femme toute la journée dans la solitude, est très-sujet à la femme âme méconnue ; car, en son absence, tout pénètre dans sa maison : amies, livres, consolations ; et le mal s'y développe à l'aise, jusqu'à ce qu'il arrive à un degré d'intensité qui amène les querelles les plus violentes, et enfin les ruptures les plus scandaleuses. D'autres fois encore le mari accepte l'âme méconnue pour ce qu'elle est : c'est presque toujours quand elle s'est trouvée apporter une dot considérable dans la communauté. Alors c'est l'esclave le plus insulté, le plus bafoué, le plus déconsidéré de la terre : il n'a ni la volonté d'avoir une opinion, ni celle de rentrer quand il veut, ni de sortir, ni d'être indifférent, ni attentionné; et avec cela il est réputé le tyran le plus insupportable et le plus barbare; il ne comprend pas ce qu'est une femme; il ignore ses sentiments secrets de sensibilité, qu'il blesse à chaque instants; il a tué le rêve de ce cœur qui croyait en lui; il écrase de sa vie vulgaire la vie ineffable de cette âme méconnue. Pour le mari qui a une pareille femme, le supplice est de tous les jours, de toutes les minutes, de tous les instants. S'il reste seul avec sa femme, elle rêve; à la première question qu'il lui adresse, elle se détourne dédaigneusement : que vient-il faire dans ses pensées, lui qui ne saurait les comprendre? S'il insiste, elle éclate : le brutal a posé son pied de bœuf sur cette âme méconnue qui ne peut même se réfugier dans le silence; s'il a quelques amis à dîner, elle se tait encore, et lorsqu'il lui dit de servir la crème, elle essuie une larme, affecte une gaieté forcée, douloureuse, et salit la nappe. Le dîner est gêné, ennuyeux. Le soir venu, le mari demande une explication, qui se résout toujours en une attaque de nerfs (ceci tient à la variété la plus élégante de l'âme méconnue). C'est tous les jours la même vie, jusqu'à ce que tout cela finisse par un procès en séparation inventé par la femme pour sévices graves, et prononcé contre elle pour adultère.

Enfin, quand l'âme méconnue a enterré son célibataire, ou perdu son dernier jeune homme, ou abandonné son époux, elle écrit un jour la lettre suivante à un homme de lettres quelconque :

« Monsieur,

» Vous qui savez si bien peindre les douleurs des femmes, vous me comprendrez. J'ai bien SOUFFERT, monsieur, et peut-être le récit de mes douleurs, retracé par votre plume, pourrait-il intéresser vos lecteurs. Si vous vouliez recevoir ces tristes confidences d'un cœur qui n'a plus d'espoir en ce monde, répondez-moi un mot. A madame A. L., poste restante. »

L'homme de lettres, qui est un gros bonhomme très-rond, qui rit, et siffle la cachucha en corrigeant ses épreuves, prend la lettre, la tortille, et s'en sert pour allumer son cigare, qu'il va fumer dans les allées de son jardinet en rêvant à quelque histoire bien touchante.

L'âme méconnue va à la poste huit jours de suite, et, ne trouvant pas de réponse, elle s'écrie en guignant un boisseau de charbon : « J'ai vécu méconnue et je mourrai méconnue ! » Là-dessus, elle fait chauffer son café au lait et demande un gigot pour son dîner. O âme méconnue !

LA MAITRESSE

DE

MAISON DE SANTÉ

Avant de faire le portrait de l'individu, essayons de donner une description de l'endroit où on le trouve, du cadre où il pose, ou, si vous l'aimez mieux, de la contrée où il règne. La maison de santé est presque toujours logée dans quelque vieil hôtel dont les vastes appartements du rez-de-chaussée sont affectés au service commun, au grand et au petit salon, à la salle à manger, au parloir, etc. Les étages supérieurs sont divisés en une foule de petits appartements qui sont affectés aux malades de première qualité. Ceux du second ordre sont casernés dans les chambres que l'on a pratiquées sous les combles, ou dans celles qu'on a créées, au moyen de quelques cloisons, dans les bâtiments destinés autrefois aux écuries et aux remises. Comme la maison de santé parle toujours, dans ses prospectus, de l'air pur qu'on y respire, elle a toujours un jardin d'une assez vaste étendue. Ce jardin est d'ordinaire livré à l'entreprise, c'est-à-dire que, moyennant une somme de cent francs par an, il y a un jardinier qui se charge de le ratisser, de le labourer et de le fournir de fleurs, d'où il résulte nécessairement que l'herbe pousse dans les allées et que rien ne pousse dans les plates-bandes. Cependant, c'est là seulement que se trouve l'air pur qui fait le plus grand mérite de cette demeure, car l'on ne peut guère s'imaginer l'air qu'on respire à l'intérieur. Grâce aux nécessités de l'exploitation, qui font à la fois d'une maison de santé une succursale d'hôpital et une annexe de restaurant, il s'y forme une atmosphère pharmaceutique et culinaire chargée d'exhalaisons d'éther et de matelote, de quinine et de choux farcis, de graine de lin et de haricot de mouton ; espèce de gaz gras et nauséabond qui donne à la fois des étouffements et des envies de vomir.

C'est là que vit pêle-mêle la population la plus diverse et la plus changeante, car la maison de santé n'est pas seulement, comme nous avons dit, une succursale d'hôpital, une annexe de restaurant, c'est aussi une dépendance de prison. C'est en cela que la maison de santé diffère, essentiellement de la pension bourgeoise. Celle-ci n'est, à tout prendre, qu'un *fac-simile* incomplet de la petite ville ; la maison de santé est un résumé de la société tout entière. L'une ne renferme guère que la sottise et le ridicule, et l'autre y joint le crime et le vice. Vous allez voir comment.

Par une tolérance dont nous ne voulons point faire la critique, mais qui existe, il y a un certain nombre de condamnés qui obtiennent, sous prétexte de maladie, la permission de subir leur châtiment dans une maison de santé. Cette tolérance a été appliquée d'abord aux écrivains politiques, et en ce cas elle semble presque juste, ou tout au moins possible à expliquer. Dans nos mœurs, l'homme qui commet un délit moral ne saurait être assimilé à celui qui a matériellement fait un acte coupable. Notre délicatesse répugne à voir dans la même prison un publiciste et un escroc, un poëte et un voleur. La loi n'a pas fait de différence, l'administration en a reconnu une, elle a eu raison sans doute ; mais malheureusement, dans notre pays l'abus est toujours près de l'usage, et peu à peu la tolérance dont j'ai parlé s'est étendue aux banqueroutiers, aux faussaires, etc.; de façon qu'il y a des criminels dont les uns pourrissent dans des cellules impures, et dont les autres se gobergent dans les salons de la maison de santé. Si l'on veut me permettre de raconter une visite que je fis dans une maison de ce genre, on jugera peut-être mieux de l'ensemble de cette population, sur laquelle règne la maîtresse du lieu, et peut-être aussi le portrait de ce qui doit être la souveraine d'un pareil monde se trouvera-t-il à moitié dessiné par l'esquisse des sujets sur lesquels elle étend son empire. J'étais invité à dîner dans une maison de santé, par un de mes amis, que des passants y avaient transporté à la suite d'un accident, et qui s'y était installé pour s'y faire guérir, car il n'avait point de famille à Paris. Je me rendis de bonne heure à l'invitation. C'était en été, et la plupart des habitants de la maison se promenaient dans le jardin. Auprès d'une plate-bande où j'avais cueilli une rose thé d'une pâleur charmante et d'un parfum délicat, j'aperçus deux hommes que leur entretien semblait absorber complétement : l'un jeune encore et malade, mais habillé avec une recherche et une élégance particulière. On voyait que c'était un étranger. L'autre, au contraire, râblé, rubicond, musculeux suant la santé et la vigueur, mais d'une allure grossière et brute, était vêtu comme un ouvrier endimanché. Je demandai à mon ami quels étaient ces deux hommes qui causaient si fraternellement, quoiqu'ils parussent de nature si différente. « Le premier, me répondit-il, est un baron allemand, énormément riche, et qui est venu se faire traiter ici pour une maladie de peau reconnue incurable. Le second est un maître maçon détenu sous prévention de faillite frauduleuse. Ce sont là des pratiques excellentes, le baron payant très-cher parce qu'il est riche, et le maçon parce qu'il est coupable ; l'un vivant dans l'espoir d'une guérison qu'on lui promet toujours pour le mois prochain, l'autre vivant dans la crainte d'être à tout moment retourné à la Force, et flattant de ses écus volés l'influence occulte de la directrice de la maison, qui le sauve de cette extrémité. L'intimité de ces deux hommes, qui vous semble un problème insoluble, s'explique ici tout naturellement. Le maître maçon seul s'est trouvé la peau assez rude et assez calleuse pour toucher la peau galeuse du baron allemand, lui seul ose entrer dans sa chambre et braver la pestilence de l'air qu'on y respire. Du reste, tous deux en combattent l'impureté par un exercice continu de la pipe et une prodigieuse absorption de bière, et cela à l'encontre des ordonnances du médecin.

— Et la maîtresse de la maison ne s'oppose pas à cette dérogation aux lois sanitaires qui doivent être plus despotiques ici que partout ailleurs ?

— Hé ! me répliqua mon ami, où serait alors le bénéfice de l'entreprise, si les malades se guérissaient ? Chaque bouteille de bière exige, le lendemain, un pot de pommade pour frictionner le baron : et je vous jure qu'on le frictionne, non-seulement pour ce qu'il boit, mais pour ce que boit le maçon.

— Mais le malheureux en mourra.

— On l'en empêchera bien. La maladie de peau est connue pour ses excellents produits. C'est le vrai fonds des maisons de santé ; on n'en guérit jamais, mais on n'en meurt que très-tard ; une maladie de peau est presque une rente viagère pour la maison, et, si on l'exploite, on se garde bien de la laisser aller trop vite. Il n'y a pas de malade plus soigné que le baron. »

A quelques pas de là, je pus me convaincre que s'il y

avait des amitiés dans cette sentine, il y avait aussi des haines profondes; et j'appris en même temps que s'il s'y trouvait des malades et des prévenus, il y avait aussi des condamnés. Une femme abominablement sale, mais d'une grasse beauté, passa près d'un homme fluet et maigre, et d'une recherche excessive. Tous deux se lancèrent un regard de haine et de mépris, que tous deux méritaient, comme on va voir. La femme sale était une bouchère républicaine, que son mari avait fait condamner, parce qu'il croyait que le ménage est tout à fait un État monarchique où il ne doit y avoir qu'un souverain, et que sa femme y voulait un sénat composé de tous les garçons de boutique à larges épaules, et leur faisait prendre aux affaires une part trop intime et en même temps trop publique.

Le monsieur était un vicomte de l'ancien régime, à qui les bourgeois du jury avaient fait payer, par une détention de cinq ans, son trop grand amour pour les jeunes filles au-dessous de quinze ans.

La haine de ces deux êtres l'un pour l'autre était poussée aux dernières limites. La forte et vigoureuse bouchère, pour qui son crime n'était qu'un exercice un peu étendu de sa constitution républicaine, exécrait ce croquet de vicomte et son incapacité à aborder la question dans toute sa puissance, en face d'une personne qui, comme elle, savait au moins ce qu'elle faisait, et qui insultait à la nature par l'abominable corruption dont il flétrissait des êtres incapables de se défendre ou plutôt incapables de céder. De son côté, le vicomte se révoltait de ce que cette volumineuse et lourde bouchère eût sali de son contact grossier ce joli petit crime privilégié qui, selon lui, ne devait appartenir qu'aux femmes du monde, et qui consiste à tromper son mari. Du reste, tous deux avaient trouvé, chacun pour l'autre, une dénomination qui peignait à la fois ce qu'ils étaient et le sentiment qu'ils s'inspiraient. La bouchère appelait le vicomte : « Vieux Contrafatto! » Le vicomte appelait son ennemie : « La tranche de bœuf adultère! » Tous deux condamnés avaient trouvé un asile dans cette maison. Pourquoi ? par qui ? comment ? Ceci est un des mystères des maisons de santé.

J'avoue que ces deux rencontres m'avaient déjà donné un commencement de mal au cœur, qui m'eût peut-être fait inventer un prétexte pour me retirer avant le dîner, si je n'avais été ramené à des idées moins fétides par un jeune homme qui m'aborda en s'écriant : « Hé! c'est vous, mon cher, est-ce que vous dînez avec nous ? En ce cas, je vais faire frapper du champagne, car je suis de la maison. — Vous, et à quel titre ? — Eh! eh! reprit-il en riant aux éclats, comme malade. — Avec cette figure épanouie! Vous êtes donc un malade imaginaire ?—Non, pardieu, je suis plutôt un malade imaginé. Voici ce que c'est. Un juif me prête vingt mille francs: c'est-à-dire qu'il me donne cent louis en écus, et dix-sept mille six cents francs en savon de Windsor, en tonneaux d'urate, en pains à cacheter, en serins, en registres à dos élastique, etc., etc., etc. L'échéance venue, le drôle me poursuivit. Je lui proposai un arrangement, il refusa. Je me vengeai. Il m'avait prêté en savon et en pains à cacheter, je le payai en prison. Mais comme Clichy est un abominable séjour, je me trouvai, le lendemain de mon écrou, atteint d'une maladie chronique du foie. Je fus condamné, sous peine de mort, à faire bonne chère, à monter à cheval, à me livrer à toutes sortes de distractions; et comme la loi a dit au créancier : « Tu emprisonneras ton débiteur, » mais non pas : « Tu le tueras, » j'ai été transféré dans cette maison de santé, où je me soigne le plus que je peux, en attendant ma guérison définitive, qui arrivera dans deux ans, car voilà trois ans de traitement que je fais de mon mieux, sans que ma maladie ait diminué d'intensité. C'est pourquoi nous allons boire de la tisane de Champagne... à la santé de mon juif. A tout à l'heure. Je vais à l'office. »

Il nous quitta en riant, et trouva sur son passage un homme chauve à qui il se mit à chanter à tue-tête :

Préfet, je veux de tes cheveux.

L'homme ainsi interpellé se redressa comme un aspic, et courut sus à celui qui l'avait interpellé, jusqu'à ce que, fatigué de le poursuivre à travers toutes les sinuosités du jardin, que l'autre lui faisait parcourir en lui chantant toujours, *Préfet, je veux de tes cheveux*, le malheureux tomba sur un banc où il se mit à frotter sa tête chauve avec un morceau de flanelle grasse et une frénésie extraordinaire. C'était un ex-préfet de l'Empire, qui, devenu trop pressant dans ses hommages à une belle dame, s'était vu enlever son faux toupet au moment le plus animé de l'attaque. L'éclat de rire que fit naître cet accident, et qui défendit la dame beaucoup mieux que ses fureurs, avait si profondément blessé la prétention belliqueuse du préfet, qu'il en avait perdu le peu de bon sens demeuré jusque-là sous sa perruque. Il en était devenu fou, et sa folie consistait à croire qu'il avait inventé une pommade pour faire pousser les cheveux. C'est pour cela qu'il se frottait si furieusement le crâne.

Enfin l'heure du dîner arriva. Nous étions à peu près vingt-cinq à table. Le dîner me parut convenable, mais l'aspect de la table fut plus puissant que mon appétit. J'avais en face de moi une pulmonaire, espèce de cadavre ambulant qui avait été accueilli à son entrée par un murmure dont le sens voulait dire : « Tiens! elle n'est pas encore morte; c'est drôle! » Un peu plus loin un manchot, que j'avais d'abord pris pour un militaire, mais qui n'était autre qu'un scrofuleux à qui l'on avait coupé le bras, lequel bras, à ce que j'appris, avait été enterré au pied du rosier où j'avais cueilli cette charmante rose thé que j'avais à ma boutonnière. Il me sembla que j'avais le bras de cet homme pendu à mon habit; j'arrachai cette délicieuse fleur avec un mouvement de dégoût et d'horreur, et je renonçai à dîner.

Cependant j'admirais avec quelle tranquillité d'estomac tous ces gens mangeaient et buvaient, et j'eus bientôt l'occasion d'apprécier avec quelle tranquillité d'esprit ils prennent certains événements. Dans cette circonstance, je reconnus que l'homme physique et l'homme moral n'ont que des jongleries dans le cœur et dans l'estomac. En effet, au beau milieu d'un dindon que découpait la maîtresse de la maison, un domestique de chambre, sorte de garçon de cuisine et d'apothicairerie, entra et dit tout haut :

— Madame, madame B*** du second est à toute extrémité, et elle demande un confesseur.

— Bien, répondit la maîtresse en fendant une aile en six, faites venir aussi le viatique, car je crois qu'elle n'ira pas jusqu'au dessert. »

Après ceci, à quoi personne ne fit attention, on parla immédiatement de littérature légère. Je laissai la conversation s'engager entre un richard condamné à mort pour catarrhe, et un professeur d'anglais condamné à la détention pour faux. L'un fut soutenu dans ses opinions classiques et morales par un ancien croupier de Tortoni, qui avait ouvert une maison de jeu clandestine ; et l'autre fut secondé dans son admiration pour le genre romantique par un hydropique qui prétendait avoir le ventre de Falstaff. Ce fut alors que je pus observer la maîtresse du lieu. A ce moment de la journée, elle devait avoir et elle avait quelque chose de la maîtresse de pension. Ainsi la même adresse à distribuer un plat, la même surveillance de l'œil sur la consommation libre des hors-d'œuvre, la même colère quand un indiscret osait revenir deux fois au même mets. Mais la dextérité humoriste et souple de la maîtresse de pension bourgeoise était remplacée ici par une sécheresse d'autorité que ma présence seule empêchait de se montrer dans toute sa rigueur. On voyait toujours surgir derrière les paroles de cette femme, comme une ombre menaçante, ou le médecin, lorsqu'elle arrêtait l'appétit des malades, ou le préfet de police, lorsqu'elle calmait l'avidité des condamnés. Toutefois, quelques-uns, comme le baron et l'Anglais, mangeaient à volonté, cela ne pouvant que leur faire du mal, et la pharmacie de la maison rattrapant au centuple ce que la cuisine pouvait y perdre.

Enfin, ce dîner se termina, et la chose qui me frappa le plus quand on eut quitté la table, ce fut l'étrange fusion qui s'opéra dans le salon. Outre les personnes dont j'ai parlé, il y avait dans cette maison des pensionnaires valides et des malades souffreteux, gens de bon monde et de probité. Je pensais qu'ils allaient se réfugier dans un coin. A ma grande surprise, il s'établit une conversation générale dont personne n'était exclu. Deux jeunes filles qui demeuraient dans cette maison près de leurs mères infirmes, des femmes élégantes qui venaient y voir leurs frères ou leurs parents, faisaient cercle avec la bouchère et le vicomte, et, pendant un moment, la maison de santé disparut pour faire place à une réunion gaie, animée, brillante. On y parlait modes, spectacles, concerts. On y faisait des calembours, de bons mots, tandis que l'on mourait au-dessus de notre tête. Moi, seul y pensai peut-être ; mon ami m'assura que le lendemain je n'y aurais plus pensé.

Le repas fini, je me fis présenter, et je causai longtemps avec cette régente d'un empire si singulièrement composé. Elle me fit peur. Elle n'est plus jeune, mais a dû être fort belle ; elle est rude, mais elle a un choix d'expressions assez distinguées. A la voir ailleurs que chez elle, on lui trouverait de l'esprit, et on chercherait où elle l'a pris ; mais à côté de la source où elle le puise, cet esprit devient presque un cynisme effrayant. Jamais je n'ai entendu parler de toutes les infirmités et de tous les crimes humains avec une précision si indifférente. Le juge le plus accoutumé à l'aspect du vice, le médecin qui pénètre dans les hôpitaux, n'ont chacun qu'une moitié de cette affreuse expérience de l'homme, qui tue toute foi et toute sensibilité. Il me semblait que cette femme dût être faite de bois et de fer. Eh bien ! non, il y a au fond de tout cela une portion d'âme qui a survécu à l'ossification générale : cette femme aime, et elle aime avec passion. Je cherchai qui pouvait être le préféré. « Jamais, me dit mon ami, il n'entre dans cette maison ; elle n'est pas assez maladroite pour se montrer dans cet affreux déshabillé de son état ; elle sent que le charme fuirait à la seconde visite. Du reste, un mari ou un amant ne feraient que l'embarrasser. S'il y avait ici un homme qui eût le droit de s'interposer dans les querelles qui s'y engendrent, il lui faudrait souvent employer la violence personnelle pour mettre les récalcitrants à la raison, ou répondre à des provocations qui peuvent partir d'hommes dont on ne peut les refuser. La femme, au contraire, protégée par sa prétendue faiblesse, est toujours en droit d'appeler des auxiliaires avec lesquels personne ne se soucie de se commettre ; pour les maladies qui vont jusqu'à la fureur, ce sont les domestiques ; pour les autres, c'est le commissaire de police. Grâce à ces moyens, chacun se maintient à sa place, sûr d'y être remis par une force ou une autorité supérieures.

Toutefois, la maîtresse de maison de santé a des vertus que l'on chercherait vainement dans le monde : c'est une discrétion à toute épreuve. Ici ont passé sans qu'on les ait jamais vues, bien des jeunes filles et des femmes dont l'arrivée était suivie de la venue d'une nourrice. Il y a eu dans ce genre des romans entiers cachés dans les murs de cette maison, et certes les Mémoires d'une maîtresse de maison de santé vaudraient mieux que ceux de l'homme qui croit le plus savoir dans ce monde.

A ce propos, je demanderai la permission de raconter une rencontre dont le secret me fut révélé trois semaines après cette première visite, un jour de bal, car on donne des bals dans les maisons de santé.

Le jour où je dînai, la nuit était tout à fait close quand je sortis. Chaillot est désert de bonne heure, et rencontrai au milieu de la rue une voiture de poste arrêtée, et dont le postillon avait quitté les chevaux. Je m'approchai, craignant qu'il ne fût arrivé quelque accident, lorsqu'une voix de femme, sortie de cette voiture, me dit avec un accent de prière :

« Mon Dieu, monsieur, pourriez-vous indiquer au postillon la maison de santé du docteur N...? Ce malheureux est ivre et s'en va frappant à toutes les portes. »

La personne qui m'avait ainsi parlé s'était penchée hors de cette voiture, et la lumière de la lanterne m'avait éclairé son visage de manière à ce que je pusse voir combien elle était belle. Cette femme avait dans ses yeux, dans l'accent de sa voix, quelque chose d'inquiet qui sans doute l'empêcha de voir avec quelle curiosité je la regardais; mais, du moment qu'elle s'en aperçut, elle se retira dans la voiture et se voila le visage. J'accompagnai la voiture jusqu'à la maison d'où je sortais, et je me promis de m'informer de cette admirable personne. J'en parlai à mon ami.

Il ne l'avait point vue et n'en avait pas entendu parler. Personne, dans la maison, ne savait rien d'une pensionnaire ou d'une malade arrivée en chaise de poste. Je supposai que cette étrangère n'avait pas trouvé chez le docteur ce qu'elle y cherchait, et s'était adressée ailleurs.

Le jour du bal vint enfin, et dans cette maison d'invalides et de condamnés, où la maladie régnait à tous les étages, où la honte semblait devoir fermer les portes quand ce n'était pas la douleur, ce fut un luxe, du bruit, des fleurs, des diamants, des femmes qui riaient et dansaient au son d'un orchestre joyeux. Une seule figure rappelait la mort au milieu de cette fête bruyante. C'était celle d'une jeune poitrinaire, qui, à force d'instances, avait obtenu de se placer dans un coin du salon. Là immobile, attentive, respirant un air qui devait lui brûler la poitrine, elle regardait danser d'un œil ardent d'autres jeunes filles pleines de fraîcheur et de séve. Ses lèvres, convulsivement agitées, suivaient les mesures rapides du galop;... elle tressaillait d'une joie désolée, lorsque la danse animée emportait tous ces flots de femmes en légers tourbillons; ses doigts, crispés sur les bras de son fauteuil, essayaient de la soulever. Un moment elle se tint presque debout, et je crus qu'elle allait mêler sa figure cadavéreuse à cette course emportée et rouge de plaisir. Mais la force lui manqua, et elle retomba à sa place.

Il ne faut pas croire que ce monde qui dansait ainsi ne

se fût pas aperçu de la présence de cette mourante : chacun la savait là, chacun l'avait remarquée. Mais par un admirable instinct d'égoïsme, personne n'en parlant à personne, tout le monde semblait l'ignorer, et l'on n'avait pas besoin de donner à la pitié une seule minute de cette nuit vouée au plaisir. Moi-même je voulus me distraire de cette pensée, et je ne sais ce qui me prit de demander à mon ami des nouvelles de notre préfet. Je rencontrai bien.

— Silence, me dit mon ami, sa folie a pris un caractère furieux, et ce matin il s'est tué d'un coup de couteau. Ne parlez pas de cela, ça jetterait du froid dans le bal... Il est là, à deux pas, dans un petit salon... Les femmes sont si ridicules! elles auraient peur, et j'avoue que je ne voudrais pas manquer le galop que m'a promis la femme du général belge R***, la belle-sœur du docteur, une femme charmante; elle est arrivée ce matin d'Angleterre, et n'a pas voulu manquer le bal ce soir, car elle repart demain pour Bruxelles.

Je demeurai à ma place. Le galop passa à plusieurs fois devant moi. J'étais tellement préoccupé de ce bal, à côté de ce cadavre, que je ne voyais personne ; un couple plus rapide que les autres me heurta assez fortement, et j'entendis un rire suave et doux glisser en même temps dans l'air. Je levai les yeux, et je vis mon ami emportant une femme d'une élégance et d'une souplesse merveilleuses. Elle repassa devant moi, je la reconnus. Cependant je n'osai me fier à un premier coup d'œil. Lorsqu'elle fut assise, je me plaçai près d'elle; elle m'aperçut et devint pâle. J'allais aborder mon ami qui venait à moi, lorsqu'elle me dit avec un sourire plein de bonne grâce.

« N'est-ce pas vous, monsieur, qui m'avez invitée pour la première contredanse ? »

Je m'empressai de lui répondre qu'elle ne se trompait pas. Nous dansâmes ensemble; pendant une figure elle se tourna vers moi, et tout en arrangeant les plis d'un fichu de blonde, elle me dit à voix basse, comme si elle m'eût parlé de sa robe :

— Si vous dites un mot, je suis perdue... Point de questions sur mon compte... Là-bas, au coin de la fenêtre, cet homme à cheveux blancs à qui je souris en ce moment, c'est mon mari; et s'il soupçonnait que je suis entrée ici il y a trois semaines, quand il me croyait à Londres, il me tuerait.

Elle ne put continuer, c'était son tour de figurer; elle s'élança, la joie sur le front, le sourire sur les lèvres, et je ne m'étonnai point de voir mon ami danser gaiement près d'un cadavre, quand cette femme se montrait si légère avec une telle terreur dans l'âme.

Quand elle revint, je la rassurai; elle me remercia comme si je lui avais ramassé son éventail.

Le bal dura jusqu'au matin. Je me retirai vers six heures, et pourtant je ne fus chez moi que beaucoup plus tard. Cela vint de ce que, dans l'avenue de la maison, la voiture qui précédait la mienne, et où se trouvait la belle madame R***, accrocha le corbillard qui venait pour enterrer l'ex-préfet. On fut plus d'une heure à dégager ces deux voitures l'une de l'autre; et comme les deux cochers se disputaient, celui du corbillard dit à son camarade :

— C'était à toi de faire attention, animal; je ne courais pas risque comme toi de faire changer mon monde de voiture.

— Taisez-vous ! s'écria madame R*** avec épouvante.

— Laissez donc, la petite dame, dit le cocher en sifflant ses chevaux pour les faire avancer, vous y viendrez tôt ou tard. Je sais le chemin, et je ne chercherai pas l'adresse cette fois-ci. »

Je regardai le drôle, c'était le postillon de Chaillot devenu cocher de corbillard.

LE
BOURGEOIS CAMPAGNARD

On s'imagine, en général, que le bourgeois de Paris est citadin, qu'il a l'amour de sa ville, qu'il se réjouit quand on en balaye la poussière ou la boue, ou qu'on élargit les rues de manière à ce qu'il ne respire pas absolument un air d'égoût ; on croit qu'il s'éprend des trottoirs d'asphalte ; des candélabres gazifères, du dallage des quais, des arbres qu'on y plante et qui ne poussent pas, de la splendeur des monuments, de toutes les améliorations enfin votées par le conseil municipal, on se trompe : le bourgeois de Paris n'accepte tout cela que comme un adoucissement à la funeste nécessité d'habiter la capitale. En effet, de tous les Français, le bourgeois de Paris est le plus champêtre, il l'est jusqu'au fanatisme. Boutiquier ou commis, enchaîné derrière un comptoir ou en face d'un bureau, la campagne est le rêve de toutes ses heures, sur cent souscripteur à la *Maison rustique* ou au *Dictionnaire d'agriculture*, il y en a quatre vingt-quinze qui appartiennent aux patentés de la rue Saint-Denis ou aux appointés des grandes ruches ministérielles. Le souscripteur lit ces livres où l'on parle de la campagne, comme les petites pensionnaires dévorent les romans où l'on parle d'amour, en se promettant d'en faire de belles quand ils seront libres de se livrer à la passion de leur cœur.

Un des symptômes les plus véhéments de cette monomanie, c'est la fureur avec laquelle, le dimanche venu, nos citadins se précipitent hors de la cité par toutes les barrières de Paris.

Quand on pense à quels travaux d'Hercule se livrent ces bons bourgeois pour toucher du bout du pied le bord de cette belle robe verte qui revêt leur terre promise, on se sent pris à la fois d'admiration et de pitié pour cet amour emporté. En vérité, on ne songe point assez avec quelle résignation ils s'entassent dans une tapissière, avec quelle intrépidité ils se confient à un coucou ; on ne calcule pas ce qu'ils bravent de soleil, ce qu'ils absorbent de poussière, ce qu'ils subissent de cahots, d'averses, de railleries, de soif, de faim, avant d'aborder un bouquet de bois, quelquefois un arbre, et s'asseoir sur une vieille herbe grise, qu'ils appellent gazon fleuri, et y manger un pâté détestablement échauffé par le voyage et y boire un vin tourné depuis qu'il est sorti de la cave du marchand ; et cela pour un peu d'espace, un peu d'air, pour sentir sous leurs pieds autre chose que du pavé, pour voir devant eux autre chose que des murs blancs, pour se coucher sous un semblant d'ombrage. Aussi, je le répète, si l'on supputait comme on le doit tous ces héroïques efforts, on partagerait notre respect pour ce rêve du bourgeois parisien.

Mais le temps est bien loin encore du jour où il pourra le réaliser, et en attendant il s'en berce, il s'en nourrit, il lui emprunte le courage nécessaire à supporter la dure épreuve de la vie citadine. Après l'espérance d'un meilleur monde, la campagne est le premier soutien de la foi et de la résignation religieuse du bourgeois de Paris. Il ne mange pas un ragoût dont le beurre agace trop sa gorge, il ne boit pas une tasse de ce lait parisien qui a le don d'être à la fois plus insipide que l'eau et plus indigeste que les haricots, sans rêver à la crème et au beurre frais qu'il récoltera lui-même de sa belle vache future. Que lui importent cette salade flétrie comme la robe d'une danseuse des Funambules, ces petits pois belliqueux et durs comme le plomb qui charge le mousquet de nos héros? ne viendra-t-il pas un jour où il ira cueillir lui-même sa tendre laitue et ses légumes croquants une heure avant de se mettre à table ?

Ne croyez pas cependant que cette espérance soit aussi inconsidérée, aussi légère que toutes celles qui abusent la faible humanité. Bien des fois il a fait dans ses longues soirées d'hiver, en grelottant auprès de son feu, le budget de cette vie de félicité vers laquelle il marche d'un pas si lent. Et d'abord, il y a à la campagne mille choses qui ne coûtent rien : les œufs, que de bonnes poules pondent par douzaines; les poulets, qui se nourrissent de rien en picorant dans le fumier de la basse-cour; les canards, qui barbotent dans la mare et qui dévorent les épluchures de la cuisine; et les lapins donc, les vieilles feuilles de choux et d'herbes qu'on *fait* dans les champs ne suffisent-elles pas à les engraisser ! Il est inutile de parler des fruits, des légumes, qui seront de la plus exquise qualité; car le bourgeois de Paris a sur ce sujet les plus excellentes théories de culture, qu'il mettra rigoureusement en pratique. Ce côté même de son avenir le charme ; il éclairera l'ignorance des paysans que l'incurie du gouvernement abandonne dans l'ornière des vieilles routines : ces bons villageois viendront le consulter, et il leur donnera paternellement ses lumières et ses conseils, et, quand il passera dans les rues, ces simples et naïfs enfants de la nature le salueront avec respect et reconnaissance. En vérité, je vous le dis, le bourgeois de Paris est mille fois plus poétique qu'on ne pense. Mais revenons à ses arrangements anticipés. Vous avez vu comme quoi il a pour rien volailles, lapins, beurre, lait, légumes, fruits; que manque-t-il à cette vie? un peu de viande de boucherie pour faire de temps en temps du bouillon quand on est malade; mais qu'est cela à la campagne? l'air est si bon, qu'on n'est jamais malade. Il faudra acheter le vin, mais à la campagne le vin ne paye pas de droits (le Parisien croit cela), et pour peu de chose on a du vin excellent.

Quelle vie de cocagne il va enfin mener! il la voit, il l'admire, il la tient.

— Mais...

— Ah! ne l'interrompez pas, je vous prie, voilà son rêve qui continue : il serait trop barbare de l'éveiller. Le voyez-vous qui se dandine sur sa chaise, qui se dresse sur son séant, qui sourit devant lui en fronçant légèrement le sourcil? il est en cabriolet, il est à une descente et serre la bride à son alezan; il arrive, il est arrivé, il descend chez un ami, son petit poney est charmant : il a fait une lieue en quarante-cinq minutes, on lui en fait mille compliments.

— Quoi? il a un cheval, un cabriolet?

— Pourquoi pas? mais, mon Dieu, cela coûte-t-il si cher à la campagne? un arpent de pré pour récolter du foin, un autre arpent de terre pour l'avoine.

— Est-ce tout?

— Eh bien, non... Ce bonheur de la vie champêtre lui aura coûté assez cher pour qu'il l'ait au grand complet; il aura outre cela quelques lopins de vigne pour faire son vin, quelques ares pour avoir son blé, qu'il moudra avec le moulin à bras de M. Quentin Durand, comme il l'a vu dans les journaux, et pour faire son pain, qu'il fera cuire dans un four économique, bâti à l'angle de la cheminée de cuisine.

— Mais pour cuire il faut chauffer, pour chauffer il faut des fagots.

— En vérité? Eh! ne voyez-vous pas cet hectare de bois qu'il vient de joindre à sa propriété?

— Ah! diable, il est très-gentil ; mais...

— Mais ce que vous ne voyez pas, parce que les arbres vous le cachent, mais ce qu'il voit, lui, le bon Parisien, c'est la source qui est au milieu du bois, la source qui alimente un vivier où vivent dans le meilleur accord les brochets, les carpes, les anguilles et les truites ; eau limpide qui s'échappe ensuite en un ruisseau délicieux, tout rempli d'écrevisses et d'excellent cresson de fontaine, Quelle vie, monsieur, quelle vie large et économique, sensuelle et champêtre tout à la fois!

— Il nous semble que maintenant ce bon bourgeois doit être content et qu'on peut lui faire observer...

— Ah! monsieur ou madame, que vous êtes cruels! avez-vous peur qu'il ne s'éveille trop tôt, et ne voyez-vous pas qu'il n'a encore pensé qu'à la partie utile et raisonnable de cette enivrante existence ? que de choses encore que vous allez lui enlever à jamais si vous interrompez son rêve, et le billard dont il n'oserait approcher dans les estaminets de Paris, et qui est une occupation honnête à la campagne, et le jeu de boule qu'il envie aux invalides, et l'escarpolette où l'on fait de si bonnes plaisanteries sur les mollets de *ces dames*, et la partie sérieuse de ses distractions ? et l'herbier qu'il médite, et sa rare collection de papillons dont il ornera son salon, et par-dessus tout... oh! pour ceci, soyez indulgent, je vous en prie : il ne l'avoue qu'à quelques-uns de ses amis;

au reste, il y sacrifiera quelque argent, il ne réussira pas du premier coup, mais il expérimentera. — Qu'est-ce donc ?

— Mais n'avez-vous pas lu quelque part que le paysan saxon ou hongrois est parvenu à faire lui-même son sucre de betteraves ? Les journaux qui ont publié ce fait se sont bien gardés de dire quelle horrible mélasse ces paysans obtiennent dans leur marmite ; ils l'appellent sucre, c'est assez, et le bon bourgeois, qui, en sa qualité de Parisien et de Français, se croit plus intelligent que le paysan saxon, se persuade qu'il se fabriquera du sucre blanc comme neige et qui sucrera mieux que celui de l'épicier, attendu qu'il y mettra tout ce qu'il faut.

Ne riez pas de pitié, ne haussez point les épaules en signe de mépris : tout ce que je vous dis là est vrai. Je l'ai vu et entendu mille fois : et, si vous saviez combien de longues et solitaires soirées cette espérance a fait supporter au pauvre bourgeois parisien, combien de privations et combien de labeurs cela lui a donné le courage de subir, vous ne lui feriez pas une observation. Et d'ailleurs il ne serait plus temps. L'heure est arrivée où ce rêve va enfin se réaliser ; le marchand a vendu son fonds, le commis a obtenu sa retraite, ils ont à leur disposition un capital de cinquante à soixante mille francs, un revenu de cent louis ou de mille écus, c'est-à-dire la misère à Paris et l'opulence à la campagne. Notre ami part donc du pied gauche pour aller à la découverte de ce monde inconnu, mais qui existe assurément et où il doit se retirer. Pour cela, il va tous les matins au Palais-Royal, où il demande les *Petites-Affiches*, afin de noter sur son carnet tout ce qui lui semble être à sa convenance : le reste de la journée est occupé à courir chez les notaires ou les avoués chargés de ces ventes et qui d'ordinaire lui disent assez crûment les vraies charges et le vrai revenu, s'imaginant que cet homme veut acquérir pour placer son argent à trois pour cent. Mais ce n'est pas cela qu'il faut à notre bourgeois, et il passe ainsi plusieurs mois en vaines recherches jusqu'à ce qu'il tombe dans les mains d'un homme d'affaires qui l'empaume, le prend à sa passion, le flatte, l'excite, jusqu'à ce qu'il lui ait colloqué pour ses cinquante mille francs quelqu'une de ces impudentes masures que l'on nomme impudemment, à Paris, maisons de campagne pour les bourgeois et villas pour les filles entretenues. C'est une bâtisse à l'italienne, en plâtre et en pans de bois, avec quatre ou cinq arpents de parc, bois, prés, jardin anglais, potager, cour, basse-cour et source d'eau vive, tout ce que le bourgeois peut désirer. Tout cela est bien un peu petit, un peu maigre ; mais l'acquéreur se charge d'améliorer. Quelques réparations aux murs crevassés, quelques charrettes de fumier, et la propriété doublera de production. Le marché se conclut, le bourgeois est propriétaire, il s'installe. *Avis essentiel* : tout bourgeois qui achète une vieille maison doit la laisser s'écrouler plutôt que de la réparer, attendu qu'il vaut mieux mourir de la chute d'une poutre que de mourir de faim.

En effet, du moment que le bourgeois a introduit le maçon dans sa maison, c'est comme s'il y avait mis le feu, surtout s'il s'est confié au maçon du village. Je le jure devant Dieu : s'il y a quelque chose de hideux au monde, c'est l'insolente férocité avec laquelle un maçon qui met le marteau dans une maison, sous le prétexte de réparation, la démolit tant qu'il peut. S'il rencontre une pièce de bois, il l'attaque à coups de hachette et la coupe à tour de bras.

Supposé que le bourgeois arrive et s'étonne de cet acharnement,

— Ça, monsieur, lui dit le maçon, ça ne tiendrait pas huit jours : voyez, c'est pourri; voyez, tout aubier; voyez, du bois blanc, voyez.

Et, à chaque *voyez*, il donne un coup à la poutre et l'achève du mieux qu'il peut, au nez et à la barbe du propriétaire. Enfin celui-ci l'arrête par ses cris; mais il est trop tard : le maçon déclare qu'il ne peut plus toucher à la maison que le charpentier ne vienne remplacer la poutre en question. Le propriétaire réclame en vain ; le maçon impassible reprend ses outils, et, pour toute consolation, donne d'un ton de menace l'adresse de son voisin le charpentier, et laisse le bourgeois avec un trou dans sa maison.

Hélas! ce trou, il faut le boucher, et il faut bien passer par le charpentier ; on le fait venir, mais, cette fois, on fera son prix d'avance. Folles prétentions !

— Je ne puis pas prendre ça à forfait, dit l'entrepreneur ; je ne connais pas la maison, c'est fait de boue et de crachat, ça va craquer dans tous les coins si on met la scie dans ce pans de bois.

Et, en parlant ainsi, il fait sonner les murs du bout de sa canne armée de fer.

— Du reste, ajoute-t-il, nous nous arrangerons toujours bien ; je vous ferai ça au plus juste prix, je suis un honnête homme, etc., etc.

Le bourgeois le croit, et permet que le charpentier pénètre dans sa maison. Ici le sort du propriétaire dépend de ce que le charpentier a de mauvais bois dans son chantier. S'il y en a beaucoup, il est perdu, car il faut que tout y passe; s'il y en a peu, la victime peut en être quitte pour un pan de mur. Sans compter qu'il faut faire mettre du papier neuf partout où a paru l'ombre d'un maçon, et repeindre toutes les portes dont a approché l'haleine d'un colleur de papier. Il y a parmi tout ce monde une infâme franc-maçonnerie de dévastation pour se léguer des travaux les uns aux autres.

Mais enfin nous voulons bien que notre bourgeois ne succombe pas à cette première épreuve comme tant d'autres qui ont été forcés d'abandonner leur maison de campagne à leurs créanciers, avant même d'avoir pu s'y installer autrement qu'en camp volant, comme ils disent; nous admettons que celui-ci soit délivré de la réparation et se soit enfin casé. Ce n'a pas été sans laisser dans les mains des démolisseurs quelques-uns de ces billets de mille francs qu'il s'était réservés pour l'exploitation de sa propriété rurale. Il faut donc qu'il supprime quelques-unes des nombreuses jouissances qu'il s'était promises ; ainsi le char-à-bancs et le cheval disparaissent. Il est vrai que les environs fourmillent de voitures à volonté ; ce n'est qu'un petit malheur. D'ailleurs, le propriétaire vient d'avoir une idée : au lieu d'une vache pour la consommation de la maison, il en aura plusieurs et vendra son lait, sur lequel il gagnera beaucoup. Voilà donc notre homme avec quatre ou cinq vaches magnifiques épandues sur un gazon d'un arpent. Nous sommes au printemps ; cela va bien une semaine ou deux, quoique les paysans n'achètent le lait que la moitié de ce qu'ils le vendent à Paris, après y avoir mis la moitié d'eau. Mais au bout de ce temps l'herbe manque, on y fait passer le vert de tous les légumes, mais en voilà pour trois jours, il faut acheter du foin. La consommation devient effrayante : vraiment il est impossible de continuer si on ne trouve pas moyen de vendre le lait à un prix plus élevé. Il y a conseil dans le ménage ; on cherche, et on finit par découvrir que ce moyen est tout simple, et qu'il n'y a qu'à envoyer directement le lait à Paris. Cependant il faut l'y envoyer, et, pour l'envoyer, il faut des moyens de transport. Sera-ce une charrette ou un cheval ? Oh ! non, non ! déjà le bourgeois est devenu plus prudent, il se contentera d'un âne et de deux paniers. La jardinière fera le voyage tous les matins. Pauvre bourgeois ! Mais, pour vendre son lait à Paris, il faut une place marquée, achalandée ; et la jardinière, qui sait cela, te rapporte ton lait, ou bien elle n'a pu le vendre qu'à un prix exorbitamment dérisoire, sans compter qu'il faut nourrir l'âne et la femme, qui ne peuvent rester huit heures sans manger, le temps d'aller et de revenir. Alors le bourgeois prend une détermination très-radicale, il vend les vaches, l'âne et tout ce qui s'ensuit, et se résigne à acheter son lait et à vivre de ses légumes et de sa basse-cour. Tout préoccupé de l'exploitation de ses vaches, il s'était bien aperçu par-ci par-là que les poules pondaient fort peu, que les lapins ne prospéraient guère, mais il va s'en occuper exclusivement, et, dès lors, tout cela marchera à merveille. Le voilà donc occupé du soin de ses petits élèves : ils sont un peu souffrants, il faut les nourrir mieux ; achetons un peu d'avoine pour les poules, un peu de son pour les lapins, qui en seront beaucoup meilleurs. Ceci lui convient assez bien, et, en vérité, le bon bourgeois commence à recroire qu'il aurait eu tort de se désespérer. Il écoute la nuit

> ..... l'oiseau dont le chant entendu
> Annonce au laboureur le fruit qu'il a pondu.

comme dit M. de Lamartine dans la *Chute d'un Ange ;* et, dès le matin, il va à la récolte de ses œufs. Il en trouve beaucoup, beaucoup trop même ; car le voilà forcé à vivre d'omelettes ou à vendre sa récolte. Mais vendre, et vendre aux paysans, lui est devenu un sujet de haine et d'horreur. Si vous saviez combien ils l'ont molesté; de quelle façon on s'est moqué de ses vaches, de son lait, de lui-même, lui qui était venu pour leur apporter la civilisation, le bonheur, l'exemple et la pratique des vertus champêtres !

Cependant, tandis qu'il vivote ainsi assez tranquillement pendant quelques mois d'été, il s'aperçoit que son petit capital de roulement se diminue petit à petit sans que tout ce qu'il récolte lui procure une sensible économie. Alors il essaye de se rendre compte de sa dépense, il établit un tableau par doit et avoir : c'est une petite satisfaction, cela lui rappelle le temps où il tenait ses livres ou ceux de l'Etat. Il fait son petit budget; nous n'en extrairons que l'article suivant :

Douze lapins mis dans l'établissement. Tous les jours un sou de son ; pour six mois, ci. . 9 francs.
Un sou par jour à la fille de la jardinière pour aller faire de l'herbe dans les champs, ci. . . . 9 francs.
Lapins morts de maladie, trois.
D'autre part lesdits lapins ont dépavé le fond de leur cage et quatre se sont échappés, reste à cinq. Pour réparation du pavé endommagé, payé au maçon 7 francs 50 centimes.
Total pour cinq lapins, 25 fr. 50 centimes ; soit 5 francs 10 centimes par lapin.

Quand le bourgeois demeurait à Paris, il les payait vingt-cinq sous. Ceci commence à l'éclairer, ceci l'épouvante, et il supprime les lapins. Mais voici l'automne qui vient, et les poules mangent toujours et ne pondent plus : un œuf lui coûte dix sous; il supprime les poules, les canards; il supprime tout être vivant. Le voilà donc réduit à ses fruits à ses légumes. Il tourne de ce côté un regard désespéré, il se voit déjà réduit à une vie de trappiste ; car c'est à peine si la rente du petit capital qu'il possède encore suffit à payer le jardinier, à payer la viande, le vin, l'habillement. Mais il a beau regarder, il ne peut comprendre comment les plus grosses fraises, les plus belles pêches, disparaissent ; il les compte, il les marque, rien n'y fait ; il n'a que les rebuts, les fruits pourris, les légumes secs, les salades montées en graine. Il y a donc un voleur, c'est peut-être le jardinier ? Il va à lui, fier et menaçant : c'est alors que le propriétaire découvre des faits inouïs ; il apprend des choses dont Cuvier, ce grand homme, ne s'est jamais douté. Les loirs adorent les pêches, les poires, les pommes, et, en fins connaisseurs qu'ils sont, ils mangent toujours les plus belles ; les vers de terre se nourrissent de salsifis ; les crapauds dévorent de la salade sans huile ni vinaigre ; les araignées sont très-friandes de groseilles ; les guêpes ne vivent que de raisins ; les vers blancs consomment énormément de pommes de terre ; les limaces s'alimentent de carottes, et les moineaux mangent indifféremment de tout.

Cependant le bourgeois ne se laisse pas endormir par ces contes à dormir debout ; il chasse son jardinier à l'entrée de l'hiver, car encore une fois il a fait son budget, et il découvre que cet homme lui coûte trois francs par jour pour lui donner un plat de légumes et un plat de dessert : un franc cinquante centimes par plat, à lui qui jadis achetait des haricots à douze sous le litre et qui ne mangeait pas de dessert !

Le voilà donc seul dans sa maison, prenant de temps à autre un ouvrier à la journée pour faire faire ses travaux agricoles ; mais l'ouvrier ne vient jamais le jour où il faudrait tailler, fumer, biner, selon le *Dictionnaire d'agriculture*. Le froid arrive, rien n'est fait : on s'enferme dans la maison ; mais cette maison est humide, glaciale, il faut y faire un feu d'enfer pour ne pas mourir de froid. C'est le double de la dépense de Paris. Les pluies viennent, la cave s'emplit d'eau, le vin de Bourgogne tourne dans ces caves humides. Autant de perdu. On s'ennuie, on se couche à sept heures pour passer le temps, on se lève à dix pour ne pas trop brûler de bois. On espère en l'année prochaine, car on ne veut pas encore avouer ses sottises. Que diraient les amis de Paris, et surtout ces infâmes paysans qui vous raillent sous leur roulière épaisse et qui pataugent intrépidement dans la boue, grâce à leurs énormes sabots! Le bourgeois a bien des sabots aussi ; mais, quand il les met, il tombe presque toujours sur son nez ou sur son derrière. Que voulez-vous que je vous dise? tous les malheurs accablent ce pauvre homme. Mais il y résiste courageusement, il se bat avec sa mauvaise fortune, il passe la journée enveloppé dans la couverture de son lit, il se livre à des petits travaux d'intérieur, met à ses portes des bourrelets, que sa femme fabrique avec de vieilles ouates de robe et des lambeaux de toile peinte; il colle des morceaux de papier aux joints de ses fenêtres, il regarde son jardin au travers des vitres. Mais il espère encore; il espère le printemps, ce printemps qui répare tout, rajeunit tout, ranime tout, le printemps qui fera reverdir ses semences et son espérance : il vient enfin, ce printemps. Mais cette seconde année a bien d'autres désillusions que la première; car, si d'abord c'est la partie spéculative de ses rêves qui a échoué, c'est maintenant l'espoir qu'il avait basé sur ses propres efforts qui lui échappe; c'est ce qu'il croyait invariable comme la nature. La terre lui manque :

elle n'a été ni labourée à temps, ni fumée justement; rien ne vient, rien ne pousse qu'étiolé, maladif, indigeste. On ne peut se faire une idée de cet affreux désenchantement, de cette vie qui commence à toucher à la misère. A ce moment, il y a deux partis à prendre pour le bourgeois : c'est de se déterminer à vendre sa maison avec dix mille francs de perte, de placer son argent en viager, et d'aller s'ensevelir, rue Copeau, dans une pension à six cents francs par an, soit douze cents francs pour lui et sa femme; ou bien encore, il lutte une dernière année, il emprunte sur sa propriété et l'hypothèque. Dès lors, c'est un homme perdu : en moins de dix-huit mois, il est ruiné, exproprié, chassé, insulté; et il s'estime trop heureux si, par la protection d'un de ses anciens chefs, il obtient d'entrer gratuitement à l'hospice de la Rochefoucauld ou à l'hôpital des Petits-Ménages.

Oh! ne riez pas, ne prenez pas ceci pour un conte fantastique et rêvé. J'en connais un, j'en connais dix, dont ce conte est l'histoire, dont ce rêve a été le rêve, dont ce malheur a été le malheur. Ceux qui en douteraient pourraient en aller demander des nouvelles à MM.....[1].

---

1. Frédéric Soulié avait joint à cet article une suite de plus de deux cents noms avec les adresses; mais, comme nous repoussons tout ce qui ressemble à une personnalité, nous avons cru de notre devoir de supprimer cette liste.

(*Note de l'éditeur.*)

L'AGENT DE CHANGE

> .....Seront punis d'un emprisonnement d'un mois au moins, d'un an au plus, et d'une amende de cinq cents francs à dix mille francs. *Code pénal* art. 449.
>
> Les agents de change et courtiers qui auront fait faillite seront punis de la peine des travaux forcés à temps;
>
> S'ils sont convaincus de banqueroute frauduleuse, la peine sera des travaux forcés à perpétuité.
> *Code pénal*, art. 444.

Voici un de ces types de notre époque qui préparent de bien belles phrases déclamatoires aux libéraux à venir, contre le désordre et la barbarie de notre siècle. Un homme viendra, quelque Alexis Monteil, ou quelque Dupin, ou quelque Isambert du vingt-sixième siècle, qui fouillera dans les annales vermoulues de nos tribunaux et dans nos livres, dont deux ou trois exemplaires auront échappé au pilon et non pas à l'oubli, et il y recherchera les lois qui nous régissaient et l'existence sociale qu'elles avaient organisée.

Après la description de tous les métiers utiles, après avoir approfondi en quoi consistait l'industrie des fruitiers, des fripiers, des feuilletonistes, des charcutiers, etc., etc., il arrivera nécessairement à l'agent de change, et, au moyen de quelques articles de la loi qui définissent ses attributions et en marquent sévèrement les limites, il croira d'abord savoir quelle était cette espèce de crieur public des dettes de l'État, et de notaire *ad hoc* pour la vente et l'achat de cette dette.

Il supposera que, quelques joueurs acharnés ayant pris cette dette pour tapis vert de leurs paris, on avait voulu que ces hommes, connus sous le nom d'agents de change, investis par ordonnance royale de la confiance publique, ne pussent pas tenir les cartes d'une pareille partie, et il applaudira à la sage mesure qui leur interdit, sous des peines assez sévères, d'être les agents intermédiaires de marchés qui ne reposent pas sur une vente ou un achat réels. Cela lui expliquera en même temps la rigueur de cet article du Code, qui considère comme banqueroutier frauduleux tout agent de change qui fait faillite, attendu que l'agent de change qui fait seulement le métier pour lequel il est institué ne peut faillir. En effet, il reçoit un capital pour acheter une inscription de rente, ou toute autre valeur publique, il paye avec les fonds qui lui sont confiés, livre le titre et perçoit un droit sur le montant de son opération. Voilà l'état légal de l'agent de change, il n'en a pas d'autre, et l'on conçoit que cet état ne puisse pas mener à la faillite, attendu qu'il n'y a pour l'agent intermédiaire aucun risque à courir, et que ce ne peut être que par des opérations étrangères à son état, ou défendues par la loi, qu'il y peut arriver.

Cependant, à force de rechercher dans les vieux livres, et même dans les archives des tribunaux, notre *compulsateur* trouvera de nombreuses faillites d'agents de change, et verra que, malgré la loi, elles se sont arrangées comme celle du premier commerçant venu. De là nouvelles recherches de la part de l'antiquaire, et découverte enfin d'une chose qui lui paraîtra bien exorbitante : c'est qu'en présence de cette loi écrite, l'existence de l'agent de change n'a été autre chose qu'un démenti perpétuel donné à la loi, que le but pour lequel il a été institué n'était que l'accessoire fort minime de l'ensemble de ses opérations, et que, s'il voulait bien faire quelquefois ce qui lui était permis, il faisait surtout ce qui lui était défendu.

Vous ne savez pas ce que c'est que l'infatigable ardeur d'un déterreur de livres morts ou d'archives, lorsqu'il est à la piste d'un fait extraordinaire. Arrivé à ce point de la découverte, le résurrectionniste littéraire ou légiste cherchera de nouveaux renseignements sur une révolte si ouverte de toute une classe contre la loi dominante. Il compulsera les archives des tribunaux et des cours royales, pour y découvrir les nombreux procès et les condamnations qui auront été prononcées; il y passera les jours, les nuits, et, enfin, il finira par découvrir une petite affaire où un agent de change a été condamné à payer le montant du pari dont il avait engagé les enjeux et que le perdant refusait de solder, mais cela sans que le coupable fût puni, ni de prison, ni d'amende, ni de révocation. Il trouvera peut-être quelques sévères parole prononcées par M. le président Séguier, contre la funeste manie du jeu de la Bourse et l'insolent mépris de toute une compagnie pour la loi qui la régit.

De ceci il résultera plusieurs choses fort originales : la première, que ce bon bénédictin des temps futurs, prenant la chose au sérieux, il n'est pas douteux qu'il ne fasse de ce fameux premier président un très-grand homme de robe, un de ces illustres magistrats sévères et clairvoyants qui ont résisté de tout leur pouvoir à la corruption de leur époque et au désordre qui s'était introduit dans l'état social. M. Séguier sera proclamé un grand homme. Une autre chose non moins originale c'est qu'on se figurera que cette terrible compagnie des agents de change n'avait pu acquérir une aussi insultante impunité qu'en achetant par des monceaux d'or le silence des magistrats et des ministres ; et il sera établi pour les temps futurs que cette formidable association de brigands tenait la loi captive dans ses coffres, grâce à la vénalité des magistrats.

Cela arrivera absolument comme je vous le dis ; je puis vous le certifier, moi qui ai eu quelquefois à vérifier et à contrôler les recherches de nos antiquaires et qui sais comment ils raisonnent. L'histoire de M. Dulaure, ce mauvais livre et cette mauvaise action, n'est pas faite autrement.

On ne s'imaginera pas que cela ait pu être ainsi tout simplement, par le seul fait que cela était ; non qu'il ne demeure très-extraordinaire qu'une classe de citoyens, à une époque quelconque, ait vécu en opposition formelle avec la loi, mais en ce sens qu'il n'y aura eu ni brigands dorés ligués contre elle, ni ministres, ni magistrats vendus à cette ligue d'or : ce sera tout bonnement un petit mal qui a commencé par presque rien, et qui a gagné sans que personne y prît garde, sans qu'il fût besoin que les coupables fussent déterminés comme des Rinaldo Rinaldi, ou que les magistrats fussent lâches ou vendus comme des sbires napolitains ou des soldats du pape.

Non, quoi que doive en penser l'avenir, l'agent de change n'est pas un de ces héros malfaisants qui dominent la société par la puissance de leur criminelle audace : il est comme il est parce qu'on ne l'inquiète pas, et surtout parce qu'il est l'agent actif de la passion qui nous domine, le jeu. Voilà tout.

A cela près, l'agent de change est un homme comme tous les autres, quant à ses qualités morales ou immorales bon père, bon époux, bon citoyen, il achète un remplaçant à son fils quand il est astreint à la conscription, il donne une loge aux Italiens à sa femme, et fait très-cavalièrement son service d'officier d'état-major de la garde nationale. A ces qualités il en joint d'autres qui le mettent tout à fait au niveau des honnêtes gens : il entretient volontiers quelque fille de l'Opéra, joue gros jeu, s'imagine qu'il a de beaux chevaux, mène bien un tilbury et méprise souverainement les gens de lettres. Somme toute, c'est un très-excellent homme, qui n'est pas plus méchant, pas plus vicieux que vous, que moi, que tout le monde.

Cependant, au milieu de ce monde dont il fait partie, il a ses nuances qui le distinguent, qui le personnalisent et qui en font le type particulier que nous voulons tâcher de vous faire connaître.

Si vous entrez dans un salon où vous savez qu'il y a des agents de change, et que vous remarquiez un homme de mine simple, qui s'écarte pour vous laisser passer, qui se tient paisiblement dans un coin, qui cause bas, et qui écoute avec plaisir un violon qui joue ou une femme qui chante, un homme modeste enfin, passez, ce n'est pas un agent de change. Si vous voyez plus loin quelque figure à la physionomie expressive, à l'allure un peu débraillée, qui parle avec facilité et action, qui se démène plus qu'il ne faut pour persuader ses auditeurs, et dont la pensée rayonne dans la parole et dans le regard, un homme chaud et éloquent, passez, ce n'est pas un agent de change. Si vous trouvez dans un angle obscur de quelque salon retiré un personnage au maintien railleur, entouré de quelques femmes sur le retour ou laides, qui devisent avec lui, un homme qui sème la conversation de mots fins, de plaisanteries élégantes, de réticences spirituelles, passez, ce n'est pas un agent de change. Celui qui vous répond complaisamment quand vous l'interrogez, ce n'est point un agent de change. Cet homme qui joue et qui gagne sans dédain, ou qui perd sans faste, ce n'est pas un agent de change.

Mais si, en passant par une porte, vous avez trouvé un homme roide, empesé, planté là comme une borne, et qui vous a fait obstacle durant dix minutes sans daigner s'apercevoir qu'il vous gêne; si vous avez aperçu un homme à mine assurée, qui parle haut pendant qu'on fait de la musique; si vous voyez qu'il toise avec pitié quelque amateur passionné qui lui adresse un chut modeste; si vous apercevez un homme portant beau dans sa cravate, comme un cheval normand, un homme qui laisse tomber dans une discussion cinq ou six mots qui lui semblent un arrêt sans appel; si vous remarquez un dandy déjà ventru, le dos appuyé à la cheminée du grand salon, et parlant bas et de haut à la plus jolie femme de la soirée, pour lui dire des riens très-lourds sur sa robe et son bouquet, comme s'il laissait tomber une à une les perles d'or d'un esprit charmant; si vous vous asseyez à la table de jeu où un joueur fait bruit de l'or qu'il remue, soit qu'il le gagne ou qu'il le perde; si enfin vous êtes poursuivi par un fashionable de jeunesse passée, qui s'empare le plus qu'il peut de toutes les places, de tous les salons, de tout l'air, de toute la lumière, voilà ce que vous cherchez : c'est votre homme, c'est un agent de change.

Ce n'est pas cependant, il faut bien le dire, un gros bélitre, maiotru, comme, vous pourriez vous l'imaginer; mais c'est quelque chose d'infiniment important, d'infiniment content de sa personne, d'infiniment sûr de son esprit. Cet homme, quoi qu'on en dise, n'a qu'un chagrin : c'est celui d'être agent de change.

Et pourquoi cela ?

Le voici :

En général, cet homme est beau, encore jeune; il a reçu une assez bonne éducation, il n'est ni absolument sot, ni absolument ignorant; quelquefois il est riche, et doit toujours le paraître; mais il a pris le haut du pavé dans le monde et il s'est créé, peut-être sans s'en douter, l'aristocrate du jour. Eh bien ! tout cela l'embarrasse; il est si près de son origine qu'il se sent parvenu. Hier il était commis, hier il gagnait mille écus dans les bureaux dont il est le maître aujourd'hui; hier il riait comme un bon jeune homme de l'importance de son patron, qui devait sa charge et qui faisait le millionnaire; hier il dansait, il s'amusait, il allait au parterre de l'Opéra, il jouait et était fâché de perdre et ravi de gagner; hier il avait une jolie petite maîtresse qui l'aimait et qui lui demandait, tout au plus le dimanche, de la mener aux avant-scènes de l'Ambigu ou de la Gaîté, et là il pleurait et riait à la volonté du drame et du vaudeville; hier il était un homme, aujourd'hui il est agent de change : titre terrible qui pèse sur toutes les heures de sa vie et qui en fait pour lui et pour les autres une comédie assommante.

La gaieté légère et facile peut-elle convenir à un homme dont la fortune est toujours en jeu; l'insouciance et l'étourderie, à celui qui tient dans ses mains les capitaux de tant de clients; l'abandon du cœur et de l'esprit, au spéculateur qui vit d'une industrie dévorante; les pensées légères, à celui qui doit observer et connaître mieux que personne la marche des événements politiques auxquels son existence est attachée. Que si avec de pareilles préoccupations, l'agent de change était un homme de cabinet; tout entier à son état et faisant sa société de sa caisse et de ses livres, cela lui serait facile à supporter; mais, depuis la révolution de 1830, il s'est posé partout en homme du monde; il l'est et veut l'être, c'est un état que le hasard lui a fait et dans lequel il s'obstine : alors il arrive surplombé du poids de ses lourdes affaires, et c'est ce qui lui donne cette tournure de papillon à ailes de plomb que nous avons essayé de vous montrer. Il veut allier toute la solennité de son état avec toute la désinvolture de la fashion, il faut qu'il soit tout à la fois splendide comme un fermier général, et qu'il garde le décorum d'un agent comptable qui calcule toutes ses dépenses. C'est un homme qui marche dans un pays avec une corde qui tient à un anneau fiché dans une autre contrée; c'est l'âne qui se fait lion, comme on appelle nos dandys, mais le bout de l'oreille perce toujours; c'est enfin une existence qui ment à son principe; c'est un travailleur dont le cœur, l'esprit, la parole se sont endurcis et racornis à la triture des affaires, qui veut singer l'allure de l'homme de loisir dont la pensée et l'âme s'aiguisent à rêver dans une élégante nonchalance.

Voilà pourquoi tel de ces individus, qui eût été peut-être un homme distingué s'il n'avait été rien, ou qui eût été assurément un homme convenable s'il s'était fait marchand de nouveautés ou de bas de coton, est un être gauche, empesé, maladroit, important, parce qu'étant de nature grasse et financière, il faut qu'il se tienne en marquis et vive en gentilhomme.

Cependant ce contraste, qui vous frappe au premier abord dans l'agent de change hors de chez lui, vous sauterait bien plus aux yeux si vous étiez introduit dans sa maison.

Comme il s'est posé un des rois du monde et de la mode, il faut qu'il joue son rôle partout; aussi son intérieur est-il un sanctuaire élégant des plus jolies fantaisies, des plus coûteuses bagatelles; il y en a dans ses salons, dans le boudoir de sa femme, dans sa salle à manger et dans son antichambre : mobilier gothique, renaissance ou Louis XV, il y a de tout et du meilleur goût, tout neuf, parfaitement imité; albums précieux, reliures élégantes, statuettes adorables sont à leur place. Mais tout cela n'est à lui que parce qu'il l'a payé; il ne le possède pas de son cœur, de son amour, il n'en jouit que par l'envie qu'en peut recevoir un confrère. Ce n'est pas pour lui un bonheur interne, secret, personnel, c'est une preuve de la puissance de sa fortune. Il ne se sert point de tout cela comme d'une chose qui lui va; il le possède comme une inutilité qu'il faut avoir pour être comme les autres. Son véritable appartement à lui, c'est un cabinet avec casiers droits, cartons nombreux, fauteuil de maroquin et papier-registre à compartiments tracés à l'encre rouge. S'il lui faut écrire un billet sur papier satiné, il le ferme au besoin de cire odorante avec cachet à devise anglaise; mais cela le gêne, l'ennuie, et sa plume ne court vite et à son aise que lorsqu'il écrit sur papier carré, à tête imprimée, et qu'il soumet sa correspondance au timbre à vis de pression qui porte son nom.

Sa vie, sa véritable existence est là, et, quoi qu'il fasse, tout le reste n'est pas à lui, il s'y sent étranger et joue péniblement un rôle qui ment à ses goûts.

La femme de l'agent de change seule est à son aise dans ce luxe de frivolité et de loisir. A son aise, en ce sens, que n'ayant apporté dans les affaires de son mari que la dot pour laquelle il l'a épousée, elle reste tout à fait en dehors de ses affaires, et a tout le temps d'être femme du monde ou de le devenir; car beaucoup ne le sont devenues qu'à la longue et n'y étaient pas destinées. Telle qui était fille d'un sabotier enrichi et qui, en se mariant, ne savait ni s'habiller, ni marcher, ni s'asseoir, ni parler ; telle qui vient d'un comptoir de province où elle avait appris, chez le vieux banquier dont elle est la fille, à compter les feuilles qu'une laitue doit rendre au saladier et à mettre de côté les pièces de trois livres bien conservées qui peuvent se vendre cinquante-six sous au fondeur, se sont transformées en brillantes dominatrices de la mode.

Mais, comme on sait, la femme se façonne mieux que l'homme à la vie où on la jette, et presque toujours la femme d'agent de change est, au bout de quelque temps, la patronne en crédit des plus élégantes couturières, des marchandes de modes les plus flambantes. Elle se ramasse et se ploie aussi gracieusement que la plus belle marquise dans l'angle d'une calèche qui va au Bois ; elle regarde tout aussi finement, sans se remuer, le beau cavalier qui passe et à qui un signe imperceptible a dit bonjour. Elle a deviné dix solécismes dans la toilette d'une de ses bonnes amies, qu'elle a détaillée des pieds jusqu'à la tête sans avoir eu l'air de l'apercevoir et sans être forcée de la saluer. Dans le monde, elle sait tout ce qui fait d'une femme une femme à la mode ; elle est capricieuse, intelligente des moindres choses, despote, protectrice, impertinente. Chez elle, elle sait accueillir et recevoir, ce qui est bien différent ; tout ce luxe futile qui gêne son mari est pour elle d'usage facile, elle s'entend à remuer tout cela, à en user ; elle le comprend, elle l'aime, elle y attache un sens, elle est dans son atmosphère.

Aussi l'agent de change est-il le mari le plus en danger de la terre ; car, si tout le monde ne voit pas combien il est étranger à la vie dont il vit, il ne peut le cacher à l'œil clairvoyant de sa femme, d'autant que vis-à-vis d'elle il ne se croit pas obligé à la comédie qu'il joue envers les autres : il jette la brutalité de ses chiffres dans le chiffonnage de rien de cette vie inoccupée; il pose son livre de caisse sur le pupitre de velours et d'ébène où elle griffonne des billets imperceptibles, et le gros livre brise le joli meuble; il parle Bourse quand elle rêve poésie; il additionne quand elle poursuit une mélodie italienne; il est l'homme d'affaires, enfin, quand elle est la femme du monde.

De cet état de choses il résulte deux malheurs immanquables pour le mari.

Ou la femme est assez spirituelle pour deviner que son époux est pour elle ce qu'il est véritablement, et que pour les autres il se gourme, il se pince, il se fausse; et alors elle en conclut que leurs natures sont antipathiques, que jamais elle ne sera comprise, elle légère et aimante, par cet esprit froid et calculateur; et, comme elle ne peut vivre ainsi isolée, elle prend un amant. C'est la chance la plus heureuse pour l'agent de change.

Ou bien elle croit à la comédie qu'il joue, et alors ne le trouvant plus pour elle ce qu'il est pour les autres, elle devient jalouse, exigeante, furieuse; elle se croit dédaignée, outragée, trompée, et voilà les querelles qui viennent, les tristesses, les attaques de nerfs, les reproches, les menaces, tout cet enfer du mariage auprès duquel l'état de mari trompé est un paradis.

Alors l'agent de change, qui a bien assez de faire l'homme du monde en représentation, cherche un moyen de calmer sa femme, et comme tous les hommes il prend le premier qui lui tombe sous la main, et pour lui, ce moyen facile c'est l'argent : il en donne à sa femme pour sa toilette, pour ses voitures, pour sa maison, pour une terre, pour des fêtes, pour des bals. Et voilà ce qui produit ces femmes d'agents de change étalant, les larmes aux yeux, le luxe le plus effréné, courant tous les plaisirs avec fureur, et y portant un visage malheureux et ennuyé. Voilà ce qui souvent amène la faillite du mari, qui n'en a pas été plus heureux et qui se trouve ruiné.

Si nous ne nous trompons point, tel est l'état actuel de l'agent de change.

Quant à l'espèce d'influence politique qu'il a eue il y a sept ou huit ans, après la révolution de Juillet, elle tend à s'effacer tous les jours.

En effet, comme les agents de change furent les premiers à faire cour à la nouvelle royauté, elle les accueillit, les festoya, leur donna des épaulettes de colonel dans la garde nationale. Mais, à mesure que cette royauté s'avança, elle se fit une aristocratie propre à elle-même, et qui poussa dehors l'agent de change. Ce furent les aides de camp du roi des Français, les pairs qu'on créa, les hommes politiques qui se firent petit à petit, les grands administrateurs qui s'élevèrent, les vieux noms qui se rallièrent; encore quelques années, et l'agent de change sera retourné où il était il y a vingt ans et où il aurai dû rester.

Cela tient à une cause particulière qu'il n'est pas inutile de signaler. La compagnie des agents de change, en sa qualité de compagnie, serait un corps redoutable si elle pouvait avoir une influence politique; mais, heureusement pour l'État, les nécessités de l'existence de l'agent de change lui interdisent cette influence en ce qu'elle a de plus puissant et de plus direct. Car, dans un pays où le crédit public est considéré comme une des forces vitales de l'État, c'est toujours un corps redoutable qu'une association d'hommes qui peut l'altérer sinon l'affermir, et jeter dans la bourse des capitalistes des paniques désastreuses. Mais l'agent de change n'est homme politique qu'en ce qu'il est nécessairement du parti de tout gouvernement existant, attendu qu'il bâtit sa fortune sur le sable mouvant des fonds publics, que la plus petite crue des idées révolutionnaires peut entraîner et déplacer. Toutefois, si l'agent de change pouvait facilement devenir homme politique, il est à craindre que, sans égard pour sa fortune, il eût la prétention d'avoir une opinion à lui ou l'espérance de devenir ministre Eh bien! il suffirait de quelques agents de change déerminés dans la chambre des députés, pour mettre en péril tous les matins l'existence de la monarchie. Mais voici qui les tient en bride : ils ne peuvent pas être députés. Pourquoi? la loi le leur défend-elle? Non, assurément; seulement ils obéissent à une nécessité qui semblerait devoir en frapper bien d'autres. L'agent de change a seul le droit de faire ses affaires : il faut qu'il soit de sa personne au parquet de la Bourse, précisément à l'heure où les faiseurs de lois se rient au nez, font des quolibets, et parlent comme s'il croyaient ce qu'ils disent. Un procureur général peut plaider par substitut, un conseiller, juger par suppléant; un général, commander par aide-de-camp : mais il faut qu'un agent de change gagne lui-même son argent, voilà pourquoi il ne peut pas être de cette chambre des représentants. Aussi M. Dupin a-t-il toute latitude de les appeler loups-cerviers, sans qu'aucun d'eux lui réponde en l'appelant *avocat*.

Du reste, l'agent de change, après s'être effacé politiquement, tend à dominer aussi d'importance, financièrement parlant. Il s'est créé, sous le nom de *coulisse*, une contrebande de sa contrebande qui lui fait le plus grand tort. Le marron dévore l'agent de change, et celui-ci ne peut guère se défendre, car on peut bien agir contre la loi, quoique institué par elle ; mais il est difficile de demander à cette loi la punition de ceux qui commettent le même crime que vous, et qui du moins peuvent dire qu'il ne leur a pas été formellement interdit.

En outre de ces raisons, l'agent de change s'est déconsidéré depuis quelque temps par sa participation à cette émission frénétique d'actions industrieusement industrielles, colossales pasquinades, où il a joué le rôle du buraliste qui fait la recette à la porte. Maintenant que la farce est jouée, si on ne l'accuse pas d'avoir mis les recettes dans sa poche, toujours est-il qu'on le soupçonne d'y avoir participé.

Ainsi, d'une part, l'agent de change est annihilé comme puissance politique, la députation lui étant interdite ; de l'autre, il se ruine comme puissance financière ; le jeu dont il vit tombant aux mains des marrons, il ne lui reste plus, pour être encore important, que la conversion des rentes, qui lui fera passer assez de millions par les mains pour qu'il lui en reste quelque chose.

Je me trompe, cela n'arriverait pas, que l'agent de change serait toujours *important*.

Peut-être que cette épithète n'est pas assez personnelle pour être un trait particulier à l'agent de change. En effet, dans notre époque, l'importance importante appartient à tout ce qui a de l'argent ou à tout ce qui est censé en avoir. Ainsi le banquier, le notaire, le receveur général, ont ce ridicule, par le fait de leur état : ce n'est pas une affaire d'homme, c'est une affaire de caisse. Ce ridicule marche toujours à la suite des écus comme les petits chiens après les vieilles femmes. Il gagne même tous les états dont quelques individus se trouvent par hasard être des capitalistes. Il y a des libraires importants (très-peu, important voulant dire riche); il y a des chiffonniers importants; il y a des voleurs importants; mais j'avoue que, quoiqu'il y ait des hommes de lettres vaniteux, gonflés d'eux-mêmes, insolents si vous voulez, je n'en connais pas d'importants comme l'agent de change est important. Dieu, en leur donnant bien des défauts, les a sauvés de ce ridicule doré. Je vous l'atteste, moi, qui signe cet article.

LE CONTROLEUR

DES

CONTRIBUTIONS DIRECTES

Bien que ce ne soit pas le principal personnage de son administration par sa position hiérarchique, nous l'avons choisi comme celui qui résume le mieux les signes caractéristiques de l'employé des contributions directes. Il a au-dessus de lui le directeur et l'inspecteur, au-dessous le surnuméraire. Mais, à vrai dire, les uns et les autres procèdent de lui, car il est le rouage le plus actif de toute la mécanique administrative. Pour bien faire comprendre en quoi consiste le contrôleur des contributions directes, il est nécessaire de dire en quelques mots ce que c'est que cette administration. Les contributions directes comprennent quatre impôts : 1° l'impôt foncier, 2° l'impôt personnel et mobilier, 3° l'impôt des patentes, 4° l'impôt des portes et fenêtres. Les deux premiers sont ce qu'on appelle des impôts de répartition ; voici pourquoi. Lorsque la Chambre vote le budget, elle demande à la contribution foncière, ainsi qu'à la contribution mobilière, une somme déterminée d'avance. Cette somme, ou plutôt ces deux sommes, sont réparties entre les départements selon leur richesse. Le conseil général de chaque département divise ces impôts par arrondissements, et les conseils d'arrondissement déterminent la part afférente à chaque commune. Une fois arrivé là, l'impôt foncier se répartit entre les propriétés, selon leur revenu présumé ; l'impôt personnel et mobilier entre les individus, selon la valeur de la demeure qu'ils occupent. C'est un conseil de répartiteurs qui fait cette dernière division. Le caractère de l'impôt de répartition a cela de particulier, que, devant nécessairement fournir une somme déterminée d'avance, il est variable chaque année pour les imposés. En effet, je suppose qu'une commune soit sujette à dix mille francs d'impôts, et qu'on y construise trente maisons dont chacune, après trois ans de construction, doit subir sa part de cette somme, on comprend que la quote-part des anciens imposés devra diminuer en raison de ce qui est supporté par les nouveaux.

Vient ensuite la contribution des portes et fenêtres et celle des patentes, qui sont des impôts de quotité. En effet, ce n'est pas une contribution générale dont le produit est fixé d'avance qu'on impute aux portes et fenêtres et aux patentes ; c'est un tarif qui produit plus ou moins, selon la matière imposable. Ainsi on paye tant à l'État pour une porte cochère, tant pour une porte bâtarde, tant pour une fenêtre du rez-de-chaussée ou du premier étage, tant pour les fenêtres des étages supérieurs. Si les fenêtres sont plus nombreuses, l'impôt s'accroît ; si elles diminuent de nombre, il diminue de même. Pour les patentes, il y a de même un tarif fixe et déterminé d'avance. C'est une somme constante selon la profession de l'imposé, plus le dixième du prix de location des bâtiments où il exploite son industrie ; et, de même que plus haut, si le nombre des industriels et l'étendue des industries s'accroît ou diminue, l'impôt suit la même proportion. Ainsi, par un effet contraire à celui de l'impôt de répartition où l'État sait ce qu'il recevra, sans que le contribuable sache précisément ce qu'il payera, dans l'impôt de quotité, le contribuable sait au juste ce qu'il aura à payer, et l'État ignore ce qu'il a à recevoir.

Et maintenant, disons que l'administration des contributions directes est préposée à la répartition des deux impôts foncier et mobilier, et à l'application des tarifs des impôts des portes et fenêtres et des patentes; ils représentent l'État dans les divers degrés ou conseils de répartition dont nous avons parlé ci-dessus, et qui sont tous composés d'intérêts locaux.

Nous demandons pardon à nos lecteurs d'entrer dans des détails techniques de cette nature; mais il nous semble que ce n'est pas seulement par nos ridicules que nous devons tâcher de nous connaître. Or, l'administration des contributions directes est représentée dans chaque chef-lieu de département par un directeur et un inspecteur, dont le premier est le centre où aboutissent tous les travaux des subalternes que le second inspecte. Mais l'agent principal, l'agent actif, celui surtout qui est en contact immédiat avec les personnes et avec les choses, c'est le contrôleur des contributions. C'est lui qui établit le revenu des propriétés, lui qui évalue la valeur locative des maisons d'habitation et des maisons employées à l'industrie; c'est lui qui classe les patentés, lui qui nombre les portes et fenêtres des propriétés bâties; par conséquent c'est lui véritablement qui asseoit l'impôt, le distribue et qui, nous devons le dire, a beaucoup plus souvent à combattre la partialité et l'ignorance des autorités locales pour rester dans le juste, qu'à se servir de leurs lumières. C'est lui qui fait sur les matrices de rôles les changements arrivés tous les ans pour cause de vente, de succession ou de partage; enfin c'est lui qui juge en premier ressort des réclamations des contribuables, et qui dix-neuf fois sur vingt est le suprême juge, car c'est d'après son rapport que se décident en général les autres rapporteurs et le tribunal qui prononce. Ainsi c'est lui qui vérifie les faits de non-location pour lesquels les propriétaires réclament la remise de l'impôt. Si la récolte d'un paysan a été détruite par l'orage, si son bétail a été décimé par une épizootie, si ses granges ont été inondées ou brûlées, c'est lui qui constate la perte, qui l'expertise, qui l'évalue.

Agent principal du cadastre, c'est sur lui que repose l'exécution de cette immense opération qui doit doter la France de la carte géographique la plus admirable et de la statistique la plus complète de ses richesses territoriales. Et pour cela il faut qu'il soit à la fois expert et géomètre, qu'il mesure le terrain et qu'il en détermine la qualité pour en évaluer le revenu probable. Indépendamment de ces fonctions si variées, il est encore commis à l'inspection de la comptabilité des percepteurs ; et pour tout ce qu'il doit savoir, pour tout ce qu'il fait, on lui alloue un traitement de deux mille quatre cents francs : et pour ces deux mille quatre cents francs on trouve en France des hommes capables, probes, modestes, qui se livrent à ce travail opiniâtre et intéressant !

Mais, il faut le dire, de tous les administrateurs, l'employé des contributions directes est peut-être le plus considéré. Quoique sa mission touche à l'assiette de l'impôt, on peut dire qu'elle n'a pas l'apparence fiscale de la contribution indirecte, qui saisit, force la demeure, et pénètre dans la famille. Pour faire comprendre la différence qu'il y a dans l'opinion entre un contrôleur des contributions directes et un contrôleur des contributions indirectes, on peut dire que c'est la même qu'il y a dans l'esprit public entre un capitaine d'infanterie et un capitaine de gendarmerie. Tous deux obéissent à une loi et remplissent un devoir; mais, abstraction faite des individus, on préfère le devoir du capitaine d'infanterie au devoir du capitaine de gendarmerie. De même pour les deux sortes de contrôleurs dont j'ai parlé.

Si maintenant nous passons des choses aux individus, nous dirons : Cet homme qui passe sur un mauvais cheval de louage, soigneusement enveloppé de son manteau, et portant derrière lui une mauvaise valise couverte de toile cirée pour protéger les papiers qu'elle renferme, c'est un contrôleur des contributions en tournée de mutations : pluie ou soleil, froid ou chaud, le devoir l'appelle, il y marche.

Cet homme assis devant une table couverte de réclamations en style inintelligible, en écriture indéchiffrable, accompagnées de certificats de maire les plus burlesquement rédigés, mais les lisant patiemment, les commentant, les exposant de nouveau pour ses supérieurs, c'est un contrôleur des contributions dans son bureau.

Cet homme à pied dans des champs fangeux, en déterminant l'étendue et la qualité, c'est un contrôleur des contributions directes faisant du cadastre. Si vous voulez le connaître plus intimement, entrez dans cette maison d'assez bonne apparence; là, vous trouverez au premier, car le contribuable trouverait mauvais qu'on le fît monter au second, vous trouverez, dis-je, un appartement de deux pièces : c'est celui du contrôleur célibataire; la principale est son bureau, la seconde, sa chambre à coucher; la première vous appartient, mais l'autre n'est qu'à lui et à ses amis, car si le contrôleur a quelque noble goût, quelque passion d'art, malheur à lui si quelque vestige s'en trahit au dehors!

Que de fois j'ai été pris au cœur d'une soudaine pitié pour mon ami B..., lorsqu'on frappait tout à coup à sa porte au moment où il nous jouait du violon comme Haumann, ou nous récitait les vers de l'*Iliade* avec l'exaltation d'un rapsode? Il jetait son violon ou son Homère dans sa chambre, et recevait en tremblant le contribuable, qui ne manquait pas de dire que l'employé qui joue du violon ou récite des vers ne saurait être qu'un imbécile, si ce n'est un malhonnête homme. C'est, du reste, une idée généralement reçue en France, que tout homme qui a une idée d'art dans la tête n'est absolument bon à rien de ce qui demande un calcul quelconque. Pour le vulgaire, c'est précisément ce qui fait sa distinction qui est la cause immédiate de tout ce qui n'est pas régulier en lui. Ainsi, un sot médiocre fera ou dira une sottise dans une affaire administrative, c'est qu'il a manqué d'attention ou qu'il s'est trompé, car enfin tout le monde est sujet à erreur. Un apprenti commerçant fait des dettes, on se dit : Il faut bien que jeunesse se passe ; un clerc de notaire séduit la femme de son patron, c'est une joyeuse perfidie ; mais qu'un homme qui s'occupe d'art fasse quelqu'une de ces fautes, c'est la suffisance, la folie ou la corruption, qui naissent de l'art qui l'égarent. Pour lui, la jeunesse, l'occasion, l'inexpérience, ne comptent plus comme excuse. Avis donc aux jeunes intelligences qui se croient le droit de se distraire de leurs travaux administratifs par les nobles inspirations de l'art, c'est un méfait qui attachera à leur vie une prévention qui les écartera de tout avancement.

Si j'insiste sur ce point, c'est que j'ai vu un pauvre contrôleur des contributions directes à qui l'on dédaignait de répondre sur les affaires qui le regardaient, parce qu'on avait découvert qu'il faisait des vers, et qu'on ne soupçonnait pas qu'un homme qui fait des vers fût capable de comprendre que deux et deux font quatre. Quand le malheureux envoyait à son administration un rapport bien raisonné et bien écrit, aucun de ceux à qui il s'adressait ne lui en tenait compte, et le premier mot qu'on lui en disait était celui-ci :

« Qui est-ce qui lui a fait son travail ? »

C'est cette manie qui a donné en général à l'employé, et particulièrement au contrôleur des contributions directes, la couleur terne et affairée qu'il a maintenant. Il y a vingt ans, quand la population des jeunes gens instruits qui voulaient entrer dans les administrations n'encombrait pas les bureaux, vous auriez vu de jeunes contrôleurs alertes, gais, brillants : quand ils parcouraient les communes, c'était fête chez le maire et chez la femme du percepteur. Le paysan l'aimait, parce qu'il buvait gaiement son mauvais cidre, embrassait ses filles, et avait cette générosité qui tendait toujours à secourir le malheureux, et qui le mettait en résistance contre le gros propriétaire.

Riche de sa jeunesse et de sa vigueur, il accomplissait ses rudes travaux et trouvait encore des heures pour les soirées du sous-préfet et les redoutes de l'hôtel de ville. Mais à présent, où l'on passe cinq ans à être aspirant surnuméraire, et où le surnumériat venu prend encore sept ou huit ans, on n'arrive à la médiocrité du contrôle qu'à l'âge où la prévoyance et le calcul commencent, et puis quelle âme peut résister à dix ans de bureau parmi des employés cruels pour tout ce qui est plus actif, plus jeune, plus intelligent qu'ils ne le sont ? Aussi, maintenant, le contrôleur est toujours un homme fait, partant laborieux, qui prévoit son avenir, avenir peu glorieux, peu lucratif et bien éloigné.

Voilà pourquoi, s'il est garçon, vous le trouverez abonné

à une pension où il dîne maigrement, fuyant le café, où l'on est reçu impoliment si on ne dépense pas d'argent, où on est compromis si l'on en dépense. Si par hasard on l'invite dans les réunions administratives, il craint d'y aller, il n'y va pas, et on ne l'invite plus. S'il est marié, c'est un pauvre ménage que le sien, où la plus stricte économie suffit à peine au nécessaire. Là, comme dans les ménages, il arrive quelquefois qu'on demande à l'enfant d'alléger avant l'âge la charge qu'il impose à sa famille. Avant qu'ils comprennent le sens des choses qu'ils écrivent, on façonne ces enfants à une belle écriture, et ils obtiennent par préférence les nombreuses copies dont l'administration est chargée et qu'elle fait faire en dehors de ses bureaux. De tous les êtres que la société dénature par ses exigences, ceux-là sont les plus misérables. J'ai vu dans les fabriques les enfants qui rattachent : ce sont, il faut le dire, de pauvres êtres étiolés, maladifs, et qui n'ont plus assez de sexe pour devenir des hommes ; mais du moins sont-ils encore des enfants ; leur travail, ils le font en riant, étourdiment, en pensant à autre chose ; et lorsque l'heure des repas est sonnée, c'est pour eux, comme pour les écoliers, une heure de récréation où ils courent et jouent tant que leur permet le peu de force que leur laisse le travail. Il n'en est pas de même de ces petits commis attelés à la copie d'une nomenclature de noms. Là, point de distraction, point de mouvement, point de cette causerie moqueuse qui rit dans la bouche des petits ouvriers, mais une attention qui l'obsède sans lui rien apprendre, un travail qui l'absorbe sans lui rapporter une idée. La seule qu'il en recueille, c'est qu'au bout de sa journée il a gagné vingt-cinq ou trente sous. De là une sorte d'importance sotte et pédante à l'âge où l'âme de l'enfant ne doit avoir ni calcul ni prévision. Ce sont de petits bonshommes secs, impertinents, calculateurs. A l'âge où l'on devrait leur donner le fouet, ils sont en mesure de discuter ce qu'ils valent par ce qu'ils rapportent. Ce sont ces enfants-là à qui leurs parents donnent à douze ans des bottes, une redingote, et qui ont une tournure d'hommes faits à la façon des nains. C'est là, je vous le jure, la pire dégradation de l'espèce, c'est celle qui tue l'âme et la pensée dans ce qu'elles ont de généreux, pour la vivifier dans ce qu'elle a de froid, de calculateur et d'égoïste.

Il est impossible de blâmer les parents de ces pauvres victimes, en voyant le modeste salaire qu'on attribue aux travaux si rudes et si permanents du contrôleur. Comment, avec deux mille cent ou deux mille quatre cents francs, vivre avec sa femme, deux enfants, et donner à ceux-ci une éducation libérale? C'est impossible. Et cependant la foule se presse à la porte des administrations! Et il est à remarquer que, dans le pays où l'on se croit le droit de calomnier et de mépriser tout ce qui tient de près ou de loin au gouvernement, tout le monde veut lui appartenir. Toutefois, il faut le dire aussi, de tous les administrateurs qui ont à lutter contre la désaffection de l'opinion publique, le contrôleur des contributions directes est celui qui la subit le moins, bien qu'il soit en contact avec les intérêts les plus divers et les plus opposés. En effet, depuis le plus humble paysan dont il va évaluer la chaumière, jusqu'à l'aristocrate le plus opulent dont il expertise le château; depuis le savetier dont il visite l'échoppe, jusqu'au magnifique industriel dont il mesure l'usine, tous sont sous la juridiction du contrôleur des contributions directes. Et, nous devons le dire, sauf de bien rares exceptions, il y a dans cette classe d'administrateurs une générosité courageuse qui sait tempérer l'application rigoureuse de la loi fiscale.

Lorsqu'une loi absurde et odieuse condamna le misérable habitant d'une chaumière à payer, pour le trou fermé d'un carreau par où il reçoit un jour pénible, un droit égal à celui qu'un riche propriétaire doit pour la large et haute fenêtre qui éclaire son salon, bien souvent le contrôleur oublia de son chef la misérable lucarne du pauvre, au risque d'être destitué; car si l'administration centrale de Paris l'eût appris, elle qui fait les lois, elle eût puni quiconque aurait eu l'humanité de ne pas la croire infaillible.

Du reste, je ne sais rien de plus insupportable que la morgue des administrations de Paris vis-à-vis des employés de départements. Le plus minime commis se croit un droit acquis de supériorité sur l'administrateur provincial à qui il adresse un ordre, ne fût-ce que parce qu'il copie la lettre où on le lui transmet. C'est pour cela qu'on voit rarement à Paris le contrôleur des contributions directes: on y rit trop de son habit bleu barbeau (habit des dimanches) et de son pantalon sans sous-pieds, pour qu'il ne préfère pas sa petite ville, où il a son rang d'homme comme il faut.

Comme le contrôleur est en général trop pauvre pour être électeur, personne ne le patronise, et le député de son arrondissement s'en enquiert moins que du dernier fermier qui a un vote à donner. Aussi ne le voyez-vous guère mêlé aux intrigues politiques. En dehors de ce mouvement qui fait si vite arriver tant de sots, il ne court pas non plus la chance de ces destitutions éclatantes qu'attire à d'autres une opinion gardée trop longtemps pour être bonne à toutes les dissolutions de Chambre. Le contrôleur pourrait avoir cependant, s'il le voulait, une grande influence électorale, mais ce serait pour lui une arme à deux tranchants, et dont en général il s'interdit l'usage.

Cependant le contrôleur des contributions a eu ses jours de tribulations politiques. A l'époque où les *fraudes électorales* furent en réputation, grâce aux dénonciations des journaux libéraux, les contrôleurs furent accusés de diminuer ou d'augmenter les cotes de l'impôt direct pour défaire ou faire des électeurs, selon l'opinion des contribuables. S'en trouva-t-il qui furent coupables de pareilles complaisances? Je l'ignore; mais, s'il en fut ainsi, on peut compter ceux-là comme de très-rares exceptions. A mon sens, l'administration des contributions directes est la plus morale, la plus sûre, la plus exacte des administrations, et le corps de ses contrôleurs est composé d'hommes parfois plus distingués que leur fonction, et valant toujours plus qu'ils ne gagnent. C'est à eux qu'on pourrait avec raison appliquer, en le modifiant, le mot de Figaro : « Aux qualités qu'on exige d'un bon contrôleur des contributions directes, connaissez-vous beaucoup de ministres qui fussent capables de l'être ? »

Quelquefois le contrôleur est appelé à participer, par son active collaboration, aux résultats les plus élevés de la finance. Ainsi, lorsqu'il s'agit, il y a quelques années, de rectifier entre les départements la répartition générale de l'impôt trop arbitrairement faite par la Convention nationale, il fallut connaître la richesse générale du pays, et par conséquent le revenu véritable de chaque département. Qui fut chargé de préparer les éléments de cet immense travail ? Ce fut le contrôleur des contributions directes. Il serait trop long et hors de propos de dire ici la multiplicité d'opérations auxquelles il doit être apte en pareil cas; mais on s'étonne encore de trouver toujours ces hommes prêts à tous les devoirs qu'on leur impose, et capables de les remplir.

Mais jamais aucun de ces hommes pratiques, qui apprennent la science de l'impôt dans ses véritables bases, n'arrivera à être ministre. En effet, il sera six ans aspirant surnuméraire ou surnuméraire ; il attrapera ainsi vingt-sept ou vingt-huit ans, il demeurera contrôleur de deuxième et de première classe, et contrôleur principal jusqu'à quarante-cinq ans; avec deux mille cent, deux mille quatre cents, deux mille sept cents francs d'appointements ; à quarante-cinq ans, il sera inspecteur avec trois mille ou trois mille cinq cents francs, et, à cinquante-cinq ou soixante ans, on le fera directeur avec une aisance de sept à douze mille francs. Cherchez dans cette carrière comment il pourra acquérir la propriété qui doit lui donner la contribution nécessaire à devenir éligible. S'il y arrive, ce sera à l'âge où l'homme est fini. Et je vous parle là des plus habiles, des plus favorisés, de ceux qui font aujourd'hui un chemin rapide, car les neuf dixièmes meurent sans toucher la terre promise de la direction. Que le pays récompense donc en considération, en bienveillance, en respect, ces hommes laborieux, modestes, probes, qui se vouent à son service, et dont presque toute la vie est une longue privation. Saluez cette honorable pauvreté et n'ôtez pas votre chapeau au vice insolent, et alors vous verrez comment se reconstituent les mœurs d'un peuple ; car, on a beau dire et beau faire, ce que veut le Français, ce n'est pas l'or, c'est l'applaudissement, et ceux qui l'ont perverti ne sont pas les fripons, mais ceux qui tendent la main aux fripons. Quant à moi, je me trouve heureux d'avoir pu manifester hautement à ces hommes honorables et modestes le sentiment d'estime et de respect que j'ai gardé d'eux, pour les avoir vus de près et les avoir appréciés.

FIN

TABLE

	Pages.
LE LION AMOUREUX	1
LA FEMME D'UN RUSSE	89
LES DRAMES INVISIBLES	119
MARGUERITE LAMBRUN	163
L'ART DE DIRE NON	171
LE BAS-BLEU	183
L'AME MÉCONNUE	233
LA MAITRESSE DE MAISON DE SANTÉ	249
LE BOURGEOIS CAMPAGNARD	265
L'AGENT DE CHANGE	279
LE CONTROLEUR DES CONTRIBUTIONS DIRECTES	295

POISSY. — TYP. ARBIEU, LEJAY ET CIE.

HILDEBRAND Chambre obscure, Sc. de la Vie hollandaise A. HOUSSAYE L'Amour comme il est, Vertu de Rosine Femmes comme elles sont CH. HUGO Chaise de paille F. VICTOR HUGO Faust anglais, Sonnets de Shakspeare F. HUGONNET Souv. d'un Chef de bur. arabe J. JANIN L'Ane mort, La Confession JUILLERAT 2 Balcons CH. JOBEY L'Amour d'un Nègre A. KARR Clotilde, Agathe et Cécile, Chem. le plus court, Clovis Gosselin, Contes et Nouv., Devant les Tisons, Famille Alain, Les Femmes, Encore les Femmes, Feu Bressier, Les Fleurs, Geneviève, Guêpes, Hortense, Pêche eau douce et eau salée, Menus propos, Midi à 14 heures, Pénélope normande, Raoul, Poignée de Vérités, Prom. hors de mon Jardin, 300 pages, Roses noires et Roses bleues, Soirées de Ste-Adresse, Sous les Orangers, Sous les Tilleuls, Voyage autour de mon Jardin KAUFFMANN Brillat le Menuisier L. KOMPERT Juifs de la Bohême, Sc. du Ghetto LACRETELLE Poste aux Chevaux Mme LAFARGE Heures de Prison, Mémoires C. LAFONT Légendes de la Charité G. DE LA LANDELLE Les Passagères S. DE LA MADELAINE Secret d'une Renommée J. DE LA MADELÈNE Ames en peine, Marquis des Saffras LAMARTINE Antar, Balzac, Beuv. Cellini, Bossuet, Christ, Colomb, Cicéron, Confidences, Cromwell, Cons. du peuple, Fénelon, Foyers du peuple, Geneviève, Graziella, Guillaume Tell, Héloïse et Abélard, Homère et Socrate, Jeanne d'Arc, Jacquard, Toussaint Louverture, J.-J. Rousseau, Mme de Sévigné, Regina, Rustem, Nelson, Gutenberg, Vie du Tasse LAMENNAIS Livre du Peuple, Paroles d'un Croyant V. LAPRADE Psyché LA ROUNAT Comédie de l'amour DE LATOUCHE Adrienne, Aymar, Clément XIV et Carlo Bertinazzi, France et Marie, Léo, Fragoletta, Grangeneuve, Un Mirage, Olivier Brusson, Petit Pierre, Vallée aux Loups LAVALLÉE Hist. de Paris C. LEDHUY Capit. d'Aventures, Nuit terrible, Fils Maudit L. LURINE Ici l'on aime F. MALLEFILLE Marcel, Capitaine Laroze, Mém. de don Juan, Monsieur Corbeau M. DE QUIVIÈRES Deux ans en Afrique MARIVAUX Théâtre X. MARMIER Au bord de la Néva, Grande Dame russe, Drames intimes, Hist. allemandes et scandinaves F. MAYNARD Drame dans les mers boréales, Journal d'une Dame anglaise, Voy. et Avent. au Chili C. MAYNE-REID Chasseurs de chevelures MÉRY Amour dans l'avenir, André Chénier, Chasse au Chastre, Chât. des 3 Tours, Chât. vert, Homme heureux, Damnés de l'Inde, Hist. de famille, Conspirat. au Louvre, Nuits du Midi, Nuits anglaises, — d'Orient, — Italiennes, — Parisiennes, Salons et Souterrains de Paris, Le Transporté P. MEURICE Tyrans de village P. DE MOLÈNES Avent. du Temps passé, Caract. et Récits du temps, Chroniq. contemp., Hist. intimes, Hist. sentim. et milit. Gentilh. du siècle dernier MOLIÈRE Œuvres complètes Mme M. LAFITTE L'Éducation du Foyer H. MONNIER Mém. de J. Prudhomme C. MONSELET M. de Cupidon Cte DE MONTALIVET Rien! 18 Années de gouv. parlem. Cte DE MOYNIER Bohém. et grands Seigneurs HÉG. MOREAU Œuvres F. MORNAND Vie arabe Bernerette, H. MURGER Buveurs d'eau, Mad. Olympe, Dern. rendez-vous, Pays latin, Propos de ville et Prop. de théâtre, Roman de toutes les Femmes, Sc. de campagne, — de la vie de Bohême, — vie de Jeunesse, Vacances de Camille, Sabot rouge A. DE MUSSET, BALZAC Parisiennes à Paris P. DE MUSSET Bavolette, Puylaurens NADAR Miroir aux Alouettes, Quand j'étais étudiant NICOLLE Tueur de mouches É. OURLIAC Les Garnaches F. PERRET Les bourgeois de campagne, Hist. d'une jolie Femme PICHAT La Païenne A. PICHOT Drame en Hongrie, Ecolier de W. Scott, Femme du Condamné, Poëtes amoureux ED. POE Avent. d'A. Gordon Pym, Hist. extraordinaires, Nouv. Hist. extraord. PONSARD Études antiques PONTMARTIN Contes d'un Planteur de choux, Contes et Nouv., Fin du procès, Mém. d'un Notaire, Or et Clinquant, Pourq. je reste à la campag. L'AB. PRÉVOST Manon Lescaut RADCLIFFE La Forêt, L'Italien ou le Confess. des Pénit. noirs, Julia, ou les Souterr. de Mazzini, Mystères du Chât. d'Udolphe, Visions des Pyrénées RAOUSSET-BOULBON Une Conv. B. RÉVOIL Docteur américain, Harems du Nouv. REYBAUD Dern. des Commis voyageurs, César Falar Comt. de Mauléon, Coq du clocher, Ce qu'on peut dans une rue, Édouard Mongeron, Industrie en B Jérôme Paturot à la rech. de la meill. des Républiques la rech. d'une posit. sociale, Marie Brontin, M l'humoriste, Pierre Mouton, Vie à rebours, Vie de Cor W. REYNOLDS Drames de Londres, — Taverne du D — Frères de la Résurrection, — Mystères du Cabinet n Malh. d'une jeune fille, Secret du ressuscité, — Fils du reau RÉGINA ROCHE Chapelle du vieux Chât. ROLL Martyrs du foyer J. DE St-FÉLIX Sc. de la vie de gent Gant de Diane, Mlle Rosalinde G. SAND Adriani, An de l'âge d'or, Beaux Mess. de Bois-Doré, Chât. des Dés Comp. du Tour de France, Comt. de Rudolstadt, Cons Dames vertes, Daniella, Diable aux champs, Fill Flavie, Hist. de ma vie, Homme de neige, Horace, Isid Jeanne, Lucrezia Floriani, Meunier d'Angibault, Narc Lélia, Péché de M. Antoine, Piccinino, Secrétaire in Prom. aut. d'un village, Simon, Teverino, Léoni, L'Usc J. SANDEAU Catherine, Nouvelles, Sacs et Parche SCRIBE Comédies, Op.-Comiq. Com.-Vaud. A. SEC Contes sans prétentions F. SOULIÉ Au jour le jour, C des Pyrénées, Saturnin Fichet, le Bananier, Comte de F Eulalie Pontois, Comte de Toulouse, Comt. de Monr Confess. générale, Conseiller d'État, Contes ma gr mère, Contes pour les Enfants, Deux Cadavres, Dian Louise, Drames inconnus, — Maison n° 3 rue de Prove — Cadet de Famille, — Amours de V. Bosseron, — Oli Duhamel, Été à Meudon, Forgerons, 8 jours au Châte Magnétiseur, Malheur complet, Marguerite, Maître d'éc Mém. du Diable, Port de Créteil, Prétendus, Rêve d'Amo Lionne, 4 Époques, 4 Napolitaines, 4 Sœurs, Chambri Si Jeunesse savait, si Vieillesse pouvait, Vic. de B Sathaniel, É. SOUVESTRE Anges du Foyer, Bord de B Bout du Monde, Causeries hist. littér., Chroniq. de la M Coin du feu, Clairières, Conf. d'un ouvrier, Contes et Nou Dans la Prairie, Drames Parisiens, Échelle de Femm Dern. Paysans, 2 Misères, Dern. Bretons, En Bretag En Famille, En Quarantaine, Foyer Breton, Gou d'eau, Hist. d'autrefois, Homme et l'Argent, Loin du Pa Lune de miel, Maison rouge, Mât de Cocagne, Mémoria Famille, Mendiant de St-Roch, Monde tel qu'il sera, P teur d'Hommes, Péchés de jeunesse, Pendant la moisso Philosophe sous les toits, Pierre et Jean, Récits et Souveni Promen. matinales, Réprouvés et Élus, Riche et Pauvre, du Monde; Sc. de la chouannerie, — de la Vie intime, — Récits des Alpes, Soirées de Meudon, Sous la Tonnelle, les Filets, Sous les Ombrages, Souv. d'un Bas-Breton, Sou d'un Vieillard, Sur la pelouse, Théâtre de la Jeunes 3 Femmes, 3 mois de vacances, Valise noire M. SOUVESTI Paul Ferroll STAUBEN Scèn. de la vie juive STENDHA De l'Amour, Chroniq. et Nouv., Chartr. de Parme, Prom dans Rome, Rouge et Noir STERNE Voyage sentimen E. SUE Bonne Aventure, Diable médecin, — Clémen Hervé, — Adèle Verneuil, — Grande Dame, Fils de famil Gilbert et Gilberte, Secrets de l'oreiller, 7 Péchés capitau — Orgueil, — Envie, — Colère, — Luxure, — Paresse, — Avarice Gourmandise Mme DE SURVILLE Balzac (vie et œuvre TEXIER Amour et Finance W. THACKERAY Mém. d' Valet de pied O. DE VALLÉE Manieurs d'argent L. ULBAC Suzanne Duchemin, Voix du sang V. DE FORVILL Comt. de St-Pol, Conscrit de l'an VIII, Marq. de Pazav MAX VALREY Filles sans dot, Marthe de Montbr VERNEUIL Avent. au Sénégal Dr L. VÉRON Mém. d' bourg. de Paris A. DE VIGNY Laurette, Vie et mort c capit. Renaud, Veillée de Vincennes CH. VINCEN Tueur de brigands J. DE WAILLY Sc. de la vie famil F. WEY Anglais chez eux, Londres il y a 100 an

www.ingramcontent.com/pod-product-compliance
Lightning Source LLC
Chambersburg PA
CBHW071246160426
43196CB00009B/1182